# Kultur- und sozialwissenschaftliche Studien

## Studies in Cultural and Social Sciences

Herausgegeben von/Edited by
Stefan Breuer, Eckart Otto,
Hubert Treiber

Band/Volume 23

2022
Harrassowitz Verlag · Wiesbaden

Gerhard Wagner

# Gesammelte Aufsätze zur Wissenschaftslehre Max Webers

2022

Harrassowitz Verlag · Wiesbaden

Bibliografische Information der Deutschen Nationalbibliothek
Die Deutsche Nationalbibliothek verzeichnet diese Publikation in der Deutschen
Nationalbibliografie; detaillierte bibliografische Daten sind im Internet
über https://dnb.de/ abrufbar.

Bibliographic information published by the Deutsche Nationalbibliothek
The Deutsche Nationalbibliothek lists this publication in the Deutsche
Nationalbibliografie; detailed bibliographic data are available on the internet
at https://dnb.de/.

Informationen zum Verlagsprogramm finden Sie unter
https://www.harrassowitz-verlag.de/
© Otto Harrassowitz GmbH & Co. KG, Wiesbaden 2022
Gedruckt auf alterungsbeständigem Papier.
Druck und Verarbeitung: Memminger MedienCentrum AG
Printed in Germany
ISSN 1866-6884                          eISSN 2747-4941
ISBN 978-3-447-11776-0                  eISBN 978-3-447-39238-9

*Hubert Treiber zum 80. Geburtstag*

# Inhalt

We shall not cease from exploration
And the end of all our exploring
Will be to arrive where we started
And know the place for the first time.
(T. S. Eliot, Four Quartets)

# Vorwort

Das vorliegende Buch ist das Ergebnis einer solchen von T. S. Eliot beschriebenen Kreisbewegung. Sie begann 1982 an der Universität Heidelberg mit dem für einen Studenten nahezu unerschwinglichen Kauf der fünften Auflage der *Gesammelten Aufsätze zur Wissenschaftslehre* (Weber 1982). Das Buch kostete fast 100 DM, was dem Verdienst aus einer Nachtschicht in der Orthopädischen Klinik entsprach. Der Kauf schien aber notwendig, um an einem Seminar über »Max Weber und Ludwig Wittgenstein«, das Guy Oakes und Wolfgang Schluchter im Wintersemester 1982/83 anboten, teilnehmen zu können. Oakes war Max Weber-Gastprofessor am Institut für Soziologie, das Schluchter zu einem Zentrum der Weber-Forschung ausgebaut hatte. Über Wittgenstein wurde kaum diskutiert, aber dass man Webers Wissenschaftslehre mit der analytischen Philosophie in Verbindung bringen konnte, hatte wohl eine inspirierende Wirkung auf den Studenten. Nach der Lektüre einer Vorstellung von Saul A. Kripkes *Name und Notwendigkeit* (Kripke 1981) in einer jener legendären dunkelblauen Werbeprospekte des Suhrkamp-Verlags meinte er jedenfalls, dass man die Wissenschaftslehre als Referenztheorie für Eigennamen verstehen müsse. Aus dem Referat, das er darüber im Seminar hielt, ist dann seine erste Publikation entstanden (Wagner und Zipprian 1985).

In den Heidelberger Lehrjahren, die auch eine Mitarbeit in der Max Weber-Gesamtausgabe (MWG) beinhalteten, entstanden weitere Studien zur Wissenschaftslehre. Den Abschluss bildete der Sammelband *Max Webers Wissenschaftslehre*, der mit einiger Verspätung 1994 erschien (Wagner und Zipprian 1994). Die Zeiten an den Universitäten Bielefeld, Leipzig, Würzburg und Zürich waren anderen Schwerpunkten gewidmet. Das gilt auch für die ersten Jahre an der Universität Frankfurt am Main. 2010 betrauten die Gesamtherausgeber der MWG den Autor dieser Zeilen mit der Edition des Bandes MWG I/7, der die frühen, vor 1908 entstandenen Aufsätze zur Wissenschaftslehre enthält. Mit der Publikation dieses Bandes *Zur Logik und Methodik der Sozialwissenschaften* (Weber 2018) und der Veröffentlichung einiger historisch-systematischer Studien, die als Begleitforschung der Edition entstanden waren, sollte sich die in Heidelberg begonnene Kreisbewegung schließen.

Eine Auswahl dieser Studien kommt im vorliegenden Buch zum Abdruck.[1] Diese gesammelten Aufsätze sind also keine Gesamtausgabe der Publikationen des Autors zu Webers Wissenschaftslehre. Auch die frühen Aufsätze sind nicht enthalten. Allerdings sind sie insofern präsent, als sie ein bewährtes Interpretationsmuster vorgeben, nämlich Webers Philosophie der Sozialwissenschaften im Lichte der Erkenntnisse der aktuellen Philosophie und Wissenschaften zu lesen und dadurch besser zu verstehen. Das manifeste Bild vom Menschen, das Wilfrid Sellars dem wissenschaftlichen Bild kontrastiert, lässt uns Webers Vorstellung handelnder Individuen begreifen. Die Intentionalitätstheorie von John R. Searle hilft, Webers Konzeption der kausalen Struktur des Handelns und die Begriffe des aktuellen und erklärenden Verstehens zu explizieren. Und der in der Philosophie der Physik diskutierte Begriff »Typizität« eröffnet die Möglichkeit, Webers Vorstellung soziologischer Gesetze präzise zu bestimmen. Dieses Interpretationsmuster ist freilich nur dann fruchtbar, wenn in umgekehrter Richtung die geistigen Quellen, aus denen Weber schöpfte, erschlossen werden. Wie die Arbeiten an der Edition von MWG I/7 gezeigt haben, finden sich die meisten dieser Quellen jenseits der Grenzen südwestdeutsch-neukantianischen Denkens, die zu überschreiten die Weber-Forschung nie konsequent angegangen war. Man findet diese Quellen in den Werken von Aristoteles und Jacopo Zabarella, Adolphe Quetelet und Ludwig Boltzmann, Georg Gottfried Gervinus und Hermann Helmholtz, Julius Robert Mayer und Emil Du Bois-Reymond, und natürlich Wilhelm Wundt, um nur die wichtigsten zu nennen. In der Einleitung zu MWG I/7 konnten diese Quellen nur genannt, bestenfalls skizziert werden (Wagner 2018). In den im Zuge der Edition entstandenen Aufsätzen werden sie jedoch ebenso wie Webers Rezeption diskutiert. Von diesen Aufsätzen kommen diejenigen zum Abdruck, die in ihrer wechselseitigen Ergänzung der Forschung zu Webers Wissenschaftslehre und zu den Grundlagen der Sozialwissenschaften neue Impulse geben könnten.

Der Autor ist wiederholt ermuntert worden, auf Basis dieser Aufsätze eine Monographie zu schreiben. Aber das scheint ihm mehr denn je keine gute Idee zu sein. Zum einen klingt ihm nach einem Jahrzehnt der Konzentration auf diesen Stoff eine Sentenz von Hans Dieter Hüsch immer lauter im Ohr: *Wer immer nur Sahnetorte isst, weiß eines Tages gar nicht mehr, wie Sahnetorte schmeckt.* Zum anderen sind sich Gegenstand und Methode nicht äußerlich. Ein Stoff wie Webers Wissenschaftslehre eröffnet immer wieder neue, unerwartete Perspektiven, die Studien »unter spezifisch *besonderten Gesichtspunkten*« erfordern (Weber 1982: 181). Daher empfiehlt es sich, Aufsätze zu schreiben und diese auch zu sammeln, sofern sich daraus ein Mehrwert ergibt. Natürlich war nicht zuletzt die Vorstellung verlockend, justament 100 Jahre nach Erscheinen der ersten Auflage von Max Webers *Gesammelten Aufsätzen zur Wissenschaftslehre* gesammelte Aufsätze zur Wissenschaftslehre Max Webers herauszubringen.

Abgesehen von einem Originalbeitrag und einem Text, der überarbeitet wurde, entsprechen die folgenden Aufsätze ihren Originalen in inhaltlicher Hinsicht vollkommen, was bisweilen zu Redundanzen führt, die aber vertretbar erscheinen. In formaler Hin-

---

1   Die folgenden Aufsätze wurden nicht aufgenommen: Wagner (2020) sowie Wagner und Härpfer (2014; 2015; 2016).

sicht wurden die Texte vereinheitlicht. Sie haben nun alle dieselbe Zitierweise und Zwischenüberschriften. Die in englischer Sprache publizierten Texte wurden ins Deutsche rückübersetzt. Die Referenz auf die fünfte Auflage der *Wissenschaftslehre* (Weber 1982) wurde nicht nur aus nostalgischen Gründen beibehalten, sondern auch deswegen, weil die WL in ihren diversen Auflagen wohl noch geraume Zeit Grundlage der Forschung bleiben wird. Auf eine zusätzliche Integration von Referenzen auf die Bände der MWG, in denen Webers Aufsätze zur Wissenschaftslehre nunmehr in historisch-kritisch edierter Form enthalten sind, wurde aus Gründen der besseren Lesbarkeit verzichtet. Dafür werden am Ende des vorliegenden Buches die Seitenkonkordanzen der MWG-Bände abgedruckt, so dass sich die entsprechenden Stellen mühelos finden lassen. Auf die Wiederholung der in den Aufsätzen abgedruckten Danksagungen wird im Folgenden verzichtet. Stellvertretend für alle sei an dieser Stelle Guy Oakes und Hubert Treiber gedankt, die den ganzen Kreis mit mir gegangen sind.

## Literatur

Eliot, Thomas Stearns, 1950: *The Complete Poems and Plays 1909–1950*. New York: Harcourt Brace & Company [S. 145].

Kripke, Saul A., 1981: *Name und Notwendigkeit*. Übersetzt von Ursula Wolf. Frankfurt am Main: Suhrkamp.

Wagner, Gerhard, 2018: Einleitung. In: Max Weber, *Zur Logik und Methodik der Sozialwissenschaften*. *Max Weber-Gesamtausgabe*, Bd. I/7, hg. von Gerhard Wagner. Tübingen: J. C. B. Mohr (Paul Siebeck), 1–30.

Wagner, Gerhard, 2020: The Emergence of Sociology Out of the Quest for Causality. The Case of Max Weber. In: Efraim Podoksik (Hg.), *Doing Humanities in Nineteenth-Century Germany*. Leiden: Brill, 264–279.

Wagner, Gerhard und Härpfer, Claudius, 2014: Max Weber und die Naturwissenschaften. In: *Zyklos* 1, 169–194.

Wagner, Gerhard und Härpfer, Claudius, 2015: Neo-Kantianism and the Social Sciences. From Rickert to Weber. In: Andrea Staiti und Nicolas de Warren (Hg.), *New Approaches to Neo-Kantianism*. Cambridge: Cambridge University Press, 171–185.

Wagner, Gerhard und Härpfer, Claudius, 2016: Max Webers (vergessene) Zeitgenossen. Zur Vermessung eines Denkraums. In: Gerhard Wagner und Claudius Härpfer (Hg.), *Max Webers vergessene Zeitgenossen. Beiträge zur Genese der Wissenschaftslehre*. Wiesbaden: Harrassowitz, 1–14.

Wagner, Gerhard und Zipprian, Heinz, 1985: Methodologie und Ontologie. Zum Problem kausaler Erklärung bei Max Weber. In: *Zeitschrift für Soziologie* 14, 115–130.

Wagner, Gerhard und Zipprian, Heinz (Hg.) 1994: *Max Webers Wissenschaftslehre. Interpretation und Kritik*. Frankfurt am Main: Suhrkamp.

Weber, Max, 1982: *Gesammelte Aufsätze zur Wissenschaftslehre*. 5. Aufl. Hg. von Johannes Winckelmann. Tübingen: J. C. B. Mohr (Paul Siebeck).

Weber, Max, 2018: *Zur Logik und Methodik der Sozialwissenschaften*. *Max Weber-Gesamtausgabe*, Bd. I/7, hg. von Gerhard Wagner. Tübingen: J. C. B. Mohr (Paul Siebeck).

# Was heißt »Idealtypus«?[1]

## Einleitung

Max Weber publizierte 1904 seinen Aufsatz »Die ›Objektivität‹ sozialwissenschaftlicher und sozialpolitischer Erkenntnis« anlässlich der Übernahme der Mitherausgeberschaft des *Archivs für Sozialwissenschaft und Sozialpolitik*. Mit seinem Aufsatz wollte er diese Zeitschrift als Medium einer wertfreien Sozialwissenschaft profilieren und dabei auch gleich sein eigenes Konzept einer solchen Sozialwissenschaft vorstellen, in der der Begriff Idealtypus eine zentrale Funktion haben sollte.

Weber führte den Begriff »Idealtypus« in seiner kritischen Auseinandersetzung mit Carl Mengers abstrakter Theorie der Nationalökonomie ein (Weber 1982: 187–190). Diese Theorie gehe zwar von einer grundlegenden methodologischen Unterscheidung zwischen gesetzlicher und historischer Erkenntnis aus, versuche dann aber doch in Analogie zu den exakten Naturwissenschaften, die Mannigfaltigkeit der sozialen Wirklichkeit aus Gesetzen zu deduzieren. Dabei verkenne sie die Eigenart ihrer Begriffe, bei denen es sich um einen Spezialfall jener Begriffsbildung handele, welche den Wissenschaften von der menschlichen Kultur eigentümlich und in gewissem Umfang unentbehrlich sei.

Weber zufolge haben wir in der abstrakten Theorie der Nationalökonomie »ein Beispiel jener Synthesen vor uns, welche man als ›*Ideen*‹ historischer Erscheinungen zu bezeichnen pflegt« (Weber 1982: 190). Solche Synthesen »bieten uns ein *Ideal*bild der Vorgänge auf dem Gütermarkt bei tauschwirtschaftlicher Gesellschaftsorganisation, freier Konkurrenz und streng rationalem Handeln« (Weber 1982: 190). Ein solches Idealbild ist ein »Gedankenbild«, denn es »vereinigt bestimmte Beziehungen und Vorgänge des historischen Lebens zu einem in sich widerspruchsfreien Kosmos *gedachter* Zusammenhänge« (Weber 1982: 190). Inhaltlich trägt eine solche Konstruktion »den Charakter einer *Utopie* an sich, die durch *gedankliche* Steigerung bestimmter Elemente der Wirklichkeit gewonnen ist« (Weber 1982: 190). Das Verhältnis dieser Utopie zu den empirisch gegebenen Tatsachen besteht lediglich darin, dass da, wo ein Zusammenhang der in der Utopie abstrakt dargestellten Art in der Wirklichkeit festgestellt oder vermutet wird, »wir uns die *Eigenart* dieses Zusammenhangs an einem *Idealtypus* pragmatisch *veranschaulichen* und verständlich machen können« (Weber 1982: 190).

Wie die »Idee« der historisch gegebenen modernen verkehrswirtschaftlichen Organisation der Gesellschaft lässt sich »nach ganz denselben logischen Prinzipien« z. B. auch

---

1   Koautor Claudius Härpfer.

»die Idee der ›Stadtwirtschaft‹ des Mittelalters« entwickeln, indem man den Begriff
»Stadtwirtschaft« nicht als einen »*Durchschnitt*« der in sämtlichen beobachteten Städten
tatsächlich bestehenden Wirtschaftprinzipien bildet, sondern ebenfalls als einen »*Idealtypus*« (Weber 1982: 190–191). Ein Idealtypus wird gebildet »durch einseitige *Steigerung
eines* oder *einiger* Gesichtspunkte und durch Zusammenschluß einer Fülle von diffus
und diskret, hier mehr, dort weniger, stellenweise gar nicht, vorhandenen *Einzel*erscheinungen, die sich jenen einseitig hervorgehobenen Gesichtspunkten fügen, zu einem in
sich einheitlichen *Gedanken*bilde« (Weber 1982: 191). Dieses »Gedankenbild« ist in seiner
»begrifflichen Reinheit« nirgends in der Wirklichkeit empirisch vorfindbar, sodass der
historischen Arbeit die Aufgabe erwächst, »in jedem *einzelnen Falle* festzustellen, wie
nahe oder fern die Wirklichkeit jenem Idealbilde steht« (Weber 1982: 191).

Weber betonte nun einerseits, dass dieser Idealtypus kein »Schema« sei, »in welches
die Wirklichkeit als *Exemplar* eingeordnet werden sollte«, »sondern welches die Bedeutung eines rein idealen *Grenz*begriffes hat, an welchem die Wirklichkeit zur Verdeutli-
chung bestimmter bedeutsamer Bestandteile ihres empirischen Gehaltes *gemessen*, mit
dem sie *verglichen* wird« (Weber 1982: 194). Damit grenzte er den Idealtypus von der
gattungsmäßigen Begriffsbildung der Naturwissenschaften ab, an der sich die abstrakte
Theorie der Nationalökonomie offenbar orientierte. Weber betonte andererseits, dass der
Idealtypus nicht mit einem »Sein*sollenden*, ›Vorbildlichen‹« identifiziert werden dürfe,
dass er also nur in einem »rein *logischen* Sinn« als ideal zu verstehen sei (Weber 1982: 192).
Das musste er betonen, um dem Anliegen seines Aufsatzes, eine wertfreie Sozialwissenschaft zu begründen, zu genügen.

Weber war denn auch sichtlich bemüht, den rein logischen Sinn zu betonen, den der
Begriff Idealtypus für ihn hatte. Entsprechend seiner Devise, scharf zu trennen zwischen
einerseits praktischen Wertungen, mit denen Bestandteile der Wirklichkeit normativen
Idealen gemäß als wertvoll beurteilt werden, und andererseits theoretischen Wertbe-
ziehungen, mit denen Bestandteile der Wirklichkeit aufgrund ihrer Kulturbedeutsam-
keit zum Objekt wissenschaftlicher Forschung gemacht werden (Weber 1982: 146, 175),
durfte das Ideale am Idealtypus kein normativer Beurteilungsmaßstab sein, sondern ein
bloßer logischer Vergleichsmaßstab: Die »logisch *vergleichende* Beziehung der Wirklichkeit auf Ideal*typen* im logischen Sinne« sei daher von der »wertenden *Beurteilung* der
Wirklichkeit aus *Idealen* heraus scharf zu scheiden«: »Ein ›Idealtypus‹ in unserem Sinne
ist […] etwas gegenüber der *wertenden* Beurteilung völlig indifferentes, er hat mit irgend
einer anderen als einer rein *logischen* ›Vollkommenheit‹ nichts zu tun« (Weber 1982: 200).

Doch so klar diese Trennung für Weber gewesen sein mag, es bleibt ein klärungs-
bedürftiger Rest. Denn Weber hat eine Verbindung zwischen den Begriffen »Idealtypus« und »Idee« hergestellt, die an Platon denken lässt und dadurch nicht nur einem
normativen, sondern auch metaphysischen Verständnis seiner Position Vorschub leistet.
Mit »Ideen« meinte er offenbar keine »hinter der Flucht der Erscheinungen stehende
›eigentliche‹ Wirklichkeit« (Weber 1982: 195). Entsprechend betonte er, dass auch der
Idealtypus nicht »die ›eigentliche‹ Wirklichkeit *ist*« (Weber 1982: 194). *Was* er meinte, hat
er aber nicht mitgeteilt. Das gilt auch für seine späteren Publikationen. Die Folge war

eine ausufernde Diskussion darüber, was ein Idealtypus eigentlich ist – eine Diskussion, die letztlich zu nichts führte.

Diese Frage wird man kaum beantworten können, solange die Herkunft dieses Begriffs nicht geklärt ist. Im Folgenden werden einige mögliche Quellen geprüft und begründet, warum das Werk des Physiologen und Physikers Hermann Helmholtz (ab 1883 Hermann von Helmholtz) die plausibelste Quelle ist. Die Lektüre einiger Schlüsselwerke von Helmholtz erhellt, was Weber unter einem Idealtypus verstanden hat, nämlich das Ergebnis einer ganz spezifischen Art von Induktion.

## Weder Philosophie noch Jurisprudenz

Weber schwieg sich über die Herkunft des Begriffs Idealtypus aus. Das ist umso merkwürdiger, als sein Aufsatz »Die ›Objektivität‹ sozialwissenschaftlicher und sozialpolitischer Erkenntnis« programmatischer Natur war und man gerade in ihm eine akademische Unterkellerung hätte erwarten können. Doch im Unterschied zu seinen anderen Aufsätzen zur Wissenschaftslehre enthält dieser Aufsatz – von einer Eingangsfußnote abgesehen – keine Anmerkungen und auch im Text gibt es kaum Verweise. Immerhin merkte Weber in dieser Fußnote an, dass »in allem Wesentlichen« »lediglich« an die Arbeiten der »modernen Logiker« angeknüpft werde, wobei er namentlich »nur« Wilhelm Windelband, Georg Simmel und für seine Zwecke speziell Heinrich Rickert nannte (Weber 1982: 146). Dieser Hinweis ist in Sachen Idealtypus freilich irreführend. So wesentlich dieser Begriff für Weber war, in den Arbeiten Windelbands und Simmels taucht er weder auf noch finden sich belastbare Anknüpfungspunkte; und Rickert – dem Weber ansonsten in mancherlei Hinsicht folgte (Wagner und Härpfer 2015) – schien sogar ein Gegner des Typus-Begriffs gewesen zu sein.

In Rickerts 1902 vollständig publiziertem Buch *Die Grenzen der naturwissenschaftlichen Begriffsbildung* fällt der Begriff Idealtypus nicht wörtlich. Es gibt jedoch eine Stelle, die man so verstehen kann (Rickert 1902: 360–363). Rickert diskutierte den Begriff »Typus« und unterschied dabei zwei Bedeutungen. Dieses Wort bezeichne einerseits »das für den Durchschnitt einer Gruppe von Dingen oder Vorgängen Charakteristische«; dann heiße es »bisweilen geradezu soviel wie Exemplar eines allgemeinen Gattungsbegriffs« (Rickert 1902: 360). Andererseits bezeichne dieses Wort »soviel wie vollkommene Ausprägung oder Vorbild« (Rickert 1902: 360). Beides könne man nur dann identifizieren, wenn man »in dem Inhalt eines allgemeinen Begriffs schon ein Vorbild oder Ideal« sehe, nach dem sich die »einzelnen Individuen« zu richten hätten, was wiederum voraussetze, dass sie die »unvollkommenen Abbilder des allgemeinen Begriffes« wären (Rickert 1902: 360). Dies mache allerdings nur auf dem »Boden des platonischen Begriffsrealismus« Sinn, demzufolge »die allgemeinen Werthe das wahrhaft Wirkliche« als »das allgemeine Wirkliche« seien, was auch bei »Anhängern einer naturwissenschaftlichen Universalmethode« dazu führe, naturwissenschaftliche Begriffe zu »metaphysischen Realitäten« umzudeuten (Rickert 1902: 360). Ohne diese »metaphysischen Voraussetzungen« müsse »das Typische als das Durchschnittliche« von »dem Typischen als dem Vorbildlichen«

unterschieden werden, denn »die ›typische‹ Verkörperung eines allgemeinen Begriffsinhaltes« könne nie »die ›typische‹ Verkörperung eines Ideals« sein (Rickert 1902: 360–361).

Bei strikter Unterscheidung beider Bedeutungen war Rickert bereit anzuerkennen, dass die Anwendung des Typischen als dem Vorbildlichen »wenigstens auf einen Theil der historischen Objekte nicht geradezu falsch« sei (Rickert 1902: 361). Wenn man etwa sage, dass Goethe oder Bismarck »typische Deutsche« sind, so kann das heißen, »dass sie in ihrer Einzigartigkeit und Individualität vorbildlich sind, und weil sie als Vorbilder auch für Alle bedeutsam sein müssen, so werden sie in der That als Typen auch zu historischen In-dividuen« (Rickert 1902: 361). Auch das Typische als das Durchschnittliche komme in Betracht, wenn es um einen »relativ historischen Begriff« gehe (Rickert 1902: 362, 718). Doch selbst wenn durch eine strikte Unterscheidung beider Bedeutungen eine Verwechslung des »für alle Bedeutsamen« mit dem »mit Allen Gemeinsamen« vermieden werde, sei der Typus-Begriff für einen »wirklich umfassenden Begriff des historischen Individuums« letztlich »ganz unbrauchbar«, denn »die Geschichte hat es durchaus nicht nur mit Objekten zu thun, die entweder Typen in dem einen oder Typen in dem anderen Sinne des Wortes sind« (Rickert 1902: 362–363).

Demzufolge kann nur in einem sehr eingeschränkten Sinn die Rede davon sein, dass Weber in Sachen Idealtypus an Rickert anknüpfte, nämlich nur insofern, als Rickert gezeigt hatte, dass ein Typus kein metaphysisch aufgeladener allgemeiner Gattungsbegriff sein müsse und zur Bestimmung eines historischen Individuums immerhin in Frage komme. Diese Einschätzung wird durch einen Brief bestätigt, den Weber kurz nach der Publikation seines Aufsatzes »Die ›Objektivität‹ sozialwissenschaftlicher und sozialpolitischer Erkenntnis« an Rickert schrieb (Weber 2015). Wie aus diesem Brief hervorgeht, muss Rickert in einem nicht überlieferten Brief seine »Zustimmung zu dem Gedanken des ›Idealtypus‹« mitgeteilt haben (Weber 2015: 230), was er wohl kaum getan hätte, wenn es sein eigener gewesen wäre. Er muss allerdings auch Bedenken geäußert haben bezüglich der Wahl des Wortes Idealtypus. Weber jedenfalls antwortete, dass er »eine ähnliche Kategorie für notwendig« erachte, »um ›werthendes‹ und ›werthbeziehendes‹ Urteil scheiden zu können« (Weber 2015: 230). Wie man sie nenne, sei »Nebensache«, er habe sie so genannt, »weil der Sprachgebrauch von ›idealem Grenzfall‹, ›idealer Reinheit‹ eines typischen Vorgangs, ›idealer Construktion‹ etc. spricht, *ohne* damit ein Seinsollendes zu meinen, ferner weil das, was *Jellinek* (Allg[emeine] Staatslehre) ›Idealtypus‹ nennt, |:als:| nur im *logischen* Sinn perfekt gedacht ist, nicht als *Vorbild*« (Weber 2015: 230). Im Übrigen müsse sie »weiter geklärt« werden, denn sie enthalte in seiner Darstellung noch »allerhand« »ungeschiedene Probleme« (Weber 2015: 230–231). Damit brachte Weber einen weiteren Autor ins Spiel, zwar keinen modernen Logiker, sondern einen Rechtswissenschaftler, in dessen 1900 publiziertem Buch *Allgemeine Staatslehre* nun aber wörtlich von Idealtypus die Rede war.

Tatsächlich hatte Jellinek zwischen einem »*Durchschnittstypus*« und einem »*idealen Typus*« unterschieden und ideale Typen auch als »Idealtypen« bezeichnet (Jellinek 1900: 32–33). Für ihn bezeichnete der Begriff des »*idealen Typus*« das »vollkommene Wesen einer Gattung« (Jellinek 1900: 32). Entweder könne man »ihn sich in platonischer Weise als jenseitige Idee vorstellen, die nur unvollkommen in den Individuen zur Erscheinung gelangt«, oder man könne »ihn sich mit Aristoteles als wirkende, formgebende Kraft denken, welche die einzelnen Exemplare der Gattung ausgestaltet« (Jellinek 1900: 32). Jedenfalls habe er eine »wesentlich teleologische Bedeutung«: Es sei »das τέλος jeglichen Dinges und jeglicher menschlichen Erscheinung, ihn zum Ausdruck zu bringen« (Jellinek 1900: 32). Dieser Typus sei »kein Seiendes, sondern ein Seinsollendes« und von daher ein »Beurteilungsmassstab des Gegebenen«: Was ihm entspreche, sei »gut« und habe das »Recht«, sich durchzusetzen und da zu sein; andernfalls sei es zu verwerfen und zu überwinden (Jellinek 1900: 32). Dieser Typus habe »seit den Tagen der hellenistischen Philosophie durch die Scholastik des Mittelalters hindurch bis auf den heutigen Tag das gesammte wissenschaftliche Denken ununterbrochen beschäftigt« (Jellinek 1900: 32). In der Staatslehre, an der Jellinek speziell interessiert war, münde die Vorstellung von einem idealen Typus in dem Bestreben, »den besten Staat zu finden und an ihm die gegebenen staatlichen Institutionen zu messen«, wobei dieser Typus entweder ein »freies Gebilde der Spekulation (wie er namentlich in Form der Staatsromane auftritt)« ist, oder »vorhandene Staaten oder einzelne ihrer Institutionen zu einem Idealtypus umgebildet« werden (Jellinek 1900: 32). So groß der Wert solcher Idealtypen für das politische Handeln sein mag, so gering ist er Jellinek zufolge für die »theoretisch-wissenschaftliche Erkenntnis«, die »das Seiende, nicht das Seinsollende, die gegebene Welt, nicht eine zu erschaffende« zum Gegenstand habe (Jellinek 1900: 33).

Für Jellinek stellte der Idealtypus also genau jene Identifizierung von allgemeinem Gattungsbegriff und normativer Vollkommenheit dar, deren metaphysische Voraussetzungen Rickert anmerken sollte. Daran hat Weber gewiss nicht angeknüpft. Als Anknüpfungspunkt kommt im Grunde nur der Konstruktionscharakter idealer Typen in Frage, den Jellinek in den Spekulationen und Umbildungen der Staatslehren erkannte. Wie aus Webers Brief an Rickert hervorgeht (Weber 2015), muss Weber jedenfalls eine Möglichkeit gesehen haben, das, was Jellinek Idealtypus nannte, nicht als Vorbild, sondern nur in einem logischen Sinn perfekt zu denken. Freilich geht aus Webers Brief nicht einmal eindeutig hervor, ob er das bloße Wort von Jellinek übernommen hat. So hat er 1911 in einer Gedächtnisrede auf Jellinek zwar betont, von ihm »wesentlichste Anregungen« erhalten zu haben; den Begriff Idealtypus hat er dabei aber nicht aufgelistet (Weber 1926: 484).

## Ästhetik und Optik

Soweit ersichtlich ist die begriffsgeschichtliche Forschung zum Idealtypus nicht über Jellinek hinaus gekommen. Tatsächlich findet man diesen Begriff auch in der zeitgenössischen Wissenschaft und Philosophie, so zum Beispiel in den zwischen 1894 und 1902 gehaltenen Vorlesungen »Die Entstehung der Barockkunst in Rom« von Alois Riegl, wo er freilich nur genannt wird: Die Frührenaissance habe schon Mitte des 15. Jahrhunderts, bevor man den Zentralbau als »Ideal« betrachtet habe, herausgefunden, dass »der einschiffige Saal der ideale Typus eines kirchlichen Langhausbaues wäre« (Riegl 1908: 111). Riegl kommt als Quelle allerdings nicht in Betracht. Seine Vorlesungen wurden erst

1908 publiziert und Weber selbst hat in einem Brief an Georg Lukács mitgeteilt, dass ihm Riegls Werk vor 1913 unbekannt war (Weber 2003a).

Der Begriff Idealtypus findet sich auch in dem 1901 publizierten Buch *Allgemeine Ästhetik* von Jonas Cohn, wo er auch erläutert wird (Cohn 1901: 175–178). Cohn unterschied einen »Durchschnittstypus« von einem »Idealtypus«, der »das Wesen« einer Art »besonders rein wiedergibt« (Cohn 1901: 175). Die »Annäherung eines Exemplars an diesen Idealtypus lasse es dann schön erscheinen«, weil sich ja »schöne Exemplare einer Art von dem Durchschnitt dieser Art durch eine vollendete Ausbildung der einzelnen Glieder bei vollendetem Ebenmasse und durch hervorragendes Auftreten aller Schönheit befördernden Eigenschaften, welche die Art besitzt, abheben« (Cohn 1901: 175). Cohn wies nun darauf hin, dass die »Lehre vom Idealtypus« meist »mehr« besagen wolle, nämlich dass »wir in schönen Wesen gleichsam den Bauplan der Natur am reinsten erkennen, der sonst durch störende Bedingungen an voller Verwirklichung gehindert werde« (Cohn 1901: 175–176). Die »metaphysische Unterlage« dieser Ansicht sei der Glaube, »dass das wahre Wesen der Einzeldinge in ihrem Teilhaben an allgemeinen Begriffen besteht« und »dass es die Aufgabe jedes Exemplars ist, diesen Begriff möglichst rein hervortreten zu lassen« (Cohn 1901: 176). Cohn lehnte diesen »Begriffsrealismus« ab, nannte aber einige andere Werke zur Ästhetik, in denen die Ansicht, dass »die Schönheit sich als Annäherung an einen idealen Typus bestimmen« lasse, mit »mannigfaltigen anderen Elementen vermischt« würde (Cohn 1901: 176–177). Cohns Ausführungen sind insofern interessant, als in ihnen die Möglichkeit eines nicht-metaphysischen Gebrauchs des Begriffs Idealtypus zur Sprache kommt, ohne die Vorstellung des Vorbildlichen zu bemühen, wie es bei Rickert der Fall ist. Ob Cohn als Quelle in Betracht kommt, lässt sich allerdings nicht eindeutig beantworten. Aufmerksam auf Cohn könnte Weber durch Rickert gemacht worden sein, der ihn in seiner Diskussion des Typus-Begriffs zwar nicht erwähnte, aber wenige Seiten später in seiner Diskussion des Unterschieds zwischen wissenschaftlicher und künstlerischer Wahrheit auf Cohns Buch verwies (Rickert 1902: 387). Von Weber selbst gibt es erst Ende 1913, Anfang 1914 Verweise auf Cohn (Weber 2003b; 2003c), aber keinen zum Idealtypus.

Während Jellineks Behauptung, dass der Idealtypus seit der hellenistischen Philosophie das gesamte wissenschaftliche Denken ununterbrochen beschäftigt habe, als eine Übertreibung betrachtet werden darf, scheint Riegl und Cohn zufolge dieser Begriff seit der Renaissance in der Ästhetik tatsächlich verbreitet gewesen zu sein. Eine Bestandsaufnahme würde den Rahmen dieses Textes sprengen. Aber man kann eine Tradition in den Blick nehmen, die als Einflussgröße in Frage kommt, weil sie sich von der Metaphysik zu emanzipieren versuchte. Dabei empfiehlt es sich, der Studie *IDEA* von Erwin Panofsky zu folgen.

Panofsky zufolge bahnte sich in der Renaissance bei Giorgio Vasari die Vorstellung an, dass die Idee des Schönen kein übernatürliches *a priori* ist, das im Geiste des Künstlers gleichsam wohnt, sondern von ihm selbst *a posteriori* hervorgebracht wird, und zwar durch ein »inneres Zusammenschauen« von »Einzelfällen«, aus denen er eine »Auswahl des Schönsten« trifft (Panofsky 1982: 33–35). Damit verbunden war die Vorstellung, dass die vom Künster in seiner Anschauung der Natur gewonnene Idee »die eigentlichen Absichten der ›gesetzmäßig schaffenden‹ Natur offenbare«, dass also Subjekt und Objekt,

Geist und Natur einander nicht feindlich gegenüberstehen, sondern die Idee vielmehr der Erfahrung »notwendig *entspreche*« (Panofsky 1982: 35). Diese Vorstellungen führten zu einem Bedeutungswandel, in dessen Folge »die Welt der *Ideen* mit einer Welt *gesteigerter Wirklichkeiten* identifiziert« und »der Begriff der *Idee* zu dem des ›*Ideals*‹« umgeformt werden sollten: »Damit ist die Idee ihres metaphysischen Adels entkleidet, aber eben dadurch mit der Natur in eine schöne, gleichsam selbstverständliche Übereinstimmung gebracht: vom menschlichen Geiste erzeugt, aber zugleich – sehr weit entfernt von Subjektivität und Willkürlichkeit – die in den Dingen vorgebildete Gesetzlichkeit zum Ausdruck bringend […] auf dem Wege intuitiver Synthesis« (Panofsky 1982: 36).

Der Klassizismus hat diese Vorstellungen dann zum System erhoben, wobei Giovanni Pietro Belloris Abhandlung »L'Idea del Pittore, dello Scultore e dell Architetto« aus dem Jahre 1664 eine besondere Bedeutung zukommt. Panofsky zufolge hat die Idee auch für Bellori keinen metaphysischen Ursprung, »sondern die künstlerische *Idee selbst entstammt der sinnlichen Anschauung*, nur daß dieselbe in ihr auf eine reinere und höhere Form gebracht erscheint« (Panofsky 1982: 59–60). Für Bellori war die Idee »eine vollkommene Ding-Vorstellung, die in der Anschauung der Natur ihren Ursprung hat«, mithin eine »durch unseren Geist ›gereinigte‹ Naturanschauung«, wodurch die »*Umgestaltung der Idee zum ›Ideal‹ ausdrücklich besiegelt*« wurde (Panofsky 1982: 60–62). Panofsky weist nun darauf hin, dass Bellori nicht so kurzsichtig war, »das Ideal als *schlechthin* allgemeingültig, d. h. undifferenzierbar, hinzustellen«; vielmehr habe er es »insofern individualisiert, als die ›Idea‹ eine Gattungsvorstellung ist, die – freilich innerhalb ihrer Gattung nun doch eine allgemeine Geltung beanspruchend – bestimmte *Typen* sowohl der habituellen Erscheinung (etwa das Starke, Anmutige, Feurige) als des aktuellen Zustandes (etwa den Zorn, die Trauer, die Liebe) auf einen recht eigentlich ›exemplarischen‹ Ausdruck bringt« (Panofsky 1982: 118).

Wie Gary Hatfield nachgewiesen hat, findet man dieses klassizistische System im 19. Jahrhundert bei Hermann Helmholtz, u. a. in der Vorlesungsreihe »Optisches über Malerei« aus den Jahren 1871 bis 1873 (Hatfield 1993; 1990: 165–234). Auch für Helmholtz hat der Maler »idealisirte Typen« darzustellen, wenn er »im Gemälde ein Bild äusserer Gegenstände« anfertigt (Helmholtz 1903a: 97–98). Während sich ein ungebildeter Beschauer nur eine »täuschende Naturwahrheit« wünsche, werde ein Beschauer mit feinerem Geschmack mehr als eine »getreue Copie roher Natur« erwarten:

> »Um ihn zu befriedigen, wird eine künstlerische Auswahl, Anordnung und selbst Idealisierung der dargestellten Gegenstände nöthig sein. Die menschlichen Figuren im Kunstwerk werden nicht die alltäglicher Menschen sein dürfen, wie wir sie auf Photographien sehen, sondern es werden ausdrucksvoll und charakteristisch entwickelte, wo möglich schöne Gestalten sein müssen, die eine Seite des menschlichen Wesens in voller und ungestörter Entwickelung zur lebendigen Anschauung bringen« (Helmholtz 1903a: 97–98).

Nachdem Helmholtz in seinen Vorträgen die physiologischen Grundlagen der Wahrnehmung von Formen und Farben erörtert hatte, kam er zu dem Fazit, dass die »sinnliche Deutlichkeit« eines Gemäldes durchaus »kein niedriges oder untergeordnetes Moment bei den Wirkungen der Kunstwerke« sei (Helmholtz 1903a: 134), sondern im

Gegenteil die Kunstwerke als solche erst zur Darstellung bringe, und zwar im Sinne
jener Idealisierung, die der Beschauer mit feinerem Geschmack erwartet:

> »Was soll auch ein Kunstwerk, in des Wortes höchstem Sinn, wirken? Es soll unsere Auf-
> merksamkeit fesseln und beleben, es soll eine reiche Fülle von schlummernden Vorstel-
> lungsverbindungen und damit verknüpften Gefühlen in mühelosem Spiele wachrufen und
> sie zu einem gemeinsamen Ziele hinlenken. So werden sich die sämmtlichen Züge eines
> idealen Typus, die in vereinzelten Bruchstücken und von wildem Gestrüpp des Zufalls
> überwuchert in unserer Erinnerung zerstreut liegen, zu lebensfrischer Anschauung für
> uns verbinden. Nur dadurch scheint sich die der Wirklichkeit so oft überlegene Macht der
> Kunst über das menschliche Gemüth zu erklären, dass die Wirklichkeit immer Störendes,
> Zerstreuendes und Verletzendes in ihre Eindrücke mengt, die Kunst alle Elemente für
> den beabsichtigten Eindruck sammeln und ungehemmt wirken lassen kann« (Helmholtz
> 1903a: 134–135).

Dieser beabsichtigte Eindruck wird um so größer sein, »je eindringlicher, je feiner, je
reicher die Naturwahrheit des sinnlichen Eindruckes ist, welcher die Vorstellungsreihen und die mit ihnen verbundenen Affecte wachrufen soll«; dieser sinnliche Eindruck
müsse »sicher, schnell, unzweideutig und genau bestimmt sein« (Helmholtz 1903a: 135).
Insofern sind für Helmholtz die »Eigenthümlichkeiten der künstlerischen Technik«, die
sich aus seinen physiologischen Studien zur Optik ergaben, mit den »höchsten Aufgaben der Kunst eng verknüpft« (Helmholtz 1903a: 135). Er dachte sogar daran, dass selbst
das »letzte Geheimniss der künstlerischen Schönheit«, nämlich das »wunderbare Wohlgefallen«, das wir ihr gegenüber empfinden, »wesentlich in dem Gefühle des leichten,
harmonischen, lebendigen Flusses unserer Vorstellungsreihen begründet sei, die trotz
reichen Wechsels wie von selbst einem gemeinsamen Ziele zufliessen, bisher verborgene
Gesetzmässigkeit zur vollen Anschauung bringen, und in die letzten Tiefen der Empfindung unserer eigenen Seele uns schauen lassen« (Helmholtz 1903a: 135).

Damit hatte Helmholtz nicht nur der von der Renaissance und vom Klassizismus
behaupteten notwendigen Entsprechung von Subjekt und Objekt, Geist und Natur ein
wissenschaftliches Fundament verschafft, sondern auch die der Kunst zugedachte epistemologische Funktion, Gesetzmäßigkeiten der Natur durch Idealisierungen zu erfassen, perpetuiert. Inwieweit sich die Ästhetiker der Renaissance und des Klassizismus wie
Vasari und Bellori letztlich von der Metaphysik emanzipieren konnten, sei dahingestellt.
Bei Helmholtz finden sich jedenfalls keine Hinweise auf einen Begriffsrealismus, demzufolge das wahre Wesen der Einzeldinge in ihrem Teilhaben an allgemeinen Begriffen
bestehe und es die Aufgabe jedes Exemplars sei, den Begriff möglichst rein hervortreten
zu lassen. Helmholtz war ein herausragender Vertreter des mechanistischen Weltbilds
(Schiemann 1997). Wenn bei ihm von Störungen die Rede ist, dann sind sie keineswegs
als Hindernisse bei der vollen Verwirklichung eines Bauplans der Natur im Sinne einer
platonischen Idee gemeint, sondern ebenso wie das, was sie stören, als physikalische Phänomene, deren Gesetzmäßigkeiten in Differentialgleichungen beschrieben werden, wie
z. B. die Kelvin-Helmholtz-Instabilität in Strömungsbewegungen, auf die er zur selben
Zeit (1868 und 1873) aufmerksam machte (Helmholtz 1882a; 1882b).

# Hermann von Helmholtz, das imaginäre Gegenüber

Ebensowenig wie Jellinek war Helmholtz als Physiologe und Physiker ein moderner Logiker. Doch sein Werk kommt als Quelle durchaus in Frage. Wie schon in seiner Studie *Die Lehre von den Tonempfindungen als physiologische Grundlage für die Theorie der Musik* aus dem Jahre 1863 ging es ihm in seiner Vortragsreihe »Optisches über Malerei« um die Anwendung physiologischer Forschung auf die Ästhetik. Weber hat die dritte, überarbeitete Auflage der Lehre von den Tonempfindungen in seiner Musiksoziologie ausgiebig zu Rate gezogen (Helmholtz 1870; Weber 2004). Bezugnahmen auf die Vortragsreihe über Malerei finden sich keine in Webers Werk. Dennoch ist es plausibel anzunehmen, dass Weber sie kannte.

Dafür spricht, dass diese Reihe 1903, also ein Jahr vor der Publikation von Webers Aufsatz »Die ›Objektivität‹ sozialwissenschaftlicher und sozialpolitischer Erkenntnis«, in einer neu aufgelegten Sammlung populärer wissenschaftlicher Vorträge und Reden erschienen war, von denen Weber nachweislich mindestens zwei in seiner zweiteiligen Kritik an Karl Knies benutzte, die er zur gleichen Zeit konzipierte und 1905 und 1906 publizierte. Im ersten Teil seiner Kritik nannte er Helmholtz namentlich, um auf dessen Rede »Ueber das Verhältniss der Naturwissenschaften zur Gesammtheit der Wissenschaft« zu referieren (Weber 1982: 44; Helmholtz 1903b). Darüber hinaus hatte er sehr wahrscheinlich auch Helmholtz' Studien »Ueber die Erhaltung der Kraft« und »Robert Mayer's Priorität« im Sinn (Weber 1982: 50; Helmholtz 1903c; 1903d), was auch 1917 in seiner Rede »Wissenschaft als Beruf« der Fall gewesen sein dürfte, in der er auch auf Helmholtz' »Erinnerungen« und die Qualität seiner Lehre zu sprechen kam (Weber 1982: 586, 590; Helmholtz 1903e). Auch im zweiten Teil seiner Kritik nannte er Helmholtz namentlich, um auf dessen Studie »Ueber den Ursprung und die Bedeutung der geometrischen Axiome« zu referieren (Weber 1982: 115–116; Helmholtz 1903f). Auch wenn es denkbar ist, dass Weber frühere Auflagen bzw. andere Ausgaben dieser Texte benutzte, so legen seine facettenreiche Kenntnisse von Helmholtz' Werk doch nahe, dass er auch mit dessen Vorträgen zur Malerei vertraut war.

Dass Weber stärker als bislang angenommen Konzepte von Naturwissenschaftern rezipierte, zeigt gerade sein Aufsatz »Die ›Objektivität‹ sozialwissenschaftlicher und sozialpolitischer Erkenntnis«. Denn darin führte er auch die in Auseinandersetzung mit der Thermodynamik entwickelte Theorie der objektiven Möglichkeit des Physiologen und Helmholtz-Schülers Johannes von Kries ein, um sein Verständnis von Kausalität zu erläutern, freilich auch dies, ohne den Autor namentlich zu erwähnen (Weber 1982: 179, 194; von Kries 1888; Neumann 2009; Heidelberger 2010). Weber war sogar bereit, einem »Führer der Naturwissenschaft« zu folgen, um in Abgrenzung zu Rickert seiner Sozialwissenschaft ein astronomisches Erkenntnisverfahren zugrunde zu legen (Weber 1982: 172). Dieser Führer war der Physiologe Emil Du Bois-Reymond (Du Bois-Reymond 1886; Albrecht 2010; Wagner und Härpfer 2015). So gesehen ist es durchaus möglich, dass Weber, wie Joachim Radkau meint, mangels eines kongenialen Gesprächspartners und Mitstreiters aus den Naturwissenschaften in dem längst verstorbenen Helmholtz ein »imaginäres Gegenüber« gefunden hatte (Radkau 2005: 627). Wie auch immer, Hatfield

hat nicht nur den Klassizismus von Helmholtz' »Wissenschaft der Ästhetik« rekonstruiert, sondern auch etwas erläutert, das er als Helmholtz' »Ästhetik der Wissenschaft«
bezeichnet, genauer: »his ›classicist‹ aesthetics of scientific explanation« (Hatfield 1993:
524). Dank Hatfields Analyse sind wir in der komfortablen Lage, uns auf einige wesentliche Punkte konzentrieren zu können.

Weber hat in seiner Kritik an Knies auf Helmholtz verwiesen, der »je nach dem behandelten *Objekt*« die »Gruppen« der »Naturwissenschaften« von denen der »Geisteswissenschaften« unterschieden habe (Weber 1982: 44). Das ist richtig, aber nur die halbe
Wahrheit. Denn weit davon entfernt, Anhänger einer naturwissenschaftlichen Universalmethode zu sein, ergaben sich für Helmholtz aus der unterschiedlichen Komplexität der
Objekte unterschiedliche Methoden, die er in seiner 1862 gehaltenen Heidelberger Festrede »Ueber das Verhältniss der Naturwissenschaften zur Gesammtheit der Wissenschaft«
als »*logische*« und »*künstlerische Induction*« bezeichnet hatte (Helmholtz 1903b: 171). Dieser
Unterschied erhellt Webers Abgrenzug gegenüber der an der gattungsmäßigen Begriffsbildung der Naturwissenschaften orientierten abstrakten Theorie der Nationalökonomie
und ermöglicht so ein Verständnis seines Idealtypus.

Helmholtz zufolge entsteht Wissenschaft durch die Erkenntnis von Gesetzen und Ursachen (Helmholtz 1903b: 169). Die »logische« Verarbeitung des gegebenen Stoffs besteht
zunächst darin, dass man das Ähnliche auf einen allgemeinen Begriff bringt, der eine
Menge von Einzelheiten in sich begreift und sie in unserem Denken vertritt (Helmholtz
1903b: 169). Wenn er eine Menge von Dingen umfasst, nennt man ihn einen »Gattungsbegriff«; wenn er eine Reihe von Vorgängen oder Ereignissen umfasst, nennt man ihn ein
»Gesetz« (Helmholtz 1903b: 169). Indem wir die Tatsachen der Erfahrung »denkend zu-
sammenfassen und Begriffe bilden«, bringen wir unser Wissen nicht nur in eine Form, in
der es »leicht zu handhaben und aufzubewahren« ist, sondern »erweitern« es auch, da wir
»die gefundenen Regeln und Gesetze auch auf alle ähnlichen künftig noch aufzufinden-
den Fälle auszudehnen berechtigt sind« (Helmholtz 1903b: 170). Das Gesetz der Lichtbrechung z. B. umfasst nicht nur die Fälle, wo Strahlen unter den verschiedensten Winkeln
auf eine einzelne ebene Wasserfläche fallen, sondern alle Fälle, wo Lichtstrahlen irgend
einer Farbe auf die irgendwie gestaltete Oberfläche einer irgendwie gearteten durchsich-
tigen Substanz fallen. Dabei lässt es sich nicht nur auf die Fälle anwenden, die wir selbst
oder andere schon beobachtet haben, sondern auch auf neue, noch nicht beobachtete
Fälle, um den Erfolg der Lichtbrechung vorauszusagen (Helmholtz 1903b: 1969–170).

Diese logische Induktion bereitet keine Schwierigkeiten bei Objekten, bei denen das
Ähnliche vom Unähnlichen klar unterschieden und zu scharf begrenzten Begriffen zusammengefasst werden kann, wie es in der Physik oder Physiologie der Fall ist (Helmholtz 1903b: 170). Bei »complizirten« Objekten treten jedoch Schwierigkeiten auf (Helmholtz 1903b: 170). Bei einem Mann z. B., den wir als ehrgeizig kennen, werden wir mit
ziemlicher Sicherheit vorhersagen können, dass er in seinem Handeln seinem Ehrgeiz
folgen wird. Aber wir können weder mit voller Bestimmtheit definieren, woran man einen Ehrgeizigen erkennt oder nach welchem Maß der Grad seines Ehrgeizes zu messen
ist, noch können wir mit Bestimmtheit sagen, welcher Grad des Ehrgeizes vorhanden
sein muss, damit er in einem konkreten Fall seinem Ehrgeiz folgt (Helmholtz 1903b: 170).

Also machen wir unsere Vergleiche zwischen den bisher beobachteten Handlungen dieses einen Mannes und den beobachteten Handlungen anderer Männer, die in ähnlichen Fällen ähnlich gehandelt haben, und schließen daraus auf künftige Handlungen, ohne »den Major noch den Minor dieses Schlusses in einer bestimmten und deutlich begrenzten Form aussprechen zu können, ja ohne uns vielleicht selbst klar gemacht zu haben, dass unsere Vorhersagung auf der beschriebenen Vergleichung beruht« (Helmholtz 1903b: 170). Obgleich der geistige Prozess im Wesentlichen der gleiche wie bei der logischen Induktion ist, geht unser Urteil in solchen Fällen »nur aus einem gewissen psychologischen Tacte, nicht aus bewusstem Schliessen hervor« (Helmholtz 1903b: 171).

Diese Art der Induktion, die »nicht bis zur vollendeten Form des logischen Schliessens, nicht zur Aufstellung ausnahmslos geltender Gesetze durchgeführt werden kann«, spielt Helmholtz zufolge im menschlichen Leben eine »ungeheuer ausgebreitete Rolle« (Helmholtz 1903b: 171). Auf ihr beruhen nicht nur die »Sinneswahrnehmungen«, sie spielt auch in den »psychologischen Vorgängen« eine Hauptrolle (Helmholtz 1903b: 171). Tatsächlich wird sie auch in den Geisteswissenschaften benutzt. Während es den Naturwissenschaften gelingt, »ihre Inductionen bis zu scharf ausgesprochenen allgemeinen Regeln und Gesetzen durchzuführen«, haben es die Geisteswissenschaften »überwiegend mit Urtheilen nach psychologischem Tactgefühl zu thun« (Helmholtz 1903b: 172). Die historischen Wissenschaften z. B. müssen die Glaubwürdigkeit der Berichterstatter, die ihnen die Tatsachen überliefern, prüfen, um die oft verwickelten und mannigfaltigen Motive der Individuen und Völker zu finden, was nur durch psychologische Anschauung möglich ist: »Das Urtheil lässt sich hier nur gewinnen, wenn eine sehr grosse Menge von einzelnen Thatsachen ähnlicher Art im Gedächtniss bereit ist, um schnell mit der gerade vorliegenden Frage in Beziehung gesetzt zu werden. […] Natürlich wäre das Gedächtniss allein nicht ausreichend ohne die Fähigkeit, schnell das wesentlich Ähnliche überall herauszufinden« (Helmholtz 1903b: 172).

Im Unterschied zur logischen Induktion, die es zu »scharf definirten allgemeinen Sätzen« bringt, bezeichnete Helmholtz diese Art des Schließens als künstlerische Induktion, »weil sie im höchsten Grade bei den ausgezeichneten Kunstwerken hervortritt« (Helmholtz 1903b: 171). Das Talent eines Künstlers bestehe im Wesentlichen darin, die charakteristischen äußeren Kennzeichen eines Charakters und einer Stimmung durch Worte, Formen und Farben oder Töne wiedergeben zu können und »durch eine Art instinctiver Anschauung zu erfassen, wie sich die Seelenzustände fortentwickeln« müssen: »Die Werke der grossen Künstler bringen uns die Bilder der Charaktere und Stimmungen mit einer Lebhaftigkeit, einem Reichthum an individuellen Zügen und einer überzeugenden Kraft der Wahrheit entgegen, welche der Wirklichkeit fast überlegen scheint, weil die störenden Momente daraus fernbleiben« (Helmholtz 1903b: 172). Diesbezüglich sollte Helmholtz ein Jahrzehnt später in den Jahren 1871–1873 in seiner Vortragsreihe »Optisches über Malerei« von idealen Typen sprechen und in der Folge sollte er die Bedeutung künstlerischer Induktion auch für die Naturwissenschaften einräumen: »He then came to posit the same aesthetic aim for art and for science: to find the lawful, to discover the ideal within the variant« (Hatfield 1993: 557; vgl. Helmholtz 1903g).

## Gedankenbilder zeichnen

Helmholtz' Unterscheidung zwischen Naturwissenschaften und Geisteswissenschaften musste Weber keineswegs unvereinbar mit Rickerts Unterscheidung zwischen Naturwissenschaften und historischen Wissenschaften erscheinen, an der er sich bekanntlich orientierte (Weber 1982: 4, 7). Denn trotz aller Betonung der verschiedenen Erkenntnisinteressen dieser Wissenschaften nahm Rickert ebenfalls Bezug auf die behandelten Objekte (Rickert 1902: 28–29, 227–228). Wenn er von einem prinzipiellen Gegensatz zwischen einer naturwissenschaftlichen und einer geschichtswissenschaftlichen Betrachtung der Wirklichkeit sprach, dann meinte er damit nur, dass man die Wirklichkeit unter zwei Gesichtspunkten betrachten kann, nämlich entweder generalisierend mit Blick auf das Allgemeine, um ein Gesetz zu formulieren, oder individualisierend mit Blick das Besondere, um ein historisches Individuum zu beschreiben. Er machte aber selbst darauf aufmerksam, dass sich dieser Sachverhalt im Wissenschaftsbetrieb ganz anders darstellt und dass die Wirklichkeit auch nicht völlig indifferent gegenüber diesen beiden Erkenntnisinteressen ist (Rickert 1902: 29). Denn es gibt Objekte wie z. B. Atome, die man nur generalisierend betrachtet, und es gibt Objekte wie z. B. Goethe oder Bismarck, die man nur individualisierend betrachtet. Schließlich gibt es noch Objekte, die sowohl einer generalisierenden als auch einer individualisierenden Betrachtung zugänglich sind. Dies gilt z. B. für die menschliche Gesellschaft, deren Teile man sowohl in allgemeiner als auch in besonderer Hinsicht betrachten kann (Rickert 1902: 293–295).

Weber konnte Helmholtz' Unterscheidung also als eine Ergänzung begreifen, die insofern sinnvoll war, als sie eine Differenzierung der generalisierenden Betrachtung der Wirklichkeit zur Verfügung stellte. Während es manchen Wissenschaften gelingt, Gesetze im Sinne scharf definierter und ausnahmslos geltender allgemeiner Sätze zu formulieren, bringen es andere Wissenschaften nur zur Formulierung idealer Typen, weil sie wegen der höheren Komplexität ihrer Objekte keine logischen, sondern nur künstlerische Induktionen durchführen können. Zu dieser letzten Gruppe konnte Weber die Sozialwissenschaften zählen, nachdem die abstrakte Theorie der Nationalökonomie seines Erachtens ebenso unfreiwillig wie unmissverständlich deutlich gemacht hatte, dass die generalisierende Betrachtung der Gesellschaft offenbar nicht über die Formulierung von Idealtypen hinauskommt.[2] Für Weber war der »Begriff ›Gesetz‹« ohnehin nicht an die »engere« Fassung der »exakten Naturwissenschaften« gebunden, sondern konnte in einer »weiteren« Fassung auch auf »Regelmäßigkeiten« referieren, die, »weil nicht quantifizierbar, keiner zahlenmäßigen Erfassung zugänglich sind« (Weber 1982: 173). Solche Regelmäßigkeiten konnten mit Idealtypen formuliert werden, und zwar sowohl im Rahmen einer generalisierenden Betrachtung als »*Ziel*« der Erkenntnis als auch, woran We-

---

2   Mäki zufolge könnte Menger die Begriffe seiner Theorie als »metaphysische Realitäten« (Rickert 1902: 360) verstanden haben: »while Weber says that the ideal type ›is a conceptual construct‹ [*Gedankenbild*] which is neither historical reality nor even a ›true‹ reality, we might want to say that, in a sense, Menger's concepts depicting exact types seek to display the ›true‹ reality, namely the universals of economic life« (Mäki 1997: 483).

ber in seinem Aufsatz »Die ›Objektivität‹ sozialwissenschaftlicher und sozialpolitischer Erkenntnis« vorrangig interessiert war, im Rahmen einer individualisierenden Betrachtung als »*Mittel* der Erkenntnis« (Weber 1982: 179). Die Sozialwissenschaft, die er 1904 betreiben wollte, war eine individualisierende: »Nicht als Ziel, sondern als *Mittel* kommt mithin die Bildung abstrakter Idealtypen in Betracht« (Weber 1982: 193).

Natürlich kann keine Rede davon sein, dass Weber in der künstlerischen Induktion eine elaborierte Methode vorgefunden hätte, die er zur Begründung seiner Sozialwissenschaft hätte übernehmen können. Dennoch ist aus dieser Perspektive nicht zu übersehen, dass er sich bei der Einführung seines Begriffs des Idealtypus an der klassizistischen Ästhetik orientierte, die er aus Helmholtz' Arbeiten gekannt haben dürfte. Seine Metaphorik spricht jedenfalls Bände. Er betonte nicht nur wiederholt, dass Idealtypen »Gedankenbild[er]« im Sinne von »*Ideal*bild[er]« sind, in denen man jeweils die »Idee« eines Ausschnitts der Wirklichkeit durch »*gedankliche* Steigerung« eines oder einiger Gesichtspunkte ähnlicher Einzelerscheinungen auf den Begriff bringt (Weber 1982: 190–194). Diese gedanklichen Konstruktionen waren für ihn vielmehr »Zeichnungen«, wie er selbst formulierte:

> »Ganz in der gleichen Art kann man […] die ›Idee‹ des ›Handwerks‹ in einer Utopie *zeichnen*, indem man bestimmte Züge, die sich diffus bei Gewerbetreibenden der verschiedensten Zeiten und Länder vorfinden, einseitig in ihren Konsequenzen gesteigert und zu einem in sich widerspruchslosen Ideal*bilde* zusammenfügt und auf einen Gedankenausdruck bezieht, den man darin manifestiert findet. Man kann dann ferner den Versuch machen, eine Gesellschaft zu *zeichnen*, in der alle Zweige wirtschaftlicher, ja selbst geistiger Tätigkeit von Maximen beherrscht werden, die uns als Anwendung des gleichen Prinzips erscheinen, welches dem zum Idealtypus erhobenen ›Handwerk‹ charakteristisch ist. Man kann nun weiter jenem Idealtypus des Handwerks als Antithese einen entsprechenden Idealtypus einer kapitalistischen Gewerbeverfassung, aus gewissen Zügen der modernen Großindustrie abstrahiert, entgegensetzen und daran anschließend den Versuch machen, die Utopie einer ›kapitalistischen‹, d. h. allein durch das Verwertungsinteresse privater Kapitalien beherrschten Kultur zu *zeichnen*. Sie hätte einzelne diffus vorhandene Züge des modernen materiellen und geistigen Kulturlebens in ihrer Eigenart gesteigert zu einem für unsere Betrachtung widerspruchslosen Ideal*bilde* zusammenzuschließen. Das wäre dann ein Versuch der *Zeichnung* einer ›Idee‹ der kapitalistischen Kultur« (Weber 1982: 191–192; eigene Kursivierungen).

Es ist kein Zufall, dass Weber in diesem Zusammenhang wiederholt von »zeichnen« bzw. von »Zeichnung« spricht, zumal er in seinem übrigen Werk diese Metaphorik kaum benutzte.[3] Der Rest seines Aufsatzes »Die ›Objektivität‹ sozialwissenschaftlicher und

---

3 Diese Metaphorik taucht folgerichtig auch in seiner zeitgleich (1904/1905) im *Archiv für Sozialwissenschaft und Sozialpolitik* publizierten Studie »Die protestantische Ethik und der Geist des Kapitalismus« auf. Hier wird das »Bild« des Verlegers in der kontinentalen Textilindustrie des 19. Jahrhunderts »aus den Verhältnissen verschiedener Einzelbranchen an verschiedenen Orten ›idealtypisch‹ kompiliert« (Weber 1988: 51). Und in Baxters Rede auf Mary Hammer wird »das Ideal der weltoffenen und fein gebildeten Puritanerin […] gezeichnet« (Weber 1988: 189).

sozialpolitischer Erkenntnis« ist denn auch mehr oder weniger bewusst dem Versuch gewidmet, diese Metaphorik in eine wissenschaftliche Begrifflichkeit zu übersetzen. Dies
ist Weber nicht gelungen. Seine summarische »Musterkarte« ist von einer »Verschlun-
genheit« (Weber 1982: 205), vor der noch der modernste Logiker zurückschaudert.

## Fazit

Um Webers Begriff des Idealtypus vollends zu verstehen, sind weitere Analysen erforderlich. So sollte eine ideengeschichtliche Analyse die zeitgenössische Verbreitung dieses
Begriffs klären, der in der Ästhetik weiterhin benutzt wurde (Glaser 1913: 165; Panofsky
1915: 127–128). Interessanterweise tauchte dieser Begriff auch Ende des 19. Jahrhunderts in
der Biometrie von Francis Galton und Karl Pearson auf (Galton et al. 1901). Sodann gilt
es, die Unterscheidung zwischen logischer und künstlerischer Induktion zu klären. Dabei
ist nicht nur John Stuart Mills Einfluss auf Helmholtz zu klären, sondern auch Helmholtz' Vorstellung eines Taktgefühls (Conrat 1904; Schiemann 1997: 259–264, 423–425;
Treiber 2005: 100–101). Dieser Themenkomplex ist nicht nur in wissenschaftsgeschichtli-
cher Hinsicht von Interesse. Die Affinität zwischen wissenschaftlicher und künstlerischer
Erkenntnis, auf die Helmholtz hingewiesen hat, ist offenbar von bleibender Aktualität.
So hat der Kunsthistoriker Martin Kemp in einer Reihe von Beiträgen für die Zeitschrift
*Nature* die These vertreten, dass Künstler und Wissenschaftler in ihrer Betrachtung der
Wirklickeit derselben »structural intuition« folgen (Kemp 2005: 308).
    Zudem müssen auch die entsprechenden Verfahren in den Naturwissenschaften be-
rücksichtigt werden. Dies gilt vor allem für das Experiment bzw. Gedankenexperiment
und das Modell, welche allesamt auf Prozessen der Abstraktion, Isolation und Idealisierung basieren (Hüttemann 1997). Die Affinität dieser Verfahren mit Webers Idealtypus
ist hinlänglich bekannt (Hempel 1965; Kühne 2005; Pabjan 2004; Saegesser 1975). Weniger bekannt ist, dass Ludwig Boltzmann und der Helmholtz-Schüler Heinrich Hertz
Ende des 19. Jahrhunderts den Begriff des Modells mit dem Begriff des »geistigen Bildes«
synonym setzten (D'Agostino 1990; de Regt 1999; 2005; Scheibe 2007). Ob Weber mit
dieser »Bildtheorie« vertraut war, wird sich vermutlich nicht nachweisen lassen. Dennoch sollte klar geworden sein, dass man seine Grundlegung der Sozialwissenschaften
solange nicht adäquat verstehen wird, solange man sie nicht in einen breiteren Kontext
einbettet, zu dem auch die Naturwissenschaften und die Ästhetik gehören.

**Literatur**

Albrecht, Andrea, 2010: Konstellationen. Zur kulturwissenschaftlichen Karriere eines astrolo-
    gisch-astronomischen Konzepts bei Heinrich Rickert, Max Weber, Alfred Weber und Karl
    Mannheim. In: *Scientia Poetica. Jahrbuch für Geschichte der Literatur und der Wissenschaften*
    14, 104–149.
Cohn, Jonas, 1901: *Allgemeine Ästhetik.* Leipzig: Wilhelm Engelmann.
Conrat, Friedrich, 1904: *Hermann von Helmholtz' psychologische Anschauungen.* Halle: Niemeyer.

D'Agostino, Salvo, 1990: Boltzmann and Hertz on the Bild-Conception of Physical Theory. In: *History of Science* 28 (4), 380–398.

de Regt, Henk W., 1999: Ludwig Boltzmann's Bildtheorie and Scientific Understanding. In: *Synthese* 119 (1–2), 113–134.

de Regt, Henk W., 2005: Scientific Realism in Action. Molecular Models and Boltzmann's Bildtheorie. In: *Erkenntnis* 63, 205–230.

Du Bois-Reymond, Emil, 1886 [1874]: Ueber die Grenzen des Naturerkennens. In der zweiten allgemeinen Sitzung der 45. Versammlung Deutscher Naturforscher und Aerzte zu Leipzig am 14. August 1874 gehaltener Vortrag. In: Emil Du Bois-Reymond, *Reden*. 1. Folge: *Litteratur, Philosophie, Zeitgeschichte*. Leipzig: Veit & Comp., 105–140.

Galton, Francis, Weldon, W. F. R., Pearson, Karl und Davenport, C. B., 1901: Editorial. In: *Biometrika: A Journal for the Statistical Study of Biological Problems* 1, 1–6.

Glaser, Curt, 1913: *Die Kunst Ostasiens. Der Umkreis ihres Denkens und Gestaltens*. Leipzig: Insel-Verlag.

Hatfield, Gary, 1990: *The Natural and the Normative. Theories of Spatial Perception from Kant to Helmholtz*. Cambridge, Mass.: MIT Press.

Hatfield, Gary, 1993: Helmholtz and Classicism. The Science of Aesthetics and the Aesthetics of Science. In: David Cahan (Hg.), *Hermann von Helmholtz and the Foundations of Nineteenth-Century Science*. Berkeley: University of California Press, 522–558.

Heidelberger, Michael, 2010: From Mill via von Kries to Max Weber. Causality, Explanation, and Understanding. In: Uljana Feest (Hg.), *Historical Perspectives on Erklären and Verstehen*. Dordrecht: Springer, 241–265.

Helmholtz, Hermann, 1870 [1863]: *Die Lehre von den Tonempfindungen als physiologische Grundlage für die Theorie der Musik*. 3. Aufl. Braunschweig: Friedrich Vieweg und Sohn.

Helmholtz, Hermann, 1882a [1868]: Ueber discontinuirliche Flüssigkeitsbewegungen. In: Hermann Helmholtz, *Wissenschaftliche Abhandlungen*. Bd. 1. Leipzig: Johann Ambrosius Barth, 146–157.

Helmholtz, Hermann, 1882b [1873]: Ueber ein Theorem, geometrisch ähnliche Bewegungen flüssiger Körper betreffend, nebst Anwendung auf das Problem, Luftballons zu lenken. In: Hermann Helmholtz, *Wissenschaftliche Abhandlungen*. Bd. 1. Leipzig: Johann Ambrosius Barth, 158–171.

Helmholtz, Hermann von, 1903a [1871–1873]: Optisches über Malerei. Umarbeitung von Vorträgen, gehalten zu Berlin, Düsseldorf und Köln a. Rh. 1871 bis 1873. In: Hermann von Helmholtz, *Vorträge und Reden*. 5. Aufl. Bd. 2. Braunschweig: Friedrich Vieweg und Sohn, 93–135.

Helmholtz, Hermann von, 1903b [1862]: Ueber das Verhältniss der Naturwissenschaften zur Gesammtheit der Wissenschaft. Akademische Festrede gehalten zu Heidelberg beim Antritt des Prorectorats 1862. In: Hermann von Helmholtz, *Vorträge und Reden*. 5. Aufl. Bd. 1. Braunschweig: Friedrich Vieweg und Sohn, 157–185.

Helmholtz, Hermann von, 1903c [1862/63]: Ueber die Erhaltung der Kraft. Einleitung zu einem Cyclus von Vorlesungen, gehalten zu Karlsruhe im Winter 1862/63. In: Hermann von Helmholtz, *Vorträge und Reden*. 5. Aufl. Bd. 1. Braunschweig: Friedrich Vieweg und Sohn, 187–229.

Helmholtz, Hermann von, 1903d [1883]: Robert Mayer's Priorität. In: Hermann von Helmholtz, *Vorträge und Reden*. 5. Aufl. Bd. 1. Braunschweig: Friedrich Vieweg und Sohn, 401–414.

Helmholtz, Hermann von, 1903e [1891]: Erinnerungen. Tischrede gehalten bei der Feier des 70. Geburtstages, Berlin 1891. In: Hermann von Helmholtz, *Vorträge und Reden*. 5. Aufl. Bd. 1. Braunschweig: Friedrich Vieweg und Sohn, 1–21.

Helmholtz, Hermann von, 1903f [1870]: Ueber den Ursprung und die Bedeutung der geometrischen Axiome. Vortrag gehalten im Docentenverein zu Heidelberg 1870. In: Hermann von

Helmholtz, *Vorträge und Reden*. 5. Aufl. Bd. 2. Braunschweig: Friedrich Vieweg und Sohn, 1–31.

Helmholtz, Hermann von, 1903g [1892]: Goethe's Vorahnungen kommender naturwissenschaftlicher Ideen. Rede gehalten in der Generalversammlung der Goethe-Gesellschaft zu Weimar 1892. In: Hermann von Helmholtz, *Vorträge und Reden*. 5. Aufl. Bd. 2. Braunschweig: Friedrich Vieweg und Sohn, 335–361.

Hempel, Carl G., 1965: Typological Methods in the Natural and the Social Sciences. In: Carl G. Hempel, *Aspects of Scientific Explanation. And Other Essays in the Philosophy of Science*. New York: The Free Press, 155–171.

Hüttemann, Andreas, 1997: *Idealisierungen und das Ziel der Physik. Eine Untersuchung zum Realismus, Empirismus und Konstruktivismus in der Wissenschaftstheorie*. Berlin: de Gruyter.

Jellinek, Georg, 1900: *Allgemeine Staatslehre*. Berlin: O. Häring.

Kemp, Martin, 2005: From Science in Art to the Art of Science. In: *Nature* 434, 17 March, 308–9.

Kühne, Ulrich, 2005: *Die Methode des Gedankenexperiments*. Frankfurt am Main: Suhrkamp.

Mäki, Uskali, 1997: Universals and the Methodenstreit. A Re-examination of Carl Menger's Conception of Economics as an Exact Science. In: *Studies in History and Philosophy of Science* 28 (3), 475–495.

Neumann, Martin, 2009: Measuring the Uncertain. A Concept of Objective Single Case Probabilities. In: Benedikt Löwe, Eric Pacuit und Jan-Willem Romeijn (Hg.), *Foundations of the Formal Sciences*. Bd. VI: *Reasoning About Probabilities and Probabilistic Reasoning*. London: KCL Press, 189–215.

Pabjan, Barbara, 2004: The Use of Models in Sociology. In: *Physica A* 336 (1–2), 146–152.

Panofsky, Erwin, 1915: *Dürers Kunsttheorie. Vornehmlich in ihrem Verhältnis zur Kunsttheorie der Italiener*. Berlin: G. Reimer.

Panofsky, Erwin, 1982 [1924]: *IDEA. Ein Beitrag zur Begriffsgeschichte der älteren Kunsttheorie*. Berlin: Volker Spiess.

Radkau, Joachim, 2005: *Max Weber. Die Leidenschaft des Denkens*. München: Carl Hanser.

Rickert, Heinrich, 1902: *Die Grenzen der naturwissenschaftlichen Begriffsbildung. Eine logische Einleitung in die historischen Wissenschaften*. Tübingen: J. C. B. Mohr (Paul Siebeck).

Riegl, Alois, 1908: *Die Entstehung der Barockkunst in Rom. Akademische Vorlesungen*. Hg. von Arthur Burda und Max Dvorak. Wien: Anton Schroll.

Saegesser, Barbara, 1975: *Der Idealtypus Max Webers und der naturwissenschaftliche Modellbegriff. Ein begriffskritischer Versuch*. Basel: Phil. Diss.

Scheibe, Erhard, 2007: *Die Philosophie der Physiker*. München: C. H. Beck.

Schiemann, Gregor, 1997: *Wahrheitsgewissheitsverlust. Hermann von Helmholtz' Mechanismus im Anbruch der Moderne. Eine Studie zum Übergang von klassischer zu moderner Naturphilosophie*. Darmstadt: WBG.

Treiber, Hubert, 2005: Der »Eranos« – das Glanzstück im Heidelberger Mythenkranz? In: Wolfgang Schluchter und Friedrich Wilhelm Graf (Hg.), *Asketischer Protestantismus und der »Geist« des modernen Kapitalismus*. Tübingen: Mohr Siebeck, 75–149.

von Kries, Johannes, 1888. Über den Begriff der objectiven Möglichkeit und einige Anwendungen desselben. In: *Vierteljahrsschrift für wissenschaftliche Philosophie* 12: 179–240, 287–323, 393–428.

Wagner, Gerhard und Härpfer, Claudius, 2015: Neo-Kantianism and the Social Sciences. From Rickert to Weber. In: Andrea Staiti und Nicolas de Warren (Hg.), *New Approaches to Neo-Kantianism*. Cambridge: Cambridge University Press, 171–185.

Weber, Marianne, 1926: *Max Weber. Ein Lebensbild*. Tübingen: J. C. B. Mohr (Paul Siebeck).

Weber, Max, 1982: *Gesammelte Aufsätze zur Wissenschaftslehre*. 5. Aufl. Hg. von Johannes Winckelmann. Tübingen: J. C. B. Mohr (Paul Siebeck).

Weber, Max, 1988 [1920]: *Gesammelte Aufsätze zur Religionssoziologie*. Bd. 1. Tübingen: J. C. B. Mohr (Paul Siebeck).

Weber, Max, 2003a [1913]: Brief an Georg Lukács vom 10. März 2013. In: Max Weber, *Briefe 1913–1914. Max Weber-Gesamtausgabe*, Bd. II/8. Hg. von M. Rainer Lepsius und Wolfgang J. Mommsen. Tübingen: J. C. B. Mohr (Paul Siebeck), 116–117.

Weber, Max, 2003b [1913]: Brief an Hans W. Gruhle vom 8. November 2013. In: Max Weber, *Briefe 1913–1914. Max Weber-Gesamtausgabe*, Bd. II/8. Hg. von M. Rainer Lepsius und Wolfgang J. Mommsen. Tübingen: J. C. B. Mohr (Paul Siebeck), 357–358.

Weber, Max, 2003c [1914]: Brief an Heinrich Rickert vom 23. February 1914. In: Max Weber, *Briefe 1913–1914. Max Weber-Gesamtausgabe*, Bd. II/8. Hg. von M. Rainer Lepsius und Wolfgang J. Mommsen. Tübingen: J. C. B. Mohr (Paul Siebeck), 524–525.

Weber, Max, 2004: *Zur Musiksoziologie. Nachlaß 1921. Max Weber-Gesamtausgabe*, Bd. I/14. Hg. von Christoph Braun und Ludwig Finscher. Tübingen: J. C. B. Mohr (Paul Siebeck).

Weber, Max, 2015 [1904]: Brief an Heinrich Rickert vom 14. Juni 1904. In: Max Weber, *Briefe 1903–1905. Max Weber-Gesamtausgabe*, Bd. II/4. Hg. von Gangolf Hübinger und M. Rainer Lepsius. Tübingen: J. C. B. Mohr (Paul Siebeck), 230–231.

# Der lange Schatten des Syllogismus

## Einleitung

Ein Jahrhundert nach ihrer Publikation ist die Frage, ob Max Webers Aufsätze zur Wissenschaftslehre eine kohärente Methodologie sozialwissenschaftlicher Erkenntnis enthalten, immer noch nicht beantwortet. Das bedeutet keineswegs, dass die Forschung jenem in der Ideengeschichte verbreiteten »Mythos« der »Kohärenz« aufgesessen ist (Skinner 2009: 35–41). Spätestens 1904 mit der Übernahme des *Archivs für Sozialwissenschaft und Sozialpolitik* hatte Weber die Absicht, eine solche Methodologie zu formulieren. Dass er sie in einer Reihe mehr oder weniger unsystematischer, fragmentarischer und polemischer Gelegenheitsarbeiten entwickelte, ist zwar bedauerlich, spricht aber nicht gegen die Einheitlichkeit seiner Gedankenführung, zumal er diese Aufsätze selbst in den publizistischen Zusammenhang brachte, aus dem die *Gesammelten Aufsätze zur Wissenschaftslehre* hervorgingen (Weber 2012). Worin besteht sie also, die Einheit seiner Wissenschaftslehre? Um diese Frage zu beantworten, empfiehlt es sich, von zwei unstrittigen Prämissen auszugehen:

(1) Weber verspürte ein »kausales Bedürfnis« (Weber 1982: 48, 65–69, 167, 281). Von diesem urwüchsigen Trieb, Wirkungen auf Ursachen zurückzuführen, war an der Wende vom 19. zum 20. Jahrhundert in den unterschiedlichsten Wissenschaften die Rede (Erdmann 1877: 130; Du Bois-Reymond 1886a: 106, 111, 121; 1886b: 385–386; von Wilamowitz-Moellendorf 1889: 96; Meyer 1902: 19; Rickert 1902: 475). Es gab aber auch die Option, auf kausale Erklärungen zu verzichten, nachdem Gustav Kirchhoff 1876 die »Aufgabe der Mechanik« dahingehend definiert hatte, »die in der Natur vor sich gehenden Bewegungen zu *beschreiben*, und zwar vollständig und auf die einfachste Weise«; d. h. es gehe nur darum »anzugeben, *welches* die Erscheinungen sind, die stattfinden, nicht aber darum, ihre Ursachen zu ermitteln« (Kirchhoff 1876: V). Diese Definition war nicht nur in der Physik einflussreich (Mach 1896), sondern auch in den Geisteswissenschaften (Dilthey 1894). Weber kannte sie durchaus (Weber 1909: 619). Für ihn bedeutete wissenschaftliche Erkenntnis jedoch kausale Erklärung, woran er bis zum Schluss fest halten sollte, wie seine »Soziologische[n] Grundbegriffe« zeigen (Weber 1976: 1, 5–6).

(2) Weber wollte nicht »Logik« treiben, sondern »bekannte Ergebnisse der modernen Logik« für seine Zwecke nutzbar machen, wobei er »in allem Wesentlichen« u. a. an Wilhelm Windelband anknüpfte, auf dessen 1894 gehaltene Straßburger Rektoratsrede »Geschichte und Naturwissenschaft« er gleich anfangs hinwies (Weber 1982: 4, 146). Windelband hatte mit dieser Rede das Manifest des Südwestdeutschen Neukantianismus formuliert und dabei nicht nur die grundlegende Unterscheidung zwischen »*idio-*

*graphisch*« und »*nomothetisch*«, sondern auch ein entsprechendes Verständnis von Kausalität in Auseinandersetzung mit einem »einfachen logischen Schema« begründet: »In der Causalbetrachtung nimmt jegliches Sondergeschehen die Form eines Syllogismus an, dessen Obersatz ein Naturgesetz, bzw. eine Anzahl von gesetzlichen Notwendigkeiten, dessen Untersatz eine zeitlich gegebene Bedingung oder ein Ganzes solcher Bedingungen, und dessen Schlusssatz dann das wirkliche einzelne Ereignis ist« (Windelband 1894: 24). Heinrich Rickert sollte Windelbands Ansatz ausarbeiten, ohne ihn im Wesentlichen zu verändern.

Aus diesen beiden Prämissen lässt sich schließen: Wenn Weber sein kausales Bedürfnis befriedigen wollte, dann musste er seiner kausalen Erklärung die Form eines Syllogismus geben. Dazu musste er freilich erst einmal für die sozialwissenschaftliche Erkenntnis klären, wie sich Gesetze konzipieren lassen, wie mit den Bedingungen umzugehen ist und wie das Ereignis bestimmt wird. Er brauchte entsprechende Theorien, die er zu einer kohärenten Position integrieren konnte. Dadurch lassen sich nun aber die vielfältigen Theorien, die er diskutierte, strukturieren. Der Syllogismus als logisches Schema der kausalen Erklärung wird zum Strukturprinzip der Wissenschaftslehre, die keinem anderen Zweck dient, als eine genuin sozialwissenschaftliche Kausalbetrachtung methodologisch zu begründen. Die Theorien, die Weber rezipierte, lassen sich der Formulierung einer Theorie der Gesetze, einer Theorie der Bedingungen und einer Theorie des Ereignisses zuordnen. Die Theorien, die er kritisierte, können als Explikation seiner Position ex negativo betrachtet werden.

Die Einheit der Wissenschaftslehre gründet in diesem logischen Schema, das aber nur eine Spezifikation eines früheren Schemas war, mit dem Pierre Simon Laplace Anfang des 19. Jahrhunderts den Aufstieg des mechanistisch-deterministischen Paradigmas der Naturerkenntnis markiert hatte (Harman 1982). Dieses Paradigma lag wie ein Schatten auf dem 19. Jahrhundert. Es zwang die Geisteswissenschaften, sich zu positionieren, und als es sich Ende des 19. Jahrhunderts mit Anomalien konfrontiert sah, reagierte es mit Reparaturversuchen. In diesem Spannungsfeld entstand Webers Methodologie sozialwissenschaftlicher Erkenntnis.

## Astronomische Erkenntnis

Laplace ging in seinem 1814 publizierten *Philosophischen Versuch über die Wahrscheinlichkeit* vom »Prinzip des zureichenden Grundes« aus, wonach »kein Ding ohne erzeugende Ursache entstehen kann« (Laplace 1998: 1). Dies gilt auch für menschliche »Handlungen«, denn selbst der »freieste Wille kann sie nicht ohne ein bestimmendes Motiv hervorbringen« (Laplace 1998: 1). »Alle Ereignisse«, noch die geringfügigsten, folgen aus den »großen Naturgesetzen« mit »derselben Notwendigkeit wie die Umläufe der Sonne« (Laplace 1998: 1). Dem entsprechend betrachtete Laplace »den gegenwärtigen Zustand des Weltalls als die Wirkung seines früheren und als die Ursache des folgenden Zustands« (Laplace 1998: 1).

Wie seit Isaac Newton üblich, argumentierte Laplace auf der Basis eines mathematischen Schemas, das einem Syllogismus entspricht (Lauth und Sareiter 2005: 64–71; Henrich 2010: 149–157; Pulte 2005: 59–66). Dieses Schema besteht mindestens: (1) aus einer Differentialgleichung, der sogenannten Bewegungsgleichung, die den Zustandsübergang eines physikalischen Systems, d. h. seine Veränderung in der Zeit, beschreibt und mathematischer Ausdruck des Naturgesetzes ist, das den Bewegungsvorgang bestimmt; (2) aus Bedingungen, den sogenannten Anfangsbedingungen, die den Zustand des Systems zu einem beliebigen Anfangszeitpunkt beschreiben, d. h. die Fakten wie Position und Geschwindigkeit bezeichnen, die das Verhalten des Systems eindeutig festlegen. Aus (1) und (2) lässt sich (3) das Verhalten des Systems errechnen, weil es vollständig determiniert ist durch die Naturgesetze und die jeweils gegebenen Fakten, unter denen sie wirken.

Laplace stellte sich eine »Intelligenz« vor, die alle Gesetze und Bedingungen in Erfahrung bringen kann, mithin »für einen gegebenen Augenblick alle in der Natur wirkenden Kräfte sowie die gegenseitige Lage der sie zusammensetzenden Elemente« kennt, und die zudem »umfassend genug« ist, »um diese gegebenen Größen der Analysis zu unterwerfen« (Laplace 1998: 1–2). Diese später als Laplacescher Geist bzw. Dämon bezeichnete Intelligenz »würde in derselben Formel die Bewegungen der größten Weltkörper wie des leichtesten Atoms umschließen; nichts würde ihr ungewiß sein und Zukunft wie Vergangenheit würden ihr offen vor Augen liegen« (Laplace 1998: 1–2). Laplace meinte nun, dass der »menschliche Geist« ein »schwaches Abbild dieser Intelligenz« darstellt, und zwar »in der Vollendung, die er der Astronomie zu geben verstand« (Laplace 1998: 2). Denn wie etwa seine Entdeckung der »allgemeinen Gravitation« zeigt, ist der Mensch durchaus in der Lage, in Kenntnis der Naturgesetze zu gelangen, was dazu beiträgt, »ihn unablässig jener Intelligenz näher zu bringen« (Laplace 1998: 2). Gleichwohl wird er ihr »immer unendlich ferne bleiben«, weil ihm offenbar eine vollständige Kenntnis der jeweiligen Bedingungen versagt bleibt (Laplace 1998: 2). Aufgrund seiner mangelhaften Kapazität, zu einem bestimmten Anfangszeitpunkt die gegenseitige Lage der Elemente der Natur genau festzustellen, muss er sich mit Wahrscheinlichkeiten begnügen, die insofern Ausdruck eben dieses Informationsdefizits hinsichtlich der Fakten sind (Pulte 2005: 61, 65–66).

Der Einfluss Laplaces auf die Wissenschaften und die Philosophie des 19. Jahrhunderts war gewaltig (Henrich 2010: 216–233), wobei John Stuart Mill mit seiner *Logik* häufig als Vermittler diente (Henrich 2010: 229; Lübbe 1993: 370–371). So referierte auch der Physiologe Emil Du Bois-Reymond in seinem 1872 gehaltenen Vortrag »Ueber die Grenzen des Naturerkennens« auf den Laplaceschen Geist, von dem der menschliche »nur gradweise verschieden« ist, nämlich insofern er die »Differentialgleichungen der Weltformel« nur deshalb nicht »aufzustellen, zu integriren und das Ergebniss zu discutiren« in der Lage ist, weil er »die nöthigen thatsächlichen Bestimmungen« nicht erlangen oder wegen »unermesslicher, vielleicht unendlicher Ausdehnung, Mannigfaltigkeit und Verwickelung« nicht erfassen kann (Du Bois-Reymond 1886a: 110–111). Während ein Astronom das Eintreten einer Sonnenfinsternis oder das Auftauchen eines Kometen durchaus auch errechnen kann, könnte uns der Laplacesche Geist durch eine »Discussion seiner Weltformel« z. B. auch mitteilen, wer die »Eiserne Maske« war oder wann

»England seine letzte Steinkohle verbrennen wird«, denn ihm sind buchstäblich »die Haare auf unserem Haupte gezählt«: »ohne sein Wissen fiele kein Sperling zur Erde«, er weiß um den »Urzustand der Dinge« und sieht das »Weltall mit eisigem Stillstande« zu Ende gehen (Du Bois-Reymond 1886a: 107).

Für Du Bois-Reymond stellt das Naturerkennen des Laplaceschen Geistes die »höchste denkbare Stufe unseres eigenen Naturerkennens« dar (Du Bois-Reymond 1886a: 111), dessen Vorbild die Astronomie ist: »Ich nenne astronomische Kenntniss eines materiellen Systemes solche Kenntniss aller seiner Theile, ihrer gegenseitigen Lage und ihrer Bewegung, dass ihre Lage und Bewegung zu irgend einer vergangenen und zukünftigen Zeit mit derselben Sicherheit berechnet werden kann, wie Lage und Bewegung der Himmelskörper«, wozu man die »Gesetze, nach welchen die zwischen den Theilen des Systemes wirksamen Kräfte sich mit der Entfernung ändern«, sowie die »Lage der Theile des Systemes in zwei durch ein Zeitdifferential getrennten Augenblicken« kennen muss (Du Bois-Reymond 1886a: 120). Du Bois-Reymond meinte, dass sich auch über die belebte Natur bis hin zum menschlichen »Gehirn« eine »astronomische Kenntniss« erzielen lässt, wohingegen die »Geistesthätigkeit aus materiellen Bedingungen« nicht mehr verstanden werden kann (Du Bois-Reymond 1886a: 121–125). Weil es kein materielles bzw. physikalisches System ist, soll das »Reich des Bewusstseins« selbst für den Laplaceschen Geist ein ebensolches »Räthsel« bleiben wie letztlich auch das »Wesen von Kraft und Materie«, sodass Du Bois-Reymond über beide ein »*Ignorabimus*« verhängte (Du Bois-Reymond 1886a: 122, 125, 129–130). Mit diesen »Grenzen des Naturerkennens« hat er den Ignorabimus-Streit ausgelöst (Bayertz et al. 2007). In seinem 1880 gehaltenen Vortrag »Die sieben Welträthsel« sollte er seine Position verteidigen und diese beiden Rätsel um fünf weitere ergänzen: 1) das Wesen von Kraft und Materie, 2) der Ursprung der Bewegung, 3) die Entstehung des Lebens, 4) die anscheinend absichtsvoll zweckmäßige Einrichtung der Natur, 5) die Entstehung der Sinnesempfindung, 6) das vernünftige Denken und der Ursprung der Sprache, 7) die Willensfreiheit (Du Bois-Reymond 1886b: 391–397).

Weber spielte 1903 in seiner Kritik an Wilhelm Roscher namentlich auf »Du Bois-Reymond« und dessen »Welträtsel« an (Weber 1982: 26; Albrecht 2010; 2016). In seinem Aufsatz »Die ›Objektivität‹ sozialwissenschaftlicher und sozialpolitischer Erkenntnis« kam er 1904 auf einen »Führer der Naturwissenschaft« und dessen Formulierung »*astronomische*‹ Erkenntnis« zu sprechen (Weber 1982: 172). Immer wieder tauche selbst bei Vertretern der historischen Schule »die Vorstellung auf, das Ideal, dem alle, also auch die Kulturerkenntnis zustrebe und, wenn auch für eine ferne Zukunft, zustreben könne, sei ein System von Lehrsätzen, aus dem die Wirklichkeit ›deduziert‹ werden könnte«; ein »Führer der Naturwissenschaft hat bekanntlich geglaubt, als das (faktisch unerreichbare) ideale Ziel einer solchen Verarbeitung der Kulturwirklichkeit eine ›*astronomische*‹ Erkenntnis der Lebensvorgänge bezeichnen zu können« (Weber 1982: 172). Mit diesem Führer konnte Weber nur Du Bois-Reymond gemeint haben, den man tatsächlich zu den »Führer[n] und Häupter[n] der Naturwissenschaft« zählte (Ulrici 1873: 69). Ob Weber dessen Vorträge »Ueber die Grenzen des Naturerkennens« und »Die sieben Welträthsel« aus erster Hand kannte, darf jedoch bezweifelt werden. Denn darin hatte Du Bois-Reymond den Geltungsbereich »astronomische[r] Kenntniss« unmissverständlich definiert (Du Bois-Reymond 1886a: 120; 1886b: 385). Dabei war er auf so etwas wie eine Kulturwirklichkeit gar nicht zu sprechen gekommen, was auch nicht wundert, wenn die astronomische Erkenntnis dort enden soll, wo der menschliche Geist beginnt. Nun, wie seine weiteren Ausführungen zeigen, war es Weber selbst, dem eine astronomische Erkenntnis der Kulturwirklichkeit vorschwebte.

Weber ließ es sich nicht nehmen, »näher zuzusehen« (Weber 1982: 172). Zunächst fiel ihm auf, »daß diejenige ›astronomische‹ Erkenntnis, an welche dabei gedacht wird, *keine* Erkenntnis von *Gesetzen* ist, sondern vielmehr die ›Gesetze‹, mit denen sie arbeitet, als *Voraussetzungen* ihrer Arbeit anderen Disziplinen, wie der Mechanik, entnimmt. Sie selbst aber interessiert sich für die Frage: welches *individuelle* Ergebnis die Wirkung jener Gesetze auf eine *individuell* gestaltete *Konstellation* erzeugt, da diese individuellen Konstellationen für uns *Bedeutung* haben« (Weber 1982: 172). In der Tat hatte Laplace auf die »Entdeckungen auf dem Gebiet der Mechanik und Geometrie« hingewiesen, die, verbunden mit der »Entdeckung der allgemeinen Gravitation«, den Menschen befähigt haben, »in demselben analytischen Ausdruck die vergangenen und zukünftigen Zustände des Weltsystems zu umfassen« (Laplace 1998: 2). Und er hatte in seiner 1795/96 publizierten *Darstellung des Weltsystems* auch den Begriff »Konstellation« benutzt (Laplace 1795/96 I: 88, 90; 1795/96 II: 202–203, 211, 309; 2008 I: 73; 2008 II: 144–145, 150). Es ist unwahrscheinlich, dass Weber Laplaces Schriften kannte. Jedoch findet sich dieser Begriff auch in der zeitgenössischen astronomischen Literatur (Messer 1902: 25, 73, 108, 121, 129, 134). Er tauchte sogar in der Geschichtswissenschaft auf, und zwar in Eduard Meyers 1902 publizierter Studie *Zur Theorie und Methodik der Geschichte*, die Weber 1903 zitierte und 1906 ausführlich diskutieren sollte (Weber 1982: 4, 215–290). In dieser Studie heißt es: »Die Naturwissenschaft kann berechnen und voraussehen, wie die Constellation der Planeten in einem bestimmten Moment sein wird« (Meyer 1902: 28). Woher auch immer Weber den Begriff rezipierte, bemerkenswert ist, dass Du Bois-Reymond ihn in seinen beiden Reden gar nicht benutzt hatte, Weber mithin merklich astronomischer eingestellt war. Jedenfalls kommt dieser Begriff mit unterschiedlichen Konnotationen allein in den *Gesammelten Aufsätze zur Wissenschaftslehre* auf 40 Seiten zur Sprache, teilweise mehrmals (Weber 1982: 45, 48, 50, 57–59, 78, 80, 130, 133, 164, 166, 169, 172, 174–175, 178, 220–221, 231, 250–251, 268, 273, 280, 285–286, 295, 338–339, 350, 398, 425–426, 428, 430, 433, 452, 460, 528). So ist es auch kein Wunder, dass man im Anschluss an Webers Begriff der Konstellation mehr oder weniger reflektiert einen »Forschungs«-Ansatz und ein »Paradigma« begründete (Henrich 2005: 27–29; Mulsow 2005: 74–75; Sigmund et al. 2008).

»Jede individuelle Konstellation«, welche nun diese astronomische Erkenntnis »uns ›erklärt‹ oder voraussagt«, ist für Weber »natürlich kausal nur erklärbar als Folge einer anderen gleich individuellen ihr vorhergehenden, und soweit wir zurückgreifen in den grauen Nebel der fernsten Vergangenheit, – stets bleibt die Wirklichkeit, *für* welche die Gesetze gelten, gleich individuell, gleich wenig *aus* den Gesetzen deduzierbar«; ein »kosmischer ›Urzustand‹, der einen nicht oder weniger individuellen Charakter an sich trüge, als [es] die kosmische Wirklichkeit der Gegenwart ist, wäre natürlich ein sinnloser Gedanke« (Weber 1982: 172). Für Weber war dies alles freilich nur deswegen so »natürlich«, weil er sich auf eine Argumentation stützen konnte, die Windelband in seiner

Rektoratsrede vorgetragen hatte. Michael Sukale hat bereits darauf hingewiesen, dass man in Webers diesbezüglichen Ausführungen »das bloße Echo von Windelband« hört (Sukale 2002: 224).

Für Windelband nimmt in der »Causalbetrachtung« jedes »Sondergeschehen« die »Form eines Syllogismus« an (Windelband 1894: 24). Den »Obersatz« bildet ein »Naturgesetz, bezw. eine Anzahl von gesetzlichen Notwendigkeiten«, den »Untersatz« eine »zeitlich gegebene Bedingung oder ein Ganzes solcher Bedingungen« und den »Schlusssatz« das »wirkliche einzelne Ereigniss« (Windelband 1894: 24). Ebenso wie der Schlusssatz »zwei Prämissen« voraussetzt, setzt das Geschehen »zwei Arten von Ursachen« voraus: eine »nomothetische« und eine »idiographische«, d. h. »einerseits die zeitlose Notwendigkeit, in der sich das dauernde Wesen der Dinge ausdrückt, andrerseits die besondere Bedingung, die in einem bestimmten Zeitmomente eintritt« (Windelband 1894: 24). So ist die Ursache einer »Explosion« in der nomothetischen Bedeutung die »Natur der explosiblen Stoffe«, die wir als »chemisch-physikalische Gesetze« aussprechen, in der idiographischen Bedeutung eine »einzelne Bewegung« wie ein »Funke« oder eine »Erschütterung« (Windelband 1894: 24–25). Erst »beides zusammen verursacht und erklärt das Ereigniss«, aber »keines von beiden ist eine Folge des anderen; ihre Verbindung ist in ihnen selbst nicht begründet« (Windelband 1894: 25). So wenig wie in der syllogistischen Subsumtion der Untersatz eine Folge des Obersatzes ist, so wenig ist im Geschehen »die zu dem allgemeinen Wesen der Sache hinzutretende Bedingung aus diesem gesetzlichen Wesen selbst abzuleiten« (Windelband 1894: 25). Vielmehr ist diese Bedingung »als ein selbst zeitliches Ereigniss« auf »eine andere zeitliche Bedingung zurückzuführen, aus der sie nach gesetzlicher Notwendigkeit gefolgt ist: und so fort bis infinitum« (Windelband 1894: 25). Selbst wenn sich in dieser »Causalkette« ein »Anfangsglied« denken ließe, wäre ein solcher »Anfangszustand« doch immer »etwas Neues, was zu dem allgemeinen Wesen der Dinge hinzutritt, ohne daraus zu folgen« (Windelband 1894: 25).

In die »Sprache der heutigen Wissenschaft« übersetzt, lässt sich demzufolge sagen: »aus den allgemeinen Naturgesetzen folgt der gegenwärtige Weltzustand nur unter der Voraussetzung des unmittelbar vorhergehenden, dieser wieder aus dem früheren, und so fort; niemals aber folgt ein solcher bestimmter einzelner Lagerungszustand der Atome aus den allgemeinen Bewegungsgesetzen selbst«; aus »keiner ›Weltformel‹ kann die Besonderheit eines einzelnen Zeitpunktes unmittelbar entwickelt werden: es gehört dazu immer noch die Unterordnung des vorhergehenden Zustandes unter das Gesetz« (Windelband 1894: 25). Da es also »kein in den allgemeinen Gesetzen begründetes Ende gibt«, hilft »alle Subsumtion unter jene Gesetze nicht, um das einzelne in der Zeit Gegebene bis in seine letzten Gründe hinein zu zergliedern« (Windelband 1894: 25–26). So bleibt denn auch »in allem historisch und individuell Erfahrenen ein Rest von Unbegreiflichkeit« (Windelband 1894: 26). Es gibt einen »Riss« zwischen dem Allgemeinen und Besonderen: »Das Gesetz und das Ereigniss bleiben als letzte, incommensurable Grössen unserer Weltvorstellung nebeneinander bestehen« (Windelband 1894: 26–27).

Emil Lask, ein Schüler Windelbands und Rickerts, sollte diesen Riss als »hiatus« bezeichnen: Die »absolute ›Faktizität‹« sei »der gewaltsame Bruch mit allen Gesetzen«; damit sei »nichts darüber ausgemacht, ob das Individuelle unter Gesetze falle oder nicht;

sondern es wird nur behauptet, daß wir infolge der eigentümlichen logischen Organisation unseres Erkennens es in seiner Einzigkeit und Einmaligkeit aus den Gesetzen, unter die es *fällt*, nicht *abzuleiten* vermögen. Die einzelne Wirklichkeit *befolgt* Gesetze, aber sie *folgt* – nämlich für unser Begreifen – nicht aus ihnen« (Lask 1902: 169–170). Weber machte sich diesen »hiatus irrationalis« zwischen »Begriff« (im Sinne von Allgemein- bzw. Gesetzesbegriff) und »Wirklichkeit« in seiner Kritik der »Hegelschen Begriffslehre« zu Nutze (Weber 1982: 15, 35).

Windelband hatte seine Argumentation, an die Rickert mit seiner Unterscheidung zwischen naturwissenschaftlicher und historischer Kausalität anknüpfte (Rickert 1902: 412–420), in seinem 1870 publizierten Buch *Die Lehren vom Zufall* vorbereitet. In diesem Buch, das Weber ebenfalls kannte (Weber 1982: 219), stellte er dem Begriff »Gesetz« den Begriff »Zufall« gegenüber, den er nicht im absoluten Sinne als das »Ursachlose«, sondern im relativen Sinne als das »Gesetzlose« bestimmte (Windelband 1870: 27). Seines Erachtens »ist jede Wirkung die Resultante aus einer Summe von Bedingungen«, die »nicht nothwendig mit einander verbunden sein müssen und deren Zusammenwirken daher als zufällig zu betrachten ist«, was ihn behaupten ließ: »In diesem Sinne kann jede einzelne Thatsache für zufällig erklärt werden« (Windelband 1870: 29). Folglich gibt es für ihn auch »keine Wirkung, in der sich ein einzelnes Gesetz rein darstellte; immer modificiren die hinzugetretenen Bedingungen die Gestalt der Wirkung« (Windelband 1870: 29). Diese »Modificationen« sind »die Fälle des Gesetzes«, wobei es seines Erachtens einleuchtet, »daß diese einzelnen Fälle, insofern sie Fälle des *Gesetzes* sind, nothwendig bedingt sind, insofern sie aber einzelne *Fälle* sind, in Rücksicht auf jenes Gesetz zufällig zu nennen sind« (Windelband 1870: 29–30). Sein Fazit lautete denn auch: »Die specifische Eigenthümlichkeit jedes einzelnen Falles ist im Gesetz nicht enthalten« (Windelband 1870: 30).

Windelband erläuterte seine Argumentation, die er mit Bezug auf die Logiken von John Stuart Mill und Friedrich Adolf Trendelenburg entwickelte, mit explizitem Bezug auf Laplaces *Philosophischen Versuch über die Wahrscheinlichkeit* (Windelband 1870: 29–30). Dass die spezifische Eigentümlichkeit eines einzelnen Falles nicht im Gesetz enthalten ist, bedeutet nicht, dass sie »immer unberechenbar« ist, denn »in vielen Fällen kann sich die Erkenntniß im Besitz sämmtlicher Bedingungen befinden, und dann wird bei gleichzeitiger Erkenntniß sämmtlicher Gesetze die Vorausbestimmung eine vollkommene sein« (Windelband 1870: 30). Andererseits gibt es »sehr viele Fälle«, »bei denen wir nur einen Theil der Bedingungen und Gesetze kennen, unter denen sie eintreten, und bei denen daher auch unsere Vorausbestimmung nur eine partielle und beschränkte sein kann« (Windelband 1870: 30). Während »für die reale Vermittlung des erwarteten Ereignisses in der That nur eine durch die ganze Summe der Bedingungen bestimmte Möglichkeit vorhanden ist«, wird es »für die Vorausbestimmung unserer nur auf einen Theil der Bedingungen beschränkten Erkenntniß eine Anzahl gleich möglicher Fälle geben, von denen wir nicht wissen, welcher eintreten wird, wohl aber, daß einer von ihnen eintreten muß« (Windelband 1870: 30 mit Bezug auf Laplace 1998: 3–4). Windelband illustrierte dies am Wurf eines Würfels. Während unter den »gegebenen Umständen […] in der That nur *eine* schließliche Ruhelage des Würfels möglich ist, müssen wir aus Unkenntniß dieser Bedingungen alle sechs Lagen für gleich möglich halten und können das Ereigniß in seiner vollen Bestimmtheit nicht voraussagen, sondern wir wissen nur, daß der Würfel stets auf einer seiner sechs Begrenzungsflächen liegend in Ruhe bleiben muß« (Windelband 1870: 30–31). Dabei unterschied Windelband »constante Bedingungen« wie »Gestalt, Schwere und Elasticität des Würfels« und »variable Bedingungen«, d. h. »Nebenbedingungen, die innerhalb jener Hauptbedingungen sehr verschieden sein können, wie hier die Richtungsverhältnisse, in denen die wirkenden Kräfte sich verbinden; und nur wenn sie alle Bedingungen kennt, kann die Wissenschaft das erwartete Ereigniß ganz vorausbestimmen« (Windelband 1870: 31). Entsprechend lautete sein Fazit: »So können wir mit aller Kenntniß der Gesetze dem Zufall nicht entgehen, der eben in dem Eintritt unberechenbarer Nebenbedingungen besteht«, was seine »relative Bedeutung« unterstreiche: »zufällig ist nur die besondere Bestimmtheit jedes einzelnen Falles in Rücksicht auf das Gesetz, unter welchem er steht« (Windelband 1870: 31).

Tatsächlich stellte Windelband weder in *Die Lehren vom Zufall* noch in seiner Rektoratsrede, in der er der »Sprache der heutigen Wissenschaft« den Zungenschlag von Laplace verlieh, das mechanistisch-deterministische Paradigma in Frage. Seine Initiative, mit der Geschichtswissenschaft eine Disziplin zu begründen, die das einzelne in der Zeit Gegebene bis in seine letzten Gründe hinein zergliedern soll, stellt vielmehr eine »Ergänzung« dieses Paradigmas dar, was Alexander Tschuprow mit explizitem Hinweis auf das syllogistische Schema von Laplace schon 1906 erkannt hat (Tschuprow 1906: 665, 674–676). Windelband richtete nämlich mit seinem Hinweis auf die Bedeutung der »besondere[n] Bedingung[en], die in einem bestimmten Zeitmomente« eintreten (Windelband 1894: 24), das Augenmerk just auf jenen Aspekt, der schon für Laplace die Quelle des »Irrtum[s]« und der Ungewissheit war (Pulte 2005: 65). Damit ließ sich der Bedarf einer Disziplin rechtfertigen, die sich um die Fakten in ihrer »idiographischen« Besonderheit kümmert, ohne freilich ihre »nomothetische« Allgemeinheit zu vernachlässigen, denn auch diese Disziplin bedarf »auf Schritt und Tritt der allgemeinen Sätze«, die sie »in völlig korrekter Begründung nur den nomothetischen Disziplinen entlehnen« kann: »Jede Causalerklärung irgend eines geschichtlichen Vorganges setzt allgemeine Vorstellungen vom Verlauf der Dinge überhaupt voraus; und wenn man historische Beweise auf ihre rein logische Form bringen will, so erhalten sie stets als oberste Prämissen Naturgesetze des Geschehens, insbesondere des seelischen Geschehens« (Windelband 1894: 23). Dass die Psychologie solche Gesetze bisher in einem »notorisch äussert unvollkommenen Grad« formuliert habe, haben die Historiker »durch natürliche Menschenkenntnis, durch Takt und geniale Intuition« kompensiert, was es auch »recht zweifelhaft erscheinen« lasse, »ob die von den Neuesten geplante mathematisch-naturgesetzliche Fassung der elementaren psychischen Vorgänge einen nennenswerten Ertrag für unser Verständniss des wirklichen Menschenlebens liefern wird« (Windelband 1894: 23).

Weber konstatierte denn auch, dass die »Unterschiede« zwischen der »Astronomie« und der Sozialwissenschaft, die er selbst treiben wollte, trotz der »Mitwirkung *geistiger* Vorgänge« »nicht an sich derart prinzipielle« sind, »wie es auf den ersten Blick scheint« (Weber 1982: 173). Beide Wissenschaften sind an der kausalen Erklärung von »individuellen Konstellationen«, die »für uns *Bedeutung* haben«, interessiert, nur dass dieser

»Sachverhalt« für die Sozialwissenschaft in »spezifisch gesteigertem Maße« vorliegt: »Während für die Astronomie die Weltkörper nur in ihren *quantitativen*, exakter Messung zugänglichen Beziehungen für unser Interesse in Betracht kommen, ist die *qualitative* Färbung der Vorgänge das, worauf es uns in der Sozialwissenschaft ankommt« (Weber 1982: 172–173). Umso mehr brauchte die Sozialwissenschaft also ein Instrumentarium, das den Irrtum im Umgang mit den Fakten minimiert. Sie brauchte demzufolge eine Theorie des Ereignisses und eine Theorie der Bedingungen und natürlich brauchte sie auch eine »weitere Fassung des Begriffs ›Gesetz‹«, so dass »man auch Regelmäßigkeiten, die, weil nicht quantifizierbar, keiner zahlenmäßigen Erfassung zugänglich sind, darunter verstehen« kann (Weber 1982: 173).

## Gesetze, Bedingungen, Ereignisse

### Eine Theorie der Gesetze

Um Kausalbetrachtungen durchführen zu können, brauchte Weber eine Theorie der Gesetze. Während sich die Astronomie in der glücklichen Lage befand, die Gesetze, die sie zur kausalen Erklärung individueller Sternenkonstellationen benötigte, aus der Mechanik übernehmen zu können, stellten sich für Weber die Fragen, (1) welchen logischen Status die Gesetze haben, die seine Sozialwissenschaft zur kausalen Erklärung individueller Handlungskonstellationen benötigt, und (2) wie man zu solchen Gesetzen kommt. Weber teilte offenbar Windelbands Skepsis gegenüber der Psychologie (Weber 1982: 173–174). Andererseits behauptete er, die »Mitwirkung ›geistiger‹ Motive« schließe »jedenfalls die Aufstellung von *Regeln* rationalen Handelns nicht aus« (Weber 1982: 173). Was er unter »*Regeln*« verstand, klärte er 1907 in seiner Kritik an Rudolf Stammler. Dabei nannte er zwar keine Quellen, es findet sich jedoch eine Reihe von Positionen, die er nachweislich oder doch sehr wahrscheinlich zur Formulierung seiner eigenen Position benutzte.

Weber verstand unter »Regeln« zweierlei. (1) Zunächst verstand er darunter »Naturgesetze«, die in »generelle[n] Aussagen über *kausale* Verknüpfungen« formuliert werden (Weber 1982: 322–323). Wenn man »unter ›Gesetzen‹ nur generelle Kausalsätze von unbedingter Strenge (im Sinn der Ausnahmslosigkeit)« verstehen wolle, dann könne man den Begriff »Regel« verwenden für (a) »alle [generellen] Erfahrungssätze, die dieser Strenge nicht fähig sind«, und (b) »alle jene sog. ›empirischen Gesetze‹, denen umgekehrt zwar empirische Ausnahmslosigkeit, aber ohne oder doch ohne theoretisch genügende Einsicht in die für jene Ausnahmslosigkeit maßgebliche kausale Bedingtheit eignet« (Weber 1982: 323). Als Beispiel für eine Regel im Sinne (a) eines »generellen Erfahrungssatzes« nannte Weber, »daß einer Ohrfeige gewisse Reaktionen spezifischer Natur von seiten eines davon betroffenen Couleurstudenten ›adäquat‹ sind«; als Beispiel für eine Regel im Sinne (b) eines »empirischen Gesetzes« nannte er, »daß die Menschen ›sterben müssen‹« (Weber 1982: 323). Wenn man vom »Gelten« von Naturgesetzen und solcher Regeln spricht, dann meint man »den ›Gültigkeits‹-Anspruch der Behauptung«, dass die »entsprechenden faktischen Regelmäßigkeiten in der empirischen Wirklichkeit ›gegeben‹

oder aus dieser durch Generalisierung erschließbar seien« (Weber 1982: 323). (2) Sodann verstand Weber unter Regeln »Norm[en]«, an denen »Vorgänge im Sinne eines *Wertur*teils ›gemessen‹ werden«; solche Regeln werden formuliert in »generelle[n] Aussage[n]« hinsichtlich eines »logischen, ethischen, ästhetischen *Sollens*, im Gegensatz zum empirischen ›Sein‹« (Weber 1982: 323). Wenn man vom »Gelten« solcher Regeln spricht, meint man »einen generellen Imperativ, dessen Inhalt die Norm selbst ist« (Weber 1982: 323).

Für Weber kamen als sozialwissenschaftliche Gesetze weder Naturgesetze noch empirische Gesetze in Betracht, sondern Regeln im Sinne von generellen Erfahrungssätzen über kausale Verknüpfungen, wobei diese Verknüpfungen von Regeln im Sinne von Normen insofern mitbestimmt werden, als die Handelnden diese Normen als »›Maximen‹ des Handelns« betrachten, d. h. sich mehr oder weniger bewusst an ihnen orientieren (Weber 1982: 323). Einer Ohrfeige sind gewisse Reaktionen spezifischer Natur von Seiten eines davon betroffenen Couleurstudenten deswegen adäquat, weil solche Studenten eine ständische Norm als Maxime des Handelns betrachten. Die »Vorstellung«, die sie vom »Inhalt« und von der »Verbindlichkeit« dieser Norm haben, ist ein »*kausales* ›Moment‹« (Weber 1982: 339), das ihr Handeln mitbestimmt und dadurch die faktischen Regelmäßigkeiten in der empirischen Wirklichkeit hervorbringt, die in generellen Erfahrungssätzen über kausale Verknüpfungen formuliert werden.

Weber konzipierte solche Erfahrungssätze als »idealtypische Konstruktionen generellen Charakters« (Weber 1982: 130). Dabei folgte er nicht dem Juristen Georg Jellinek, der den Begriff »Idealtypus« bzw. »idealer Typus« in normativem Sinne konnotierte (Jellinek 1900: 32–33; Treiber 2016). Er folgte einer im 19. Jahrhundert in der Kunst und in den Wissenschaften verbreiteten Konnotation, die gerade keinen »Wertungsstandard« im Sinne eines »Sein*sollenden*« bezeichnete (Weber 1982: 329, 192), sondern der Erkenntnis des empirischen Seins in seiner Gesetz- bzw. Regelmäßigkeit durch Ausschluss des Zufälligen diente. Webers Anschluss an diese Tradition, in der er Windelbands Unterscheidung von Gesetz und Zufall wiederfand, wird allein schon durch seinen Hinweis belegt, »das bekannte ›kranke Pferd‹ in Hoffmanns ›Eisernem Rittmeister‹« sei ein »idealtypische[s] Gedankengebilde« (Weber 1982: 102). In diesem 1890 publizierten Roman bittet ein Physikus einen gewissen Hartmut, »sich einmal jenes liebenswürdige Bildchen zu betrachten, das Ihnen ohne Zweifel längst aufgefallen ist, bezeichnet: das fehlerhafte Pferd. Genau wie der griechische Künstler für seine Marmorgöttin aus hundert lebenden Vorbildern ein letztes reines Urbild aller Vollkommenheiten herauszuziehen und zusammenzufügen wußte, so hat der geistvolle Meister jenes Kunstwerkes in seinem Rosse ein reines, ganzes, von keiner zufälligen Einzelheit getrübtes Idealbild aller lebenswirklichen Unvollkommenheit hingestellt« (Hoffmann 1890: 235–236). Dieser Meister dürfte Gottlob Ludwig Pöllnitz gewesen sein, ein Rittmeister, der 1820 ein veterinärmedizinisches Lehrbuch mit dem Titel *Das fehlerhafte Pferd* publizierte, in dem sich ein Kupferstich eines Pferdes findet, das an allen möglichen Krankheiten leidet (Pöllnitz 1820). Der Physikus jedenfalls hat mit seinem Hinweis auch schon die Konstruktionslogik des Idealtypus beschrieben, der auch für Weber ein »Idealbild« ist, eine aus einer Mehrzahl realer Dinge oder Vorgänge durch *Steigerung eines* oder *einiger* Gesichtspunkte« gewonnene »Synthese«, »die *wir* zu einer ›Idee‹ verbinden« (Weber 1982: 191–192, 197). Auch für ihn ist ein »Idealtypus« die »Zeichnung einer ›Idee‹«, die man in einer Mehrzahl von Erscheinungen zu erkennen vermeint (Weber 1982: 190–192).

Tatsächlich wurde das Konzept des Idealtypus in der Ästhetik der Renaissance im Zuge der Säkularisierung der metaphysischen Ideen- und Formenlehren der Antike entwickelt. Erwin Panofsky zufolge bahnte sich bei Giorgio Vasari die Vorstellung an, dass die Idee des Schönen kein übernatürliches *a priori* ist, das im Geiste des Künstlers gleichsam wohnt, sondern von ihm selbst *a posteriori* hervorgebracht wird, und zwar durch ein »inneres Zusammenschauen der Einzelfälle«, aus denen er eine »Auswahl des Schönsten« trifft (Panofsky 1982: 33–35). Damit verbunden war die Vorstellung, dass die vom Künstler in seiner Anschauung der Natur gewonnene Idee »die eigentlichen Absichten der ›gesetzmäßig schaffenden‹ Natur offenbare«, dass also Subjekt und Objekt, Geist und Natur einander nicht feindlich gegenüberstehen, sondern die Idee vielmehr der Erfahrung »notwendig *entspreche*« (Panofsky 1982: 35). Diese Vorstellungen führten zu einem Bedeutungswandel, in dessen Folge »die Welt der *Ideen* mit einer Welt *gesteigerter Wirklichkeiten* identifiziert« und »der Begriff der *Idee* zu dem des ›*Ideals*‹« umgeformt werden sollten: »Damit ist die Idee ihres metaphysischen Adels entkleidet, aber eben dadurch mit der Natur in eine schöne, gleichsam selbstverständliche Übereinstimmung gebracht: vom menschlichen Geiste erzeugt, aber zugleich – sehr weit entfernt von Subjektivität und Willkürlichkeit – die in den Dingen vorgebildete Gesetzlichkeit zum Ausdruck bringend […] auf dem Wege intuitiver Synthesis« (Panofsky 1982: 36).

Über den Klassizismus vermittelt (Panofsky 1982: 57–63), wurde dieses Konzept im 19. Jahrhundert auch in den Wissenschaften rezipiert. Ohne Anspruch auf Vollständigkeit sei dies an einigen Beispielen illustriert, welche die Funktion dieses Konzepts erhellen. 1837 entwickelte Georg Gottfried Gervinus in seiner *Historik* die historische Ideenlehre Wilhelm von Humboldts weiter, wobei er dessen Identifizierung der historischen mit der künstlerischen Darstellung, denen es beiden um »das Erkennen der wahren Gestalt, das Herausfinden des Nothwendigen, die Absonderung des Zufälligen« geht (von Humboldt 1822: 310), folgte:

> »wie der wahre Epiker aus seinen rhapsodischen Ueberlieferungen nur aushebt, was sich in einem nothwendigen Zusammenhange darstellt, und alles ausscheidet, was seine Sage zum vagen Romane machen würde, so geht auch der ächte Historiker in einer gegebenen Reihe von Thatsachen auf das Nothwendige aus und hütet sich, in die endlose Manier der Chronik zu verfallen. So nämlich, wie der Künstler auf eine Urform des Körpers, der Dichter auf den idealen Typus eines Charakters zurückgeht, so soll der Historiker die reine Gestalt des Geschehenen erkennen lernen, um aus den anhängenden Zufälligkeiten das wahrhaft Wichtige kühn und sicher herauszuheben. Wichtig aber ist in der Geschichte, was sich einer historischen Idee anschließt« (Gervinus 1893: 382).

In seiner 1871 bis 1873 gehaltenen Vortragsreihe »Optisches über Malerei« übertrug der Physiker und Physiologe Hermann von Helmholtz die Ergebnisse seiner wahrnehmungsphysiologischen Studien auf die Kunst. Der Tradition des Klassizismus entsprechend (Hatfield 1993), stellte er fest, dass ein Künstler in seiner Darstellung der Wirklichkeit keine »getreue Copie roher Natur« herstelle, sondern »Störendes, Zerstreuendes,

Verletzendes« nicht berücksichtige, d. h. vom »wilden Gestrüpp des Zufalls« abstrahiere, um durch diese »Idealisirung« zu einem »idealen Typus« zu gelangen, der nicht nur ein »wunderbares[s] Wohlgefallen« errege, sondern auch eine »bisher verborgene Gesetzmässigkeit zur vollen Anschauung« bringe (Helmholtz 1903a: 97–98, 134–135). In seiner 1862 gehaltenen Rede »Ueber das Verhältniss der Naturwissenschaften zur Gesammtheit der Wissenschaft« hatte er eine solche Typenbildung bereits als *künstlerische Induction* bezeichnet, weil sie aufgrund der »complizirten Fälle«, mit denen es die »Geisteswissenschaften« zu tun haben, »nicht bis zur vollendeten Form des logischen Schliessens, nicht zur Aufstellung ausnahmslos geltender Gesetze durchgeführt werden kann« (Helmholtz 1903b: 170–171). In seiner 1892 gehaltenen Rede »Goethes Vorahnungen kommender naturwissenschaftlicher Ideen« sollte er die epistemologische Relevanz der »künstlerischen Anschauung«, die durchaus »Kenntniss des gesetzlichen Verhaltens« oder »Kenntniss des regelmässigen Verhaltens« in der »reinsten Darstellung des Typus« der betreffenden Erscheinungen erzielen könne, noch einmal unterstreichen (Helmholtz 1903c: 344–346).

Christoph Sigwart kam im zweiten Band seiner Logik (1. Auf. 1878, 2. Aufl. 1893) auf »*Typen*, Urbilder und Musterbilder« zu sprechen, die »in sinnlicher Anschaulichkeit« gedacht werden, und er meinte, dass wir bei Klassifikationen »gewöhnt sind, Voraussetzungen über Normalgesetze herein zu tragen, welche unsere Classificationen leiten, dass wir uns gewisse Typen entwerfen, die wir als die ideal vollkommenen betrachten, um an ihnen die einzelnen Exemplare zu messen« (Sigwart 1924: 466, 249). Jonas Cohn setzte sich in seinem 1901 publizierten Buch *Allgemeine Ästhetik* eingehend mit dem Konzept des »Idealtypus« auseinander und wies darauf hin, dass »wir in schönen Wesen gleichsam den Bauplan der Natur am reinsten erkennen, der sonst durch störende Bedingungen an voller Verwirklichung gehindert werde« (Cohn 1901: 175–176). Otto Weininger betonte 1903 in *Geschlecht und Charakter* die diesbezügliche Affinität von Kunst und Wissenschaft:

> »Wie die Physik von idealen Gasen spricht, d. h. von solchen, die genau dem Boyle-Gay-Lussacschen Gesetze folgen (in Wirklichkeit gehorcht ihm kein einziges), und von diesem Gesetze ausgeht, um im konkreten Falle Abweichungen von ihm zu konstatieren: so können wir einen idealen Mann M und ein ideales Weib W, die es in Wirklichkeit nicht gibt, aufstellen als sexuelle Typen. Diese Typen können nicht nur, sie müssen konstruiert werden. Nicht allein das ›Objekt der Kunst‹, auch das Objekt der Wissenschaft ist der Typus, die platonische Idee« (Weininger 1908: 9).

Weininger wandte sich damit gegen den zeitgenössischen »Zug der Statistik«, der den »*Durchschnitt*«, nicht den »*Typus*« gewinnen wollte: »Man begriff gar nicht, daß es im Systeme reiner (nicht angewandter) Wissenschaft nur auf diesen ankommt. [...] Alles kommt auf die Kenntnis von M und W, auf die richtige Feststellung des idealen Mannes und des idealen Weibes an (ideal im Sinn von typisch, ohne jede Bewertung)« (Weininger 1908: 12).

Aber auch ohne Hinweise auf Gesetz und Zufall war das Konzept des Idealtypus im 19. und beginnenden 20. Jahrhundert weithin in Gebrauch. 1855 formulierte Jacob Burckhardt in seiner *Der Cicerone* genannten Anleitung zum Genuss der Kunstwerke Italiens:

»Um so sicherer ist mit einer verstümmelten Statue, in einem obern Zimmer des Palastes dieser Villa, *Aesop* gemeint; ein concentrirter Idealtypus des geistvollen Buckligen, nackt und in seiner Art meisterlich gebildet« (Burckhardt 1855: 510). 1884 publizierte Ferdinand Gregorovius ein *Gemälde der römisch-hellenischen Welt* zur Zeit Kaiser Hadrians, in dem zu lesen war: »Die Schönheit selbst hat Hadrian in der Gestalt des Antinous apotheosirt und diese den Künstlern zu einem Idealtypus dargeboten« (Gregorovius 1884: 441). 1889 hieß es in Max Nordaus Schrift *Die conventionelles Lügen der Kulturmenschheit* über die Entstehung der Aristokraten: »Sie haben das Gefühl gehabt, daß sie ihre Erhöhung nicht der grillenhaften Menschengnade, sondern der ewigen Mutter Natur verdanken, und sie haben dies, urmenschlicher Vorstellungsweise entsprechend, so ausgedrückt, daß sie sich rühmten, von den Göttern ihres Volkes, anders gesagt, von dessen Idealtypen, abzustammen« (Nordau 1889: 127–128). In seinen zwischen 1894 und 1902 gehaltenen Vorlesungen zur Entstehung der Barockkunst in Rom meinte Alois Riegl, die Frührenaissance hätte schon vor der Betrachtung des Zentralbaus als »Ideal« herausgefunden, dass »der einschiffige Saal der ideale Typus eines kirchlichen Langhausbaues wäre« (Riegl 1908: 111). 1898 berichtete Harry Graf Kessler von seiner Reise nach Mexiko: »Die Frauen sind hier von einer glühenden Schönheit; der neapolitanische Idealtypus, der in Neapel so selten ist, kommt hier wirklich und oft vor« (Kessler 1898: 173–174). Und Ellen Key schrieb 1899 in ihrem Essay »Ein Abend auf dem Jagdschloss«: »Ein junger dänischer Dichter legte zum Beispiel einmal dar, dass Johanne Louise Heiberg in der dänischen Literatur einer ganzen Generation den weiblichen Idealtypus gebildet, und dass dieser Typus auch in Wirklichkeit die dänische Frau umgestaltet hat« (Key 1899: 252).

Weber kannte die meisten dieser Quellen, teils nachweislich, teils sehr wahrscheinlich. Nachweislich kannte er Hans Hoffmanns Roman *Der Eiserne Rittmeister* (Weber 1982: 102), die historische Ideenlehre und Gervinus' *Historik* (Weber 1982: 21–22) sowie Helmholtz' Rede »Ueber das Verhältniss der Naturwissenschaften zur Gesammtheit der Wissenschaft« (Weber 1982: 44). Von Helmholtz kannte er nachweislich auch dessen 1870 vorgetragene Theorie des »pseudosphärischen Raums« (Helmholtz 1903d: 18–27, 29–30), den er als Idealtypus interpretierte (Weber 1982: 115–116, 131). Vielleicht steckt diese Theorie auch hinter seiner früheren Formulierung, die abstrakte Wirtschaftstheorie argumentiere »an einem *unrealistischen* Menschen, analog einer mathematischen Idealfigur« (Weber 2009: 123). Nachweislich war ihm auch der zweite Band von Sigwarts *Logik* bekannt (Weber 2009: 89). Dasselbe gilt für Burckhardts *Der Cicerone*, den sich Max und Marianne Weber im Januar 1901 nach Rom nachschicken ließen (Weber 1901).

Sehr wahrscheinlich kannte Weber Helmholtz' Vortragsreihe »Optisches über Malerei« und die Rede »Goethes Vorahnungen kommender naturwissenschaftlicher Ideen«, denn diese beiden Texte sind in derselben, just 1903 neu aufgelegten Sammlung populärer Vorträge und Reden enthalten, in denen auch die beiden nachgewiesenen Texte erschienen sind. Helmholtz hatte in seiner Rede über Malerei von einem idealen Typus, in seiner Rede über Goethe von einem Typus in reinster Darstellung gesprochen (Helmholtz 1903a: 135; 1903c: 344–346). Diese Identifizierung findet sich auch bei Weber, der vom »*Typus* (›Idealtypus‹)« bzw. vom »*reinen* Typus (Idealtypus)« sprach (Weber 1976: 3, 4). Dass Weber Cohns *Allgemeine Ästhetik* kannte, ist ebenfalls möglich, denn Rickert

hatte in *Die Grenzen der naturwissenschaftlichen Begriffsbildung* auf das Buch hingewiesen (Rickert 1902: 387). Möglicherweise kannte er auch Weiningers Buch *Geschlecht
und Charakter*, auf das Gertrud Bäumer seine Frau Marianne Weber 1903 aufmerksam
machte (Bäumer 1956: 15; Weber 1919: 104). Und die Frauenrechtlerin und Reformpäda-
gogin Key war im Hause Weber ebenfalls bekannt (Weber 1984: 375).

In der Weber-Forschung ist dieser Kontext, der hier nur ansatzweise ausgelotet werden konnte, so gut wie nicht bekannt. Offenbar gab es nur spärliche Hinweise auf die
historische Ideenlehre (Tenbruck 1959: 629; Jaeger und Rüsen 1992: 156–160) und auf
Sigwarts *Logik* (Winckelmann 1952: 13; Honigsheim 1963: 177–178). Dass die sexuellen
Typen Weiningers Idealtypen im Sinne Webers sind, scheint immerhin auf der Hand zu
liegen (Grotjahn 2010: 41).

Allein vor diesem Hintergrund wird verständlich, warum Weber generelle Erfahrungssätze über kausale Verknüpfungen als »idealtypische Konstruktionen generellen Charakters« konzipierte (Weber 1982: 130). Denn der Idealtypus hatte durchweg die Funktion,
Gesetz- bzw. Regelmäßigkeiten durch Ausschluss des Zufälligen zum Ausdruck zu bringen. Wenn es sich nun bei den realen Fällen um Verknüpfungen von Erscheinungen handelt, dann muss man, um ein »Gesetz« bilden, d. h. aus der »factischen Verknüpftheit«
auf »ein nothwendiges causales Verhältniß« schließen zu können, den Zufall ebenfalls
eliminieren (Windelband 1870: 29). Windelband hatte ein »Gesetz« als diejenige »Ver-
knüpfung« bezeichnet, »vermöge deren beim Eintreten einer Thatsache nothwendig und
in allen Fällen auch die andere eintritt«, wohingegen der »Zufall« für ihn in einer »Ver-
knüpfung« besteht, »die nur dies eine Mal factisch eingetreten ist«, d. h. Erscheinungen
nur »durch eine räumlich-zeitliche Coincidenz mit einander verbunden worden sind«
(Windelband 1870: 27). Die Wissenschaft hat den Zufall »als das vereinzelte Faktum,
als die nicht nothwendige Coincidenz nachzuweisen und so aus ihrer Berechnung und
Betrachtung zu eliminiren« (Windelband 1870: 28). Entsprechend darf eine idealtypische Konstruktion generellen Charakters, um ein »reines, ganzes, von keiner zufälligen
Einzelheit getrübtes Idealbild« zu sein (Hoffmann 1890: 236), von keiner zufälligen Ver-
knüpfung getrübt werden. Die gedankliche *»Steigerung«* (Weber 1982: 191), durch die sie
gebildet wird, besteht in der Berücksichtigung der notwendigen und dem Ausschluss der
zufälligen Verknüpfungen. So wird denn auch die Idee ständischer Vergemeinschaftung,
die man im sozialen Handeln von Couleurstudenten zu erkennen vermeint, in einem
Idealtypus gezeichnet, der nur notwendige Verknüpfungen enthält, wie die zwischen der
Vorstellung, welche die Studenten vom Inhalt und von der Verbindlichkeit einer spezifischen Ehre als Norm haben, und der Satisfaktionsforderung bei Ehrabschneidungen.
Dieselbe Konstruktionslogik gilt für die »Gesetze« der abstrakten Wirtschaftstheorie, die
Weber wiederholt als Beispiele für idealtypische Konstruktionen generellen Charakters
anführt, wie etwa das Grenznutzengesetz (Weber 1976: 4; 1982: 130, 190, 329).

Weber war klar, dass generelle Erfahrungssätze über kausale Verknüpfungen nicht
ausnahmslos gelten, wie es Windelband bei seiner Gegenüberstellung von Gesetz und
Zufall im Auge hatte. Dafür haben solche Regeln mit Naturgesetzen etwas anderes
gemeinsam. Dass Weber die generellen Erfahrungssätze (a) gerade mit den empirischen
Gesetzen (b) kontrastierte (Weber 1982: 323), hat seinen guten Grund, denn Naturgeset-

zen gegenüber sind beide »logisch polare Gegensätze« (Weber 1982: 131). Die generellen Aussagen über kausale Verknüpfungen sowohl der Naturgesetze als auch der empirischen Gesetze gelten ohne Ausnahme. Sie unterscheiden sich aber dadurch, dass sie bei empirischen Gesetzen auf einer »problematische[n] kausale[n] *Deutung*« basieren (Weber 1982: 131). Die generellen Aussagen über kausale Verknüpfungen der Naturgesetze und der generellen Erfahrungssätze unterscheiden sich ebenfalls, aber dadurch, dass sie bei generellen Erfahrungssätzen wegen möglicher Ausnahmen auf einer »problematische[n] empirische[n] *Geltung*« basieren (Weber 1982: 131). Wenn es sich nun um einen logisch polaren Gegensatz zwischen (a) und (b) handeln soll, darf gefolgert werden, dass ebenso wie bei Naturgesetzen bei generellen Erfahrungssätzen die kausale Deutung der jeweiligen Verknüpfungen nicht problematisch ist. Das macht solche Regeln, obwohl sie nicht ausnahmslos gelten, zu sozialwissenschaftlichen Gesetzen, die in ihrer idealtypischen Form entweder als »*Mittel*« der Kausalbetrachtung dienen oder selbst zum »*Ziel*« der Forschung werden, was Webers später mit seiner Soziologie anstrebte (Weber 1976: 9–11; 1982: 179, 193).

## Eine Theorie der Bedingungen

Webers Theorie der Bedingungen ist das Resultat einer Kombination der Kausalitätstheorie des Physiologen und Wahrscheinlichkeitstheoretikers Johannes von Kries mit der neukantianischen Philosophie Windelbands und Rickerts. Weber führte von Kries' Kausalitätstheorie, die auch in der zeitgenössischen Jurisprudenz rezipiert wurde (Rümelin 1896; Radbruch 1902), in seinem Aufsatz »Die ›Objektivität‹ sozialwissenschaftlicher und sozialpolitischer Erkenntnis« ein; nach weiteren Bezugnahmen in seiner Kritik an Karl Knies diskutierte er sie ausführlich in seiner Kritik an Meyer (Weber 1982: 65–69, 80, 113–117, 125, 127, 179, 192, 266–290). Auf Windelband und Rickert war er schon in seiner Kritik an Roscher eingegangen; im »Objektivitäts«-Aufsatz bekräftigte er ihre Bedeutung (Weber 1982: 4, 7, 146). Die Einflüsse dieser Autoren auf Weber sind bekannt (Neumann 2002: 291–317; Heidelberger 2010; Massimilla 2012; Scholz 2013), so dass hier nur einige zentrale Aspekte vorzustellen sind.

Von Kries hatte angesichts der Anomalie, die sich Ende des 19. Jahrhunderts mit dem Zweiten Hauptsatz der Thermodynamik einstellte, eine probabilistische Kausalitätstheorie formuliert, um das mechanistisch-deterministische Paradigma zu retten (von Kries 1886: 192–216; Neumann 2002: 197–224; 2009; Pulte 2016). Dabei hatte er sich im Wesentlichen an Laplace und Mill orientiert. Dem syllogistischen Schema entsprechend, war für ihn die Erkenntnis der Wirklichkeit eine Aufgabe, an der »zwei wesentlich verschiedene Teile« unterschieden werden müssen: Einerseits sind »die *Gesetze* zu ermitteln, nach welchen die einzelnen Dinge ihre Zustände wechseln oder in ihnen beharren, gegenseitig auf einander einwirken, und nach welchen demgemäss der Ablauf alles Geschehens Statt findet«; andererseits müssen wir »einen *Ausgangspunkt* angeben, von welchem aus wir uns die Veränderungen in einer durch jene Gesetze bestimmten Weise ablaufend denken« (von Kries 1886: 85). So lehrt uns z. B. die Kenntnis des »Gravitations-Gesetzes […] noch nichts über die wirklich Statt findende Bewegung der Planeten«; um diese Kenntnis zu verwerten, »müssen wir noch wissen, welche Massen existiren und in welchem Zustande der räumlichen Verteilung und der Bewegung sie sich irgend wann befunden haben« (von Kries 1886: 85–86). Von Kries bezeichnete »diese beiden Arten von Bestimmungen« als »*nomologisch*« und »*ontologisch*« (von Kries 1886: 86), wobei er Laplace auch in der Einschätzung des Unterschieds folgte, der zwischen dem Dämon und dem menschlichen Geist hinsichtlich der Erkennbarkeit von Gesetzen und Bedingungen besteht. Während wir Menschen Gesetze durchaus erkennen können, ist es »unsere Unkenntnis« der »ontologischen, rein thatsächlichen Bestimmungen der Einzelfälle«, von denen »die Erfolge abhängen«, die »uns den Erfolg jedesmal ungewiss erscheinen lassen« (von Kries 1886: 86; vgl. 172; 1888: 188).

Ganz im Sinne Laplaces ging von Kries davon aus, »dass *jedes Ereigniss, welches thatsächlich eintritt, durch die Gesammtheit der zuvor bestehenden Verhältnisse mit Nothwendigkeit herbeigeführt ist*« (von Kries 1888: 180). Weil der menschliche Geist nie vollständig in Kenntnis der Bedingungen gelangen kann, kann er die Notwendigkeit des Eintritts eines Ereignisses als solche nie feststellen: »Wir gelangen […] nie (weder ex ante noch ex post) zu einer so genauen Kenntniss der Bedingungen, dass ein bestimmter Erfolg an dieselben nothwendig geknüpft erschiene; wir sind vielmehr stets auf die Einsicht beschränkt, dass die Bedingungen (so weit wir sie kennen) für einen Erfolg eine gewisse mehr oder weniger grosse Möglichkeit constituiren« (von Kries 1888: 186). Daher führte von Kries das Konzept der »objectiven Möglichkeit« ein, das ebenso wie das Konzept der »Wahrscheinlichkeit« Ausdruck der »Unkenntniss« der »ontologischen Verhältnisse des Einzelfalls« ist (von Kries 1888: 189; vgl. 1886: 87–89). Von der »objectiven Möglichkeit« eines Ereignisses zu sprechen ist also nur dann sinnvoll, wenn die »Bedingungen«, die es »mit Nothwendigkeit herbeiführen mussten«, nicht genau bestimmt sind, d. h. wenn »die Bezeichnung der bedingenden Umstände eine allgemeine, ungenaue, eine Anzahl verschiedener Verhaltensweisen einschliessende ist«, was von Kries ebenso wie Windelband am Wurf eines Würfels illustrierte (von Kries 1888: 181). Da jedes Ereignis mit Notwendigkeit eintreten muss, unterschied von Kries zwischen »adäquate[r]« und »zufällige[r] Verursachung«, um in der Gesamtheit der »ursächliche[n] Moment[e]« diejenigen, die ein Ereignis tatsächlich »begünstigen«, von den anderen zu unterscheiden (von Kries 1888: 202–203). Dazu muss man »ein *nomologisches*, eine Gesetzmässigkeit betreffendes Wissen«, auf den Einzelfall anwenden: »Dass ein Gegenstand im concreten Falle etwas bewirkt habe, können wir nicht an dem Vorgange selbst beobachten; wir können es vielmehr nur sagen auf Grund einer gewissen Kenntniss der Gesetze des Geschehens, welche uns zu beurtheilen gestattet, wie der Gang der Ereignisse sich bei Fehlen des Gegenstandes gestaltet hätte« (von Kries 1888: 197–198). In Kenntnis dieser Gesetze können wir nun aber gelangen, denn ein Mangel »*nomologischen* Wissens« kann »stets durch fortschreitende Erfahrung beseitigt werden« (von Kries 1888: 189).

Von Kries bezeichnete die »*ontologischen* Verhältnisse des Einzelfalls« auch als seine »*individuellen*« Verhältnisse (von Kries 1888: 189). Damit meinte er dasselbe wie Windelband mit »idiographisch« und Rickert mit »individuell«. Tatsächlich entsprechen sich die Unterscheidungen »nomologisch« vs. »ontologisch« (von Kries), »nomothetisch« vs. »idiographisch« (Windelband) und »generell« vs. »individuell« (Rickert), was bereits Zeitgenossen klar war (Tschuprow 1906: 665, 673). Weber konnte nun eine »individuelle Konstellation« als Folge »einer anderen gleich individuellen ihr vorhergehenden« Konstellation dadurch kausal erklären, dass er unter »Verwendung ›nomologischer‹ Kenntnis« in dieser vorhergehenden Konstellation diejenigen »ursächlichen Elemente« identifizierte, die »*adäquate* Wirkungen« entfalten (Weber 1982: 172, 179). Ob ein »historische[s] Faktum« eine adäquate Wirkung entfaltet, soll durch Beantwortung der Frage ermittelt werden, »ob bei Ausschaltung desselben aus dem Komplex der als mitbedingend in Betracht gezogenen Faktoren oder bei seiner Abänderung in einem bestimmten Sinne der Ablauf der Geschehnisse nach allgemeinen Erfahrungsregeln eine in den für unser Interesse *entscheidenden* Punkten *irgendwie* anders gestaltete Richtung hätte einschlagen *können*« (Weber 1982: 282–283). Wird diese Frage bejaht, liegt eine »*adäquate*‹ Verursachung« vor, wird sie verneint, kann nur »von ›*zufälliger*‹ Verursachung« gesprochen werden (Weber 1982: 286). Mit einem aus der Jurisprudenz stammenden Begriff bezeichnete Weber diese »kausale Erkenntnis« auch als »*Zurechnung* konkreter Erfolge zu konkreten Ursachen« (Weber 1982: 178, 270).

Weil nun die »Zahl und Art der Ursachen«, die »ein individuelles Ereignis bestimmt haben«, »stets *unendlich*« ist und es »keinerlei in den Dingen selbst liegendes Merkmal« geben soll, »einen Teil von ihnen als allein in Betracht kommend auszusondern« (Weber 1982: 177), bedarf es eines Kriteriums der Auswahl. Damit kommt das Instrument der »Wertbeziehung« ins Spiel, das Windelband mit seiner These, dass sich »alle Wertbestimmung des Menschen auf das Einzelne und Einmalige bezieht« (Windelband 1894: 21), vorbereitet hatte und das Rickert weiterentwickelte, um die Auswahl der Objekte historischer Forschung, mithin die kausal zu erklärenden Ereignisse, zu begründen (Rickert 1899: 44–47; 1902: 356, 365, 368). Weber benutzte dieses Instrument darüber hinaus auch zur Auswahl jener ursächlichen Elemente, die eine adäquate Wirkung entfaltet haben könnten. In diesem Sinne formulierte er zunächst, »daß in jedem Fall nur ein *Teil* der individuellen Wirklichkeit für uns Interesse und *Bedeutung* hat, weil nur er in Beziehung steht zu den *Kulturwertideen*, mit welchen wir an die Wirklichkeit herantreten«; nur »bestimmte *Seiten* der stets unendlich mannigfaltigen Einzelerscheinungen«, nämlich diejenigen, »welchen wir eine allgemeine *Kulturbedeutung* beimessen, sind wissenswert, sie allein sind Gegenstand der kausalen Erklärung« (Weber 1982: 178). Sodann stellte er klar: »Auch diese kausale Erklärung selbst weist dann wiederum die gleiche Erscheinung auf: ein *erschöpfender* kausaler Regressus von irgend einer konkreten Erscheinung in ihrer *vollen* Wirklichkeit aus ist nicht nur praktisch unmöglich, sondern einfach ein Unding. Nur diejenigen Ursachen, welchen die im Einzelfalle ›wesentlichen‹ Bestandteile eines Geschehens zuzurechnen sind, greifen wir heraus« (Weber 1982: 178). Schließlich »erleichtert und ermöglicht« uns dann die »Kenntnis von *Gesetzen* der Verursachung« die »kausale Zurechnung der in ihrer Individualität kulturbedeutsamen Bestandteile der Erscheinungen zu ihren konkreten Ursachen« (Weber 1982: 178).

### Eine Theorie des Ereignisses

Webers Theorie des Ereignisses basiert auf dem Instrument der Wertbeziehung, das Windelband vorbereitet und Rickert weiterentwickelt hatte, so dass Weber eine kausal zu erklärende »individuelle Konstellation«, die »für uns *Bedeutung*« hat, im Sinne eines

*»historischen Individuums«* konzipieren konnte (Weber 1982: 172, 178; Rickert 1902: 336–370). Dass es dabei letztlich um Konstellationen sozialer Handlungen geht, hat Weber nicht eigens begründet, folgt aber unmittelbar aus seinen Diskussionen der zeitgenössischen Handlungs- und Verstehenstheorien, die er insbesondere in seiner Auseinandersetzung mit Knies führte (Weber 1982: 42–145). Diese Theorien vorzustellen würde den Rahmen der vorliegenden Studie sprengen und muss daher einer weiteren Studie vorbehalten bleiben. Im Folgenden soll aber noch der Aspekt der Bedeutsamkeit, der als Kriterium der Auswahl der zu untersuchenden individuellen Konstellationen fungiert, thematisiert werden. Denn diesbezüglich gibt es Klärungsbedarf, nicht zuletzt, weil Webers Behauptung, dass es »keinerlei in den Dingen selbst liegendes Merkmal« gebe, »einen Teil von ihnen als allein in Betracht kommend auszusondern« (Weber 1982: 177), offenbar einen wichtigen Aspekt von Rickerts Theorie übersieht.

Rickerts »Eintheilung der Wissenschaften« in generalisierende und individualisierende Disziplinen gründet nämlich nicht nur in einem »formalen Gegensatz von naturwissenschaftlicher und historischer Methode«; ihr liegt auch ein entsprechender »materialer Gegensatz der Objekte« zugrunde, weil »sich aus der Gesammtwirklichkeit eine Anzahl von Dingen und Vorgängen heraushebt, die für uns eine besondere *Bedeutung* besitzen, und in denen wir daher noch etwas anderes sehen als blosse Natur«, nämlich »*Kultur*« (Rickert 1899: 19, 17). Im Unterschied zur »Natur« ist »in allen Kulturvorgängen irgend ein vom Menschen anerkannter *Werth* verkörpert«, so dass der »Begriff der Kultur« als die »Gesammtheit der allgemein gewertheten Objekte« definiert werden kann (Rickert 1899: 20, 26–27). Rickert betonte denn auch: »Die Objekte, mit denen es die Geschichtswissenschaften zu thun haben, sind [...] unter den Begriff der *Kultur* zu bringen, weil der Inhalt der Werthe, welche die historische Begriffsbildung leiten und zugleich bestimmen, was Objekt der Geschichte wird, durchweg dem Kulturleben entnommen ist« (Rickert 1902: 309–310). Für Rickert sind es »Kulturwerthe«, die in der Geschichte verwirklicht und dadurch auch zum »Prinzip der Auswahl des Wesentlichen« werden: »Aus der unübersehbaren Fülle der Objekte berücksichtigt der Historiker zunächst nur die, welche in ihrer individuellen Eigenart entweder selbst Kulturwerthe verkörpern oder mit ihnen in Beziehung stehen, und aus der unübersehbaren Fülle, die jedes Einzelne ihm darbietet, wählt er sodann wiederum nur das aus, woran die Bedeutung für die Kulturentwicklung hängt« (Rickert 1899: 47). Auch Webers individuelle Konstellationen dürften sich in ihrer »Kultur*bedeutung*« weder auswählen noch kausal erklären lassen, ohne wenigstens ein »in den Dingen selbst liegendes Merkmal« zu berücksichtigen (Weber 1982: 170, 177), nämlich den darin verkörperten »Kulturwerth«, der »in dem Einmaligen und Individuellen sich allmählich entwickelt« (Rickert 1899: 51). Wenn es also einer »naiven Selbsttäuschung des Fachgelehrten« entsprechen soll, dass die »Gesichtspunkte« der Auswahl »dem ›Stoff‹ selbst entnommen‹ werden« (Weber 1982: 181), dann müsste der Philosoph Rickert nicht minder naiv gewesen sein.

Tatsächlich gibt es in diesem Zusammenhang noch einen weiteren Unterschied zwischen Rickert und Weber. Rickert sprach nur von Werten bzw. Kulturwerten, während Weber diese Begriffe mit dem Begriff der Idee zu »*Wertideen*« bzw. »*Kulturwertideen*« verquickte (Weber 1982: 180, 178; vgl. 49, 63, 101, 153, 159, 175–178, 180–184, 192–193,

209, 211, 213–214, 259, 262). Die Vermutung liegt nahe, dass er sich dabei an der historischen Ideenlehre orientierte, in der Ideen ebenfalls als Kriterium der Auswahl fungieren. »Wichtig aber ist in der Geschichte, was sich einer historischen Idee anschließt«, hatte Gervinus behauptet (Gervinus 1893: 382). Im Unterschied zu von Humboldt sind Ideen für ihn keine metaphysischen Wesenheiten, sondern in den Menschen »verkörpert«, weshalb sie der »denkende Geschichtschreiber […] in den Begebenheiten aufsucht und die letzteren nach ihnen ordnet« (Gervinus 1893: 383). Er trägt keine Idee »in seinen Stoff hinein, sondern indem er sich unbefangen in die Natur seines Gegenstandes verliert, ihn mit rein historischem Sinne betrachtet, geht sie aus diesem selbst hervor und trägt sich in seinen betrachtenden Geist über. Und nun gruppiert er um diesen Faden herum […] aus der Fülle der Thatsachen das, was jene Ideen und ihren Verlauf anschaulich zu machen dient, was aus diesem Gesichtspuncte als charakteristisch, als wichtig erscheint« (Gervinus 1893: 385). Gervinus illustrierte dies an einem bemerkenswerten Beispiel: »Wer die neuere Geschichte seit der Reformation darstellen wollte, hat an den Ideen, welche die Reformation weckte, den schönsten Faden durch die ungeheuren Massen von Ereignissen in den letzten drei Jahrhunderten« (Gervinus 1893: 383–384). Wir haben es also mit einer funktionalen Äquivalenz von Werten und Ideen zu tun. Der Wirklichkeit selbst entnommen, dienen sie als Kriterien der Auswahl der Fakten, die für ihre weitere Verwirklichung wesentlich waren.

Wie Weber in seiner zeitgleich mit seinem Aufsatz »Die ›Objektivität‹ sozialwissenschaftlicher und sozialpolitischer Erkenntnis« publizierten Studie »Die Protestantische Ethik« nachweisen wollte (Weber 1988: 82, 84–205; 2014: 214, 242–425), ist die »historische Macht der Ideen« für die »Entwicklung des Soziallebens eine so gewaltige gewesen und ist es noch«, dass es »selbstverständlich eine der wesentlichen Aufgaben einer jeden Wissenschaft vom menschlichen Kulturleben« ist, »diese ›Ideen‹, für welche teils wirklich, teils vermeintlich gekämpft worden ist und gekämpft wird, dem geistigen Verständnis zu erschließen«, wenngleich diese Aufgabe teilweise in die »Sozialphilosophie« falle (Weber 1982: 150–151). Diese Aufgabe überschreite »nicht die Grenzen einer Wissenschaft, welche ›denkende Ordnung der empirischen Wirklichkeit‹ erstrebt, so wenig die Mittel, die dieser Deutung geistiger Werte dienen, ›Induktionen‹ im gewöhnlichen Sinne des Wortes sind« (Weber 1982: 150). Für Weber können Ideen also durchaus Werte sein. Ob er in diesem Zusammenhang an Helmholtz' »*künstlerische Induction*« dachte (Helmholtz 1903a: 170–171), die der Bildung von Idealtypen und damit der »Zeichnung« von ›Ideen‹ dient (Weber 1982: 192, 195), wird sich nicht nachweisen lassen. Sein Hinweis auf eine »denkende Ordnung der empirischen Wirklichkeit« erinnert jedoch an Gervinus.

Gervinus hatte behauptet, dass uns die Dinge »entweder nach ihrer Wirklichkeit, oder nach ihrer Möglichkeit, oder nach ihrer Nothwendigkeit« erscheinen: »In dem letztern Falle ist die Vernunft in uns thätig, in dem mittlern die Einbildungskraft, in dem ersten der beobachtende Verstand. Das Geschäft in dem letztern Falle ist das speculative des Philosophen, im mittleren das schöpferische des Dichters, im ersten das ordnende des Historikers« (Gervinus 1893: 357–358). Diese drei Gebiete sind nie »ungemischt« (Gervinus 1893: 358). Der Historiker, wenn er über eine Chronik hinaus »das Nothwendige in einer gegebenen Reihe von Thatsachen zu erkennen« versucht, findet sich »im

Gebiete des Philosophen«, was keine Gefahr berge, »wenn er nur seinen Hauptsinn für das Thatsächliche festhält und nicht ein historischer Philosoph, auch nicht einmal ein philosophirender Historiker, sondern blos ein denkender Historiker werden will« (Gervinus 1893: 366).

> »Hat er das Nothwendige erkannt, so ordnet er sogleich sein historisches Material mit künstlerisch freierem Verfahren um diesen Mittelpunct herum, und es ist auch dabei keine Gefahr, wenn er nur seine Ehrfurcht vor dem Wahren und Wirklichen behaupten, und nicht ein historischer Poet, auch nicht einmal ein poetischer Historiker, sondern blos ein sinnvoll ordnender und künstlerisch darstellender Historiker werden will« (Gervinus 1893: 366).

Im Unterschied zu Gervinus hatte Weber keine »Ästhetik der Geschichtsschreibung« im Sinn (Rüsen 1993: 176), aber wie dieser nutzte er das aus der Ästhetik stammende Konzept des Idealtypus.

Dass er dafür »*Phantasie*« brauchte (Weber 1982: 194), war durch den Südwestdeutschen Neukantianismus durchaus gedeckt. Der Tradition entsprechend (Fulda 1996), hatte Windelband postuliert, der »Historiker« habe »an Demjenigen was wirklich war, eine ähnliche Aufgabe zu erfüllen, wie der Künstler an Demjenigen was in seiner Phantasie ist«; darin »wurzelt die Verwandtschaft des historischen Schaffens mit dem ästhetischen und die der historischen Disciplinen mit den *belles lettres*« (Windelband 1894: 16–17). Und Rickert räumte ein, dass allein schon für die »anschauliche Darstellung« der Wirklichkeit eine durch »Phantasie« angeleitete »künstlerische Schilderung« »unentbehrlich« ist: Dadurch werde die Wissenschaft nicht zur Kunst, ist doch »für den Künstler die anschauliche Darstellung Zweck, für den Historiker dagegen nur Mittel« (Rickert 1902: 384–387; vgl. 1899: 43–44). Dass es dabei auch auf »Takt« ankommt, darin waren sich Windelband, Rickert und Gervinus ebenfalls einig, ebenso wie im Übrigen auch Helmholtz (Windelband 1894: 23; Rickert 1902: 385; Gervinus 1893: 383, 385; Helmholtz 1903b: 171–172, 175). Hier erschließt sich offenbar ein enger Zusammenhang zwischen neukantianischer Wertphilosophie und historischer Ideenlehre, den es freilich noch zu erforschen gilt.

## Fazit

Webers Aufsätze zur Wissenschaftslehre zählen zu den schwierigsten Texten der Wissenschaftsgeschichte. Das hat zu keinem geringen Teil mit dem Stil zu tun, in dem sie formuliert sind. Man muss ihn nicht gleich als »Hetzjagdstil« bezeichnen, um eine auf Karl Lamprechts Publikationen gemünzte Floskel Georg von Belows zu benutzen (von Below 1898: 253). Allein über das Stadium des »primary writing« sind Webers Texte selten hinaus gekommen: »Primary writing typically produces texts with little formal or conceptual integration. Sentences are usually entered into the text in the temporal order in which they were conceived; the resulting structure remains loosely organized, additive, sequential« (Sluga 1989: 122). In Webers Aufsätzen eine Einheit im Sinne einer kohärenten Theorie zu erkennen, ist solange nicht möglich, solange man nicht von der Frage, was Weber gemeint haben könnte, zu der Frage übergeht, was er sinnvollerweise nur gemeint haben konnte. Dann nämlich erschließt sich ein Sinnzusammenhang, der Strukturbildung allererst ermöglicht. Dieser Zusammenhang ist das mechanistisch-deterministische Paradigma, das seinen Schatten auf das Denken des 19. Jahrhunderts warf. Der Laplacesche Dämon gesellte sich zu den anderen Dämonen, die Weber um die Wende vom 19. zum 20. Jahrhundert heimsuchten (Radkau 2005: 253–260). An diesem Idealtypus hatte er die sozialwissenschaftliche Erkenntnis zu messen, deren Methodologie er in Analogie zur astronomischen Erkenntnis begründete. Die Theorien, die er dabei konsultierte, lassen sich dem logischen Schema eines Syllogismus entsprechend den Ebenen der Gesetze, Bedingungen und Ereignisse zuordnen. Dies konnte für einige zentrale Theorien gezeigt werden. Für die anderen steht dieser Nachweis noch aus, sollte sich aber erbringen lassen, sofern die dafür erforderlichen Quellen erschlossen werden. Für diese gelten freilich die letzten Worte Laplaces, die auch die letzten der vorliegenden Studie sein sollen: »Ce que nous connaissons est peu de chose, ce que nous ignorons est immense« (Fourier 1835: XIII).

## Literatur

Albrecht, Andrea, 2010: Konstellationen. Zur kulturwissenschaftlichen Karriere eines astrologisch-astronomischen Konzepts bei Heinrich Rickert, Max Weber, Alfred Weber und Karl Mannheim. In: *Scientia Poetica* 14, 104–149.

Albrecht, Andrea, 2016: Max Weber und Emil Du Bois-Reymond. Zum Ideal kulturwissenschaftlicher Erkenntnis. In: Gerhard Wagner und Claudius Härpfer (Hg.), *Max Webers vergessene Zeitgenossen. Beiträge zur Genese der Wissenschaftslehre*. Wiesbaden: Harrassowitz, 55–92.

Bäumer, Gertrud, 1956: Brief an Marianne Weber vom 29. Juni 1903. In: Gertrud Bäumer, *Des Lebens wie der Liebe Band. Briefe*. Tübingen: Wunderlich.

Bayertz, Kurt, Gerhard, Myriam und Jaeschke, Walter (Hg.), 2007: *Weltanschauung, Philosophie und Naturwissenschaft im 19. Jahrhundert. Bd. 3: Der Ignorabimus-Streit*. Hamburg: Felix Meiner.

Burckhardt, Jacob, 1855: *Der Cicerone. Eine Anleitung zum Genuss der Kunstwerke Italiens*. Basel: Schweighauser.

Cohn, Jonas, 1901: *Allgemeine Ästhetik*. Leipzig: Wilhelm Engelmann.

Dilthey, Wilhelm, 1894: Ideen über beschreibende und zergliedernde Psychologie. Vorgetragen am 22. Februar und am 7. Juni 1894. In: *Sitzungsberichte der Königlich Preußischen Akademie der Wissenschaften zu Berlin, Jahrgang 1894. Zweiter Halbband. Juni bis Dezember*. Berlin: Verlag der Königlichen Akademie der Wissenschaften 1894, 1309–1407.

Du Bois-Reymond, Emil, 1886a: Ueber die Grenzen des Naturerkennens. In der zweiten allgemeinen Sitzung der 45. Versammlung Deutscher Naturforscher und Aerzte zu Leipzig am 14. August 1872 gehaltener Vortrag. In: Emil Du Bois-Reymond, *Reden von Emil Du Bois-Reymond. 1. Folge: Litteratur, Philosophie, Zeitgeschichte*. Leipzig: Veit & Comp., 105–140.

Du Bois-Reymond, Emil, 1886b: Die sieben Welträthsel. In der Leibniz-Sitzung der Akademie der Wissenschaften am 8. Juli 1880 gehaltene Rede. In: Emil Du Bois-Reymond, *Reden von Emil Du Bois-Reymond. 1. Folge: Litteratur, Philosophie, Zeitgeschichte*. Leipzig: Veit & Comp., 381–417.

Erdmann, Benno, 1877: *Die Axiome der Geometrie. Eine philosophische Untersuchung der Riemann-Helmholtz'schen Raumtheorie.* Leipzig: Leopold Voss.

Fourier, Jean-Baptiste Joseph, 1835: Éloge historique de M. le Marquis de Laplace. In: Pierre Simon Laplace, *Exposition du système du monde.* Paris: Bachelier, I–XIV.

Fulda, Daniel, 1996: *Wissenschaft als Kunst. Die Entstehung der modernen deutschen Geschichtsschreibung 1760–1860.* Berlin: Walter de Gruyter.

Gervinus, Georg Gottfried, 1893: Grundzüge der Historik. In: Georg Gottfried Gervinus, *G. G. Gervinus Leben. Von ihm selbst. 1860.* Leipzig: Wilhelm Engelmann, 352–396.

Gregorovius, Ferdinand, 1884: *Der Kaiser Hadrian. Gemälde der römisch-hellenischen Welt zu seiner Zeit.* 2. Aufl. Stuttgart: J. G. Cotta.

Grotjahn, Rebecca, 2010: Das Komponistinnenparadox. Ethel Smyth und der musikalische Geschlechterdiskurs um 1900. In: Cornelia Bartsch, Rebecca Grotjahn und Melanie Unseld (Hg.), *Felsensprengerin, Brückenbauerin, Wegbereiterin. Die Komponistin Ethel Smyth.* München: Allitera, 39–54.

Harman, Peter Michael, 1982: *Energy, Force, and Matter. The Conceptual Development of Nineteenth-Century Physics.* Cambridge: Cambridge University Press.

Hatfield, Gary, 1993: Helmholtz and Classicism. The Science of Aesthetics and the Aesthetics of Science. In: David Cahan (Hg.), *Hermann von Helmholtz and the Foundations of Nineteenth-Century Science.* Berkeley: University of California Press, 522–558.

Heidelberger, Michael, 2010: From Mill via von Kries to Max Weber. Causality, Explanation, and Understanding. In: Uljana Feest (Hg.), *Historical Perspectives on Erklären and Verstehen.* Dordrecht: Springer, 241–265.

Helmholtz, Hermann von, 1903a: Optisches über Malerei. Umarbeitung von Vorträgen, gehalten zu Berlin, Düsseldorf und Köln a. Rh. 1871 bis 1873. In: Hermann von Helmholtz, *Vorträge und Reden.* 5. Aufl. Bd. 2. Braunschweig: Friedrich Vieweg und Sohn, 93–135.

Helmholtz, Hermann von, 1903b: Ueber das Verhältniss der Naturwissenschaften zur Gesammtheit der Wissenschaft. Akademische Festrede gehalten zu Heidelberg beim Antritt des Prorectorats 1862. In: Hermann von Helmholtz, *Vorträge und Reden.* 5. Aufl. Bd. 1. Braunschweig: Friedrich Vieweg und Sohn, 157–185.

Helmholtz, Hermann von, 1903c: Goethe's Vorahnungen kommender naturwissenschaftlicher Ideen. Rede, gehalten in der Generalversammlung der Goethe-Gesellschaft zu Weimar 1892. In: Hermann von Helmholtz, *Vorträge und Reden.* 5. Aufl. Bd. 2. Braunschweig: Friedrich Vieweg und Sohn, 336–361.

Helmholtz, Hermann von, 1903d: Ueber den Ursprung und die Bedeutung der geometrischen Axiome: Vortrag gehalten im Docentenverein zu Heidelberg 1870. In: Hermann von Helmholtz, Vorträge und Reden. 5. Aufl. Bd. 2. Braunschweig: Friedrich Vieweg und Sohn, 1–31.

Henrich, Dieter, 2005: Konstellationsforschung zur klassischen deutschen Philosophie. Motiv – Ergebnis – Probleme – Perspektiven – Begriffsbildung. In: Martin Mulsow und Marcelo Stamm (Hg.), *Konstellationsforschung.* Frankfurt am Main: Suhrkamp, 15–30.

Henrich, Jörn, 2010: *Die Fixierung des modernen Wissenschaftsideals durch Laplace.* Berlin: Akademie Verlag.

Hoffmann, Hans, 1890: *Der eiserne Rittmeister.* 3 Bde. (hier Bd. 2). Berlin: Gebrüder Paetel.

Honigsheim, Paul, 1963: Max Weber in Heidelberg. In: René König und Johannes Winckelmann (Hg.), Max *Weber zum Gedächtnis. Materialien und Dokumente zur Bewertung von Werk und Persönlichkeit.* Köln: Westdeutscher Verlag (*Kölner Zeitschrift für Soziologie und Sozialpsychologie,* Sonderheft 7), 161–271,

Jaeger, Friedrich und Rüsen, Jörn, 1992: *Geschichte des Historismus. Eine Einführung.* München: C. H. Beck.

Jellinek, Georg, 1900: *Allgemeine Staatslehre.* Berlin: O. Häring.

Kessler, Harry Graf, 1898: *Notizen über Mexiko.* Berlin: F. Fontane.

Key, Ellen, 1899: Ein Abend auf dem Jagdschloss. In: Ellen Key, *Essays.* Übers. von Francis Maro. Berlin: S. Fischer, 206–344.

Kirchhoff, Gustav, 1876: *Vorlesungen über mathematische Physik. Mechanik.* Leipzig: B. G. Teubner.

Laplace, Pierre-Simon, 1795/96: *Exposition du système du monde.* 2 Bde. (I u. II). Paris: l'Imprimerie du Cercle-Social L'an IV de la République Française.

Laplace, Pierre Simon, 1998: *Philosophischer Versuch über die Wahrscheinlichkeit.* Thun: Harri Deutsch.

Laplace, Pierre Simon, 2008: Darstellung des Weltsystems. 2 Bde (I u. II). Frankfurt am Main: Harri Deutsch.

Lask, Emil, 1902: *Fichtes Idealismus und die Geschichte.* Tübingen: J. C. B. Mohr (Paul Siebeck).

Lauth, Bernhard und Sareiter, Jamel, 2005: *Wissenschaftliche Erkenntnis. Eine ideengeschichtliche Einführung in die Wissenschaftstheorie.* Paderborn: mentis.

Lübbe, Weyma, 1993: Die Fäden im Gewebe der Natur. Determinismus und Probabilismus in der Kausalitätstheorie John Stuart Mills. In: *Zeitschrift für philosophische Forschung* 47, 370–387.

Mach, Ernst, 1896: Die ökonomische Natur der physikalischen Forschung. Vortrag, gehalten in der feierlichen Sitzung der kaiserlichen Akademie der Wissenschaften zu Wien am 25. Mai 1882. In: Ernst Mach, *Populärwissenschaftliche Vorlesungen.* Leipzig: Barth, 203–230.

Massimilla, Edoardo, 2012: *Max Weber zwischen Heinrich Rickert und Johannes von Kries. Drei Studien.* Köln: Böhlau.

Messer, Jacob, 1902: *Stern-Atlas für Himmelsbeobachtungen.* 2. Aufl. Leipzig: K. L. Richter.

Meyer, Eduard, 1902: *Zur Theorie und Methodik der Geschichte. Geschichtsphilosophische Untersuchungen.* Halle: Max Niemeyer.

Mulsow, Martin, 2005: Zum Methodenprofil der Konstellationsforschung. In: Martin Mulsow und Marcello Stamm (Hg.), 2005: *Konstellationsforschung.* Frankfurt am Main: Suhrkamp, 74–97.

Neumann, Martin, 2002: *Die Messung des Unbestimmten. Die Geschichte der Konstruktion und Dekonstruktion der Wahrscheinlichkeitstheorie.* Frankfurt am Main: Dr. Hänsel-Hohenhausen.

Neumann, Martin, 2009: Measuring the Uncertain. A Concept of Objective Singe Case Probabilities. In: Benedikt Löwe, Eric Pacuit und Jan-Willem Romeijn (Hg.), *Foundations of the Formal Sciences* VI: *Reasoning about Probabilities and Probabilistic Reasoning.* London: KCL Press, 189–215.

Nordau, Max, 1889: *Die conventionellen Lügen der Kulturmenschen.* 14. Aufl. Leipzig: B. Elischer Nachf. (Br. Winckler).

Panofsky, Erwin, 1982: *IDEA: Ein Beitrag zur Begriffsgeschichte der älteren Kunsttheorie.* 4. Aufl. Berlin: Volker Spiess.

Pöllnitz, Gottlob Ludwig, 1820: *Das fehlerhafte Pferd oder Darstellung aller an einem Pferde äußerlich sichtbaren Mängel und Gebrechen, nebst kurzer Beschreibung und Heilung derselben. Mit einem Kupfer.* Halberstadt: H. Vogler.

Pulte, Helmut, 2005: *Axiomatik und Empirie. Eine wissenschaftstheoriegeschichtliche Untersuchung zur Mathematischen Naturphilosophie von Newton bis Neumann.* Darmstadt: WBG.

Pulte, Helmut, 2016: Johannes von Kries's Objective Probability as a Semi-classical Concept. Prehistory, Preconditions and Problems of a Progressive Idea. In: *Journal for General Philosophy of Science* 47, 109–129.

Radbruch, Gustav, 1902: *Die Lehre von der adäquaten Verursachung*. Berlin: Reimer.

Radkau, Joachim, 2005: *Max Weber. Die Leidenschaft des Denkens*. München: Carl Hanser.

Rickert, Heinrich, 1899: *Kulturwissenschaft und Naturwissenschaft. Ein Vortrag*. Leipzig: J. C. B. Mohr (Paul Siebeck).

Rickert, Heinrich, 1902: *Die Grenzen der naturwissenschaftlichen Begriffsbildung. Eine logische Einleitung in die historischen Wissenschaften*. Tübingen: J. C. B. Mohr (Paul Siebeck).

Riegl, Alois, 1908: *Die Entstehung der Barockkunst in Rom. Akademische Vorlesungen* [1894–1902]. Hg. von Arthur Burda und Max Dvorak. Wien: Anton Schroll.

Rümelin, Max, 1896: *Der Zufall im Recht. Akademische Antrittsrede*. Freiburg: J. C. B. Mohr (Paul Siebeck).

Rüsen, Jörn, 1993: Der Historiker als »Parteimann des Schicksals« – Georg Gottfried Gervinus. In: Jörn Rüsen, *Konfigurationen des Historismus. Studien zur deutschen Wissenschaftskultur*. Frankfurt am Main: Suhrkamp, 157–225.

Scholz, Oliver R., 2013: Die individuelle Wirklichkeit und die Pluralität wissenschaftlicher Methoden: Anmerkungen zur früheren Debatte über Heinrich Rickerts Logik der historischen Begriffsbildung. In: Christian Krijnen und Marc de Launay (Hg.), *Der Begriff der Geschichte im Marburger und Südwestdeutschen Neukantianismus*. Würzburg: Königshausen + Neumann, 69–85.

Sigmund, Steffen, Albert, Gert, Bienfait, Agathe und Stachura, Mateusz (Hg.), *Soziale Konstellationen und historische Perspektiven: Festschrift für M. Rainer Lepsius: Studien zum Weber-Paradigma*. Wiesbaden: VS.

Sigwart, Christoph, 1924: *Logik*. Bd. 2: *Die Methodenlehre*. Tübingen: J. C. B. Mohr (Paul Siebeck).

Skinner, Quentin, 2009: Bedeutung und Verstehen in der Ideengeschichte. In: Quentin Skinner, *Visionen des Politischen*. Frankfurt am Main: Suhrkamp, 21–63.

Sluga, Hans, 1989: Thinking as Writing. In: *Grazer Philosophische Studien* 33/34, 115–141.

Sukale, Michael, 2002: *Max Weber. Leidenschaft und Disziplin. Leben, Werk, Zeitgenossen*. Tübingen: Mohr Siebeck.

Tenbruck, Friedrich H., 1959: Die Genesis der Methodologie Max Webers. In: *Kölner Zeitschrift für Soziologie und Sozialpsychologie* 11, 573–630.

Treiber, Hubert, 2016: Weder »künstlerische Anschauung« noch »Takt«, sondern »objektivierende Erkenntnis«. Zu einem vergessenen Schlüsselbegriff und kaum beachteten Autoren in Max Webers »Wissenschaftslehre«. In: Gerhard Wagner und Claudius Härpfer (Hg.), *Max Webers vergessene Zeitgenossen. Beiträge zur Genese der Wissenschaftslehre*. Wiesbaden: Harrassowitz, 93–116.

Tschuprow, Alexander A., 1906: Statistik als Wissenschaft. In: *Archiv für Sozialwissenschaft und Sozialpolitik* 23, 647–711.

Ulrici, Hermann, 1873: [Rez.] Ueber die Gränzen des Naturerkennens. In: *Zeitschrift für Philosophie und philosophische Kritik* 63, 68–79.

von Below, Georg, 1898: Die neue historische Methode. In: *Historische Zeitschrift* 81, 193–273.

von Humboldt, Wilhelm, 1822: Über die Aufgabe des Geschichtschreibers. In: *Abhandlungen der Königlichen Preußischen Akademie der Wissenschaften zu Berlin aus den Jahren 1820–1821*. Berlin: Georg Reimer, 305–322.

von Kries, Johannes, 1886: *Die Principien der Wahrscheinlichkeitsrechnung. Eine logische Untersuchung*. Freiburg: J. C. B. Mohr (Paul Siebeck).

von Kries, Johannes, 1888: Über den Begriff der objectiven Möglichkeit und einige Anwendungen desselben. In: *Vierteljahrsschrift für wissenschaftliche Philosophie* 12: 179–240, 287–323, 393–428.

von Wilamowitz-Moellendorff, Ulrich, 1889: *Einleitung in die attische Tragödie*. Berlin: Weidmann.

Weber, Marianne, 1901: Brief an Helene Weber vom 25. Januar 1901. In: Bestand Max Weber-Schäfer. Deponat Bayerische Staatsbibliothek München. Ana 446.

Weber, Marianne, 1919: *Frauenfragen und Frauengedanken. Gesammelte Aufsätze*. Tübingen: J. C. B. Mohr (Paul Siebeck).

Weber, Marianne, 1984: *Max Weber. Ein Lebensbild*. 3. Aufl. Tübingen: J. C. B. Mohr (Paul Siebeck).

Weber, Max, 1909: [Rez.] Die Aufgaben der Volkswirtschaftslehre als Wissenschaft. In: *Archiv für Sozialwissenschaft und Sozialpolitik* 29, 615–620.

Weber, Max, 1976: *Wirtschaft und Gesellschaft. Grundriss der verstehenden Soziologie*. 5. Aufl. Hg. von Johannes Winckelmann. Tübingen: Mohr: J. C. B. Mohr (Paul Siebeck).

Weber, Max, 1982: *Gesammelte Aufsätze zur Wissenschaftslehre*. 5. Aufl. Hg. von Johannes Winckelmann. Tübingen: J. C. B. Mohr (Paul Siebeck).

Weber, Max, 1988 [1920]: *Gesammelte Aufsätze zur Religionssoziologie*. Bd. 1. Tübingen: J. C. B. Mohr (Paul Siebeck).

Weber, Max, 2009: *Allgemeine (»theoretische«) Nationalökonomie. Vorlesungen 1894–1898. Max Weber Gesamtausgabe*, Bd. III/1. Hg. von Wolfgang J. Mommsen. Tübingen: J. C. B. Mohr (Paul Siebeck).

Weber, Max, 2012: Brief an Paul Siebeck vom 8. November 1919. In Max Weber, *Briefe 1918–1920. Max Weber Gesamtausgabe*. Bd. II/10. Hg. von Gerd Krumeich und M. Rainer Lepsius. Tübingen: J. C. B. Mohr (Paul Siebeck), 833.

Weber, Max, 2014: *Asketischer Protestantismus und Kapitalismus. Schriften und Reden 1904–1911. Max Weber Gesamtausgabe*, Bd. I/9. Hg. von Wolfgang Schluchter. Tübingen: J. C. B. Mohr (Paul Siebeck).

Weininger, Otto, 1908: *Geschlecht und Charakter. Eine prinzipielle Untersuchung*. 10. Aufl. Wien: Wilhelm Braumüller.

Winckelmann, Johannes, 1952: *Legitimität und Legalität. Max Webers Herrschaftssoziologie*. Tübingen: J. C. B. Mohr (Paul Siebeck).

Windelband, Wilhelm, 1870: *Die Lehren vom Zufall*. Berlin: F. Henschel.

Windelband, Wilhelm, 1894: *Geschichte und Naturwissenschaft. Rede zum Antritt des Rectorats der Kaiser-Wilhelms-Universität Strassburg*. Strassburg: J. H. Ed. Heitz (Heitz & Mündel).

# Kleine Ursachen, große Wirkungen

## Einleitung

Wie andere zeitgenössische Wissenschaftler verschiedenster Disziplinen verspürte Max Weber ein »kausales Bedürfnis« (Weber 1982: 48, 65, 167, 281). Um zu klären, wie man in den Sozialwissenschaften Wirkungen auf Ursachen zurückführen kann, unterschied er grundsätzlich zwischen naturwissenschaftlicher und historischer Erkenntnis. Naturwissenschaftliche Erkenntnis erforscht die Wirklichkeit mit Blick auf das Allgemeine. Sie reduziert die anschauliche Besonderheit der Phänomene auf »exakt meßbare Quantitäten« im Sinne von »absolut qualitätslos« gedachten »Trägern rein quantitativ differenzierter Bewegungsvorgänge, deren Gesetze sich in Kausalgleichungen ausdrücken lassen« (Weber 1982: 4–5). Historische Erkenntnis erforscht die Wirklichkeit mit Blick auf das Besondere. Sie bringt die Phänomene in ihrer »qualitativ-charakteristischen« Einmaligkeit zu Bewusstsein und ordnet sie ein »in einen universellen *Zusammenhang* unmittelbar anschaulich-verständlicher, konkreter ›Ursachen‹ und ›Wirkungen‹« (Weber 1982: 5).

Für Weber war dieser Unterschied ein »grundsätzlicher«, weswegen ihn »jede Klassifikation der Wissenschaften« berücksichtigen muss, obwohl »außer der reinen Mechanik einerseits, gewissen Teilen der Geschichtswissenschaft andererseits, keine der empirisch vorhandenen ›Wissenschaften‹ […] nur unter dem einen oder nur unter dem anderen Zweckgesichtspunkt ihre Begriffe bilden kann« (Weber 1982: 6–7). Die meisten Wissenschaften und damit auch die Sozialwissenschaften berücksichtigen sowohl das Allgemeine als auch das Besondere, wobei es allerdings »innerhalb des Kausalitätsprinzips« einen »Knick« gibt: »er liegt da, wo die Kausal*gleichung* als mögliches oder doch als ideales Ziel der wissenschaftlichen Arbeit endet« (Weber 1982: 135). Jede »qualitative Veränderungsreihe« wie »an sich jede lediglich auf ihre qualitative Seite hin betrachtete Veränderung in der individuell besonderten Wirklichkeit« lässt sich nur in einer »Kausal*ungleichung*« ausdrücken (Weber 1982: 50).

Leider hat Weber die Begriffe »Kausalgleichung« und »Kausalungleichung«, die er in seinen Aufsätzen zu »Roscher und Knies« in verschiedenen Zusammenhängen zur Sprache brachte, nicht systematisch bestimmt (Weber 1982: 4–5, 50–52, 63, 109, 135). Sein Hinweis, dass er sich am Südwestdeutschen Neukantianismus orientierte (Weber 1982: 3–4), trägt nur bedingt zur Klärung bei, denn Heinrich Rickert hat die Grundlagen seiner Kausalitätstheorie keineswegs expliziert. Während sie hinsichtlich der naturwissenschaftlichen Kausalität noch einigermaßen evident sind, müssen sie hinsichtlich der historischen Kausalität allererst erschlossen werden. Dann freilich zeigt sich ein Bild, das sowohl die Neukantianismus- als auch die Weber-Forschung bislang offenbar übersehen hat: Ebenso wie die Vorstellung naturwissenschaftlicher Kausalität wurzelt die Vorstellung historischer Kausalität in den Naturwissenschaften, nämlich im Werk Julius Robert Mayers, des Begründers des Satzes der Energieerhaltung.

## Heinrich Rickert über naturwissenschaftliche und historische Kausalität

Für Rickert gibt es »keinen Theil der empirischen Wirklichkeit, in dem nicht jedes Ding die Wirkung von anderen Dingen ist und für andere Dinge eine Ursache bildet« (Rickert 1902: 409). Diese »Voraussetzung, nach der alles Geschehene seine Ursache hat«, bezeichnete er im Unterschied zur philosophischen Tradition nicht als »Kausal*gesetz*«, weil er Verwechslungen mit dem Begriff »Naturgesetz« vermeiden wollte; der »Begriff der Kausalität« darf nicht mit dem des »Naturgesetzes« identifiziert werden, denn es gibt noch eine andere, grundlegendere Form von Kausalität, nämlich den »*historische[n] Kausalzusammenhang*« (Rickert 1902: 412–413). Rickert ging von der ontologischen Prämisse aus, dass die empirische Wirklichkeit als unmittelbar erfahrene Sinnenwelt aus anschaulichen einzelnen Phänomenen besteht, die sich allesamt voneinander unterscheiden (Rickert 1902: 31–47, 336–370). Folglich ist auch »jede Ursache und jede Wirkung von jeder anderen Ursache und jeder anderen Wirkung verschieden« (Rickert 1902: 413). Solche »individuelle[n] Kausalzusammenhänge« sind die Basis aller Kausalbetrachtung: Betrachtet man sie auf ihre Besonderheit hin, spricht man von »historische[r]« Kausalität; betrachtet man sie auf ihre Allgemeinheit hin, mithin darauf, »was ihnen mit anderen Kausalzusammenhängen gemeinsam ist«, um ein »*Kausalgesetz*« zu formulieren, spricht man von »naturwissenschaftliche[r] Kausalität« (Rickert 1902: 414). Beide Formen von Kausalität sind Ausdruck jener »Voraussetzung, dass alles Geschehen seine Ursache hat«, und diese Voraussetzung bezeichnete Rickert nunmehr als »Kausal*prinzip*« (Rickert 1902: 413–414).

Um die Ansprüche einer »naturwissenschaftlichen Universalmethode« in die Schranken zu weisen und eine genuin historische Erkenntnis zu legitimieren, musste Rickert auch in Sachen Kausalität die Grenzen der naturwissenschaftlichen Begriffsbildung aufzeigen (Rickert 1902: 412). Diese Grenzen fand er an den »individuellen historischen Kausalzusammenhängen«, für die sich die naturwissenschaftliche Erkenntnis als solche gar nicht interessiert: »Niemals kommt für eine Gesetzeswissenschaft der wirkliche einmalige Vorgang, bei dem aus einer individuellen Ursache ein individueller Effekt hervorgeht, als solcher in Frage, sondern es werden immer nur allgemeine Begriffe gebildet, die das mehreren Kausalverhältnissen Gemeinsame enthalten« (Rickert 1902: 418). Bei der Bildung dieser Begriffe wird von der anschaulichen Besonderheit und damit eigentlichen Wirklichkeit der individuellen Ursachen und individuellen Effekte abstrahiert, die dadurch zu bloßen »Exemplar[en]« werden (Rickert 1902: 418). Dabei wird nicht nur angenommen, »dass ›dieselbe‹ Ursache jedesmal dieselbe Wirkung hervorbringt«; aus diesem »Prinzip der Aequivalenz der Ursachen« wird vielmehr auch ein »Prinzip der Aequivalenz von Ursache und Effekt« abgeleitet, so dass die Naturwissenschaften dazu kommen, »von der stets vorhandenen Verschiedenheit der beiden, Ursache und Wirkung genannten Objekte zu abstrahiren, und zu sagen, dass die Ursache niemals mehr hervorbringe, als sie selbst enthalte«, was »in dem Satz: causa aequat effectum seinen Ausdruck« findet (Rickert 1902: 420–421).

Da in der »vollen empirischen Wirklichkeit«, mithin in »jedem unmittelbar beobachteten individuellen Kausalvorgang«, »die Ursache vom Effekt *verschieden* ist, d. h. nicht etwa sich selbst sondern stets etwas Neues, vorher noch nicht Vorhandenes hervorbringt«, können diese beiden Prinzipien »nur auf eine begrifflich bearbeitete Welt angewendet werden«, wobei es sich »um Begriffe handelt, die quantitativ bestimmt sind« (Rickert 1902: 420–421). Denn »faktisch gleichen zwei als Ursache zu bezeichnenden Theile der empirischen Welt einander niemals, d. h. es kommt garnicht vor, dass genau ›dieselbe‹ Ursache wieder genau denselben individuellen Effekt hervorbringt« (Rickert 1902: 421). Ebenso macht es »keinen Sinn, die Gleichheit einer historischen Ursache mit ihrem historischen Effekt zu behaupten, sondern der Satz causa aequat effectum bedeutet nur, dass Ursache und Effekt sich von einer allgemeinen naturwissenschaftlichen Theorie so unter zwei Allgemeinbegriffe bringen lassen, dass deren im naturwissenschaftlichen Sinne wesentlichen Elemente mit Rücksicht auf einen bestimmten Massstab als einander äquivalent anzusehen sind« (Rickert 1902: 421–422). Folglich kennt die historische Erkenntnis »den Begriff der Kausalgleichung überhaupt nicht, sondern wenn der kausale Zusammenhang zweier individueller historischer Vorgänge dargestellt werden soll, so kann das nur in Kausalungleichungen geschehen. So ist der Satz: kleine Ursachen – große Wirkungen zwar für die Welt der naturwissenschaftlichen Begriffe falsch, während der Historiker sich niemals zu scheuen braucht, historisch wesentliche Wirkungen aus historisch unwesentlichen Ursachen entstehen zu lassen« (Rickert 1902: 422).

Rickert hat in *Die Grenzen der naturwissenschaftlichen Begriffsbildung* noch einige Male die Begriffe »Kausalgleichung« und »Kausalungleichung« gebraucht, aber nicht weiter expliziert (Rickert 1902: 422, 507, 514, 555–556). Auch sonst hat er Mut zur Lücke bewiesen. Dass wir die Ableitung des Prinzips der Äquivalenz von Ursache und Effekt aus dem Prinzip der Äquivalenz der Ursachen »nicht näher zu verfolgen haben«, mag noch angehen; aber dass es in einer Monographie, welche die Grenzen naturwissenschaftlicher Erkenntnis ausweisen soll, »viel zu weit führen« würde, »wenn wir eine vollständige Theorie der naturwissenschaftlichen Kausalität geben wollten«, ist befremdlich (Rickert 1902: 420–421). Noch befremdlicher ist freilich, dass Rickert darin auch keine vollständige Theorie der historischen Kausalität gibt. Während sich in einer seiner früheren Publikationen immerhin noch Hinweise zur Klärung des Begriffs Kausalgleichung finden, bleibt der Begriff Kausalungleichung unbestimmt. Was ist mit dem »Satz: kleine Ursachen – große Wirkungen« letztlich gemeint?

## Kausalgleichungen und Kausalungleichungen

Tatsächlich hatte Rickert in seinem 1900 publizierten Aufsatz »Psychophysische Causalität und psychophysischer Parallelismus« die Quelle seines Begriffs »*Causalgleichung*« genannt, nämlich Wilhelm Wundts 1894 publizierte Abhandlung »Ueber physische

Causalität und das Princip des psychophysischen Parallelismus« (Rickert 1900: 64), deren Titel in Wahrheit »Ueber psychische Causalität und das Princip des psychophysischen Parallelismus« lautete (Wundt 1894).

In dieser Abhandlung hatte Wundt zunächst die in der Geschichte der Philosophie üblichen »Schwankungen der Begriffsbestimmung« in Sachen Kausalität rekonstruiert, von denen »sich nun die in den exacten Wissenschaften ausgebildete Form des Begriffs dadurch frei zu halten gewusst« habe, dass sie die bisherige »alleinherrschende qualitative Betrachtung durch ein *quantitatives* Kriterium ergänzte«, das man als »Causa aequat effectum« bezeichnete (Wundt 1894: 9). Zwar sei es nicht »zutreffend«, in diesem Satz »ein a priori gültiges Naturgesetz« zu erkennen, »wie dies Robert Mayer gethan hat, der aus ihm das Princip der Erhaltung der Energie ableiten wollte«; dennoch leiste dieser Satz gute Dienste, nämlich als »die Maxime, nach welcher überall bei der mechanisch-physikalischen Betrachtung der Erscheinungen aus der Summe der für ein bestimmtes Geschehen vorhandenen, schließlich ins unbegrenzte zurücklaufenden Bedingungen diejenigen ausgewählt werden, die in dem engeren Begriff Ursache zusammenzufassen sind« (Wundt 1894: 9). Mit anderen Worten: »das einzig sichere und darum auch das einzig zulässige Kriterium zur Entscheidung der Frage, welche unter der Gesammtheit der Bedingungen eines Phänomens als dessen Ursachen zu betrachten seien, liegt in der Aufstellung einer *Causalgleichung*« (Wundt 1894: 9). Indem diese »auf ihrer einen Seite den Effect quantitativ bestimmt, enthält sie auf ihrer anderen Seite diejenigen bedingenden Elemente, zugleich in der für sie gültigen gesetzmäßigen Relation, welche zur Erzeugung des Effectes vollständig ausreichen« (Wundt 1894: 9). Betrachtet man z. B. die Geschwindigkeit $v$ eines Körpers als Wirkung, dann liegt ihre vollständige Ursache in der Kraft $K$, die während der Zeit $t$ auf die Masse $M$ dieses Körpers einwirkt, was sich in der Gleichung $K/M \cdot t = v$ darstellen lässt (Wundt 1894: 13).

Rickert hat diese Funktion der »Causalgleichung« gar nicht thematisiert. Ihm kam es darauf an festzustellen, dass die Naturwissenschaften ein »Begriffssystem« formulieren, »in dem alle qualitative und unübersehbare Vielheit in eine quantitative und daher übersehbare aufgelöst wird«; die »Körperwelt« erscheint dann als ein »Complex« von »Atomcomplexe[n]«, deren »einzige Veränderung« in der »Bewegung« ihrer »unveränderliche[n] Theile« besteht (Rickert 1900: 75, 79, 62–63). »Wenn Veränderung Wirkung voraussetzt«, dann wird in dieser »Welt des reinen Mechanismus« »alle Wirkung« zur »Bewegungsübertragung«, weshalb »der Effekt eigentlich nichts anderes darstellt, als die in der Ursache vorhandene Bewegung an einem anderen Ort. Ursache und Effekt gleichen also hier einander in der That vollkommen, und der Satz causa aequat effectum gilt für diese Welt absolut« (Rickert 1900: 82–83). Daher ist die »Causalgleichung« der passende Ausdruck dieser »Causalität«, zumal »in dieser Welt auch niemals etwas Neues« entsteht: »Die Atome sind ewig dieselben, und lediglich die potentielle oder aktuelle Bewegung geht von dem einen ihrer Complexe auf den andern über« (Rickert 1900: 83).

Dieser »Begriff der Causalität« gilt nur für die »rein quantitative Welt der mechanischen Naturauffassung«, denn von einer »Causalgleichung zwischen zwei qualitativen Vorgängen« kann man Rickert zufolge gar nicht reden: »Der Gedanke der Gleichheit hat einen Sinn, wenn er entweder soviel bedeutet, wie vollkommene resp. teilweise Identität, oder wenn er der Ausdruck für ein gemeinsames Mass in zwei Vorgängen ist« (Rickert 1900: 83). So sind zwei aufeinanderfolgende Töne identisch, wenn sie hinsichtlich Höhe, Klangfarbe, Dauer, etc. nicht zu unterscheiden, d. h. inhaltlich identisch sind, während die Winkelsumme in einem Dreieck als gleich zwei rechten Winkeln zu bezeichnen ist, weil ein bestimmtes Quantum im einen Dreieck so oft vorkommt wie im anderen: »Diese zweite Art der Gleichheit, die keine inhaltliche Identität voraussetzt, giebt es aber *nur* für rein quantitativ zu bestimmende Gebilde, denn verschiedene Qualitäten lassen sich durch ein gemeinsames Mass direkt nicht messen, und daraus folgt, dass überall, wo Ursache und Wirkung weder als inhaltlich identisch, noch als rein quantitativ bestimmbare Grössen dargestellt werden, es auch keinen Sinn hat, von einer Gleichheit der Ursache mit dem Effekt zu sprechen« (Rickert 1900: 83).

Rickert argumentierte nunmehr, dass eine Einschränkung des »Begriff[s] der Causalität« auf Zusammenhänge, die sich »im Princip durch eine Causalgleichung ausdrücken« lassen, einen eingeschränkten »Begriff des Wirkens« implizieren würde, wonach nicht »die Dinge selbst« wirken, sondern vielmehr »alles Wirken« in »die Relationsveränderungen der Dinge verlegt« ist, so dass er auf »eine andere als eine in rein quantitativ bestimmten Begriffen darstellbare Welt überhaupt nicht angewendet werden kann« (Rickert 1900: 83). Die Folge wäre, diesen Begriff aus allen anderen Wissenschaften zu streichen, weil sie mit »qualitativer Veränderung« arbeiten, die »dann in keiner Hinsicht als Ursache oder als Effekt gelten« könnte (Rickert 1900: 83–84). Wenn wir das nicht wollen, »müssen wir zwischen zwei verschiedenen Arten von Causalität unterscheiden, d. h. neben dem mechanischen Begriff an dem einer Ursache festhalten, die mit ihrem Effekt weder identisch ist, noch ihm quantitativ gleich gesetzt werden kann, sondern etwas Neues hervorbringt« (Rickert 1900: 84). Denn »causa aequat effectum« gilt »ausschliesslich für die rein quantitative Begriffswelt der Mechanik«, während es dort, wo wir »irgend welche empirischen, also qualitativen Wirklichkeiten mit einander causal verbinden«, nur »Causalungleichungen« geben kann (Rickert 1900: 84).

Allein, was »Causalungleichungen« sind, klärte Rickert auch jetzt nicht. Den »Satz: kleine Ursachen – große Wirkungen« erwähnte er nicht einmal. Das überrascht insofern, als Wundt solche Zusammenhänge durchaus thematisiert hatte: »Eine schwache Erschütterung kann zureichen, um eine große Menge von Chlorstickstoff zur Explosion zu bringen« (Wundt 1894: 19). Solche *Auslösungsprocesse* zeichnen sich dadurch aus, dass »die auslösende Kraft als verschwindend klein im Verhältnis zu den übrigen in die Gleichung eingehenden Größen angesehen werden« kann, so dass man auch »die auslösenden Kräfte der Erschütterung wegen ihrer verschwindenden Größe nur als einen nebenhergehenden qualitativen Factor beachtet« (Wundt 1894: 20). Das bedeutet freilich, dass »neben dieser quantitativen die qualitative Causalbetrachtung nicht ganz entbehrt werden« kann (Wundt 1894: 21). Damit referierte Wundt – auch wenn er Mayer diesmal namentlich nicht nannte – unmissverständlich auf dessen Theorie der Auslösung. Seltsamerweise kam Rickert auf diese Ausführungen Wundts gar nicht zu sprechen, obwohl sie Wasser auf seine Mühle waren, denn Mayers Theorie bot ja nichts weniger als eine *naturwissenschaftliche* Legitimierung einer qualitativen – und damit im Rickertschen Sinne historischen – Kausalbetrachtung.

Dass man Rickerts Vorstellung einer Ursache, »die mit ihrem Effekt weder identisch ist, noch ihm quantitativ gleich gesetzt werden kann, sondern etwas Neues hervorbringt« (Rickert 1900: 84), als eine »Auslösungsursache« begreifen kann, hat bereits Alwin Mittasch mit Bezug auf Rickerts Aufsatz »Psychophysische Causalität und psychophysischer Parallelismus« erkannt, aber leider nicht weiter untersucht (Mittasch 1940a: 130). Eine Analyse der entsprechenden Passagen in Rickerts *Die Grenzen der naturwissenschaftlichen Begriffsbildung*, in denen sich der »Satz: kleine Ursachen – große Wirkungen« findet (Rickert 1902: 422), hätte Mittasch zweifellos in seiner Einschätzung bestätigt, dass zur »Geschichte der Auslösungstheorie« auch Rickert gehört (Mittasch 1952: 325). Höchste Zeit also, diese Theorie näher zu betrachten.

## Julius Robert Mayer über Auslösungen

In seiner 1842 publizierten Forschungsnotiz »Bemerkungen über die Kräfte der unbelebten Natur«, der ersten Formulierung des Satzes der Energieerhaltung (Elkana 1974), hatte Mayer die Fragen, »was wir unter ›Kräften‹ zu verstehen haben, und wie sich solche untereinander verhalten«, beantwortet, indem er Kräfte als »Ursachen« konzipierte, auf die der Leibnizsche »Grundsatz: *causa aequat effectum*« insofern »volle Anwendung« findet, als sich ihre Größen durch alle Wandlungen hindurch erhalten (Mayer 1842: 233; vgl. Leibniz 1904: 269). Hat die Ursache $c$ die Wirkung $e$, so ist $c = e$. Ist $e$ die Ursache einer Wirkung $f$, so ist $e = f$, und ebenso ist $c = e = f$. In einer solchen »Kette von Ursachen und Wirkungen« kann »nie ein Glied oder ein Theil eines Gliedes zu Null werden«; daher ist die erste Eigenschaft aller Ursachen ihre »*Unzerstörlichkeit*« (Mayer 1842: 233). Hat die Ursache $c$ eine ihr gleiche Wirkung $e$ hervorgebracht, so hat $c$ aufgehört zu sein und ist zu $e$ geworden. Da mithin $c$ in $e$, $e$ in $f$, usw. übergeht, müssen »diese Größen als verschiedene Erscheinungsformen eines und desselben Objectes« betrachtet werden; daher ist die zweite Eigenschaft aller Ursachen ihre »Fähigkeit, verschiedene Formen annehmen zu können« (Mayer 1842: 234). Zusammen ergibt sich: »Ursachen sind (quantitativ) *unzerstörliche* und (qualitativ) *wandelbare* Objekte« (Mayer 1842: 234). In diesem Sinne kann Bewegung als Ursache von Wärme betrachtet werden, oder Fallkraft als Ursache von Bewegung (Mayer 1842: 235–239), wobei – was Rickert sehr richtig erkannte – Ursache und Wirkung freilich nur insofern gleich sind, als zwischen ihnen eine »quantitativ genaue Entsprechung« vorliegt, mithin ihre Größen »*in ein- und demselben Maß angegeben und gemessen werden*« (Zinzen 1954/55: 333–334).

In seinen 1876 publizierten Bemerkungen »Ueber Auslösung« bekräftigte Mayer die These seiner Forschungsnotiz von 1842, machte nun aber auch auf Phänomene aufmerksam, wo »die Ursache der Wirkung nicht nur nicht gleich oder proportional ist, sondern wo überhaupt zwischen Ursache und Wirkung gar keine quantitative Beziehung besteht, vielmehr in der Regel die Ursache der Wirkung gegenüber eine verschwindend kleine Grösse zu nennen ist« (Mayer 1876: 10). Sehr viele »Naturprozesse« gehen nur dann vor sich, wenn sie »durch einen Anstoss eingeleitet werden«, den man »die Auslösung« nennt, wie etwa der »Funken«, der die Explosion einer »Knallgas« genannten Mischung von Sauerstoff und gasförmigem Wasserstoff verursacht (Mayer 1876: 9). Solche »Auslösungserscheinungen« stellen »keine Ausnahme von dem Satze *causa aequat effectum*« dar, weil hier die Begriffe »Ursache und Wirkung« in »total anderem Sinne« gebraucht werden (Mayer 1876: 10). Bei solchen Erscheinungen ist »*nicht mehr nach Einheiten zu zählen*«, so dass »die Auslösung überhaupt kein Gegenstand mehr für die Mathematik ist« (Mayer 1876: 11). Diese Erscheinungen »entziehen sich jeder Berechnung, denn Qualitäten lassen sich nicht, wie Quantitäten, numerisch bestimmen« (Mayer 1876: 11).

»Auslösungen« spielen nicht nur in der »anorganischen Natur«, sondern auch in der »lebenden Welt«, mithin in der »Physiologie und Psychologie« eine wichtige Rolle (Mayer 1876: 11). Hier beruhen alle »Bewegungserscheinungen« auf »Auslösung«, auch die »willkürlichen«: »Der Wille wird [...] durch die Bewegungsnerven zu den entsprechenden Muskeln geleitet, und auf diese Weise erfolgt sofort die Auslösung, die gewünschte Action« (Mayer 1876: 12). Eine »Action« kann selbst wiederum eine Wirkung verursachen, die mit ihr verglichen gewaltig ist: »Attentate haben ohne Zweifel in der Regel ihren Grund in der Sucht, recht eclatante Erfolge zu erzielen, d. h. also möglichst gewaltige Auslösungen zu bewirken; ebenso ist es mit dem Brandstiften und dem schrecklichen Unternehmen, durch auf die Schienen gewälzte Steinblöcke ganzen Bahnzügen den Untergang zu bereiten. Ja, wäre unser Planet so beschaffen, dass es Jedem möglich wäre, denselben wie ein mit Dynamit gefülltes Gefäss auseinander zu sprengen, so würden sich sicher zu jeder Zeit Leute genug finden, bereit, mit Aufopferung ihres eigenen Lebens unsere schöne Erde in den Weltraum explodiren zu lassen« (Mayer 1876: 16).

Mayer hat also selbst auf die Relevanz von Auslösungen für die historischen Wissenschaften hingewiesen. Seine Beispiele illustrieren den »Satz: kleine Ursachen – große Wirkungen«, wonach »der Historiker sich niemals zu scheuen braucht, historisch wesentliche Wirkungen aus historisch unwesentlichen Ursachen entstehen zu lassen« (Rickert 1902: 422). Dass Mayer den Unterschied zwischen dem Gebrauch der Begriffe Ursache und Wirkung im Sinne von »causa aequat effectum« (Erhaltungskausalität) und dem Gebrauch dieser Begriffe im Sinne von »Auslösung« (Auslösungskausalität) so pointiert mittels der Unterscheidung von »Quantität« und »Qualität« begründete, unterstreicht noch die Affinität seiner Theorie mit der Philosophie Rickerts. Es ist sogar vorstellbar, dass Rickert diese Unterscheidung nicht zuletzt mit Blick auf Mayer zur Leitdifferenz seiner Ontologie machte, derzufolge das eigentlich Wirkliche in der anschaulichen Qualität des Individuellen besteht, wofür sich die historischen Wissenschaften interessieren, wohingegen sich die Naturwissenschaften aufs Quantifizieren verlegen. Dafür spricht, was schon Alexander Tschuprow erkannte, dass zur Bestimmung des Individuellen als Gegenstand der historischen Wissenschaften keine »Anschaulichkeit« nötig ist, sondern nur der Hinweis darauf, »daß es an genaue Grenzen des Raumes und der Zeit gebunden ist, anstatt für alle Zeiten und überall zu gelten« (Tschuprow 1906: 673).

Wie auch immer, Mayers Unterscheidung zwischen zwei Arten von Kausalität hatte bereits 1894 in Wilhelm Windelbands Straßburger Rektoratsrede ihre philosophische Entsprechung gefunden. Windelband erörterte in diesem Manifest des Südwestdeutschen Neukantianismus ebenfalls zwei Arten von Ursachen, was er an einer Explosion exemplifizierte, mithin jenem Beispiel, das Mayer als Muster für Auslösungen gedient hatte. Für Windelband nimmt in der »Causalbetrachtung« jedes »Sondergeschehen« die »Form eines Syllogismus« an (Windelband 1894: 24). Den »Obersatz« des Syllogismus bildet ein »Naturgesetz, bzw. eine Anzahl von gesetzlichen Notwendigkeiten«, den »Untersatz« eine »zeitlich gegebene Bedingung oder ein Ganzes solcher Bedingungen«, den »Schlusssatz« das »wirkliche einzelne Ereigniss« (Windelband 1894: 24). Ebenso wie der Schlußsatz »zwei Prämissen« voraussetzt, setzt das Geschehen »zwei Arten von Ursachen« voraus, nämlich eine »nomothetische« und eine »idiographische«, d. h. »einerseits die zeitlose Notwendigkeit, in der sich das dauernde Wesen der Dinge ausdrückt, andrerseits die besondere Bedingung, die in einem bestimmten Zeitmomente eintritt« (Windelband 1894: 24).

So ist die »Ursache« einer »Explosion« in der nomothetischen Bedeutung die »Natur der explosiblen Stoffe«, die wir als »chemisch-physikalische Gesetze« aussprechen, in der idiographischen Bedeutung ist sie eine »einzelne Bewegung« wie ein »Funke« (Windelband 1894: 24–25). Erst »beides zusammen verursacht und erklärt das Ereigniss«, aber »keines von beiden ist eine Folge des anderen; ihre Verbindung ist in ihnen selbst nicht begründet« (Windelband 1894: 25). So wenig wie in der syllogistischen Subsumtion der Untersatz eine Folge des Obersatzes ist, so wenig ist im Geschehen »die zu dem allgemeinen Wesen der Sache hinzutretende Bedingung aus diesem gesetzlichen Wesen selbst abzuleiten« (Windelband 1894: 25). Vielmehr ist diese Bedingung »als ein selbst zeitliches Ereigniss« auf »eine andere zeitliche Bedingung zurückzuführen, aus der sie nach gesetzlicher Notwendigkeit gefolgt ist: und so fort bis infinitum« (Windelband 1894: 25). Selbst wenn sich in dieser »Causalkette« ein »Anfangsglied« denken ließe, wäre ein solcher »Anfangszustand« doch immer »etwas Neues, was zu dem allgemeinen Wesen der Dinge hinzutritt, ohne daraus zu folgen« (Windelband 1894: 26, 25).

Mit dieser Trennung von Gesetzen, die möglichst in Kausalgleichungen formuliert werden (bei Knallgas in der Reaktionsgleichung $2\,H_2 + O_2 \rightarrow 2\,H_2O$) und (Anfangs-) Bedingungen (bei Knallgas die Sauerstoff- und Wasserstoffmoleküle als Ausgangsstoffe und der Funke als katalysatorische Energie) begründete Windelband zwei gleichermaßen notwendige Arten wissenschaftlicher Erkenntnis. Die Naturwissenschaften formulieren als nomothetische Wissenschaften die Gesetze, die historischen Wissenschaften untersuchen als idiographische Wissenschaften die (Anfangs-)Bedingungen, wobei sie sich offenbar auf jene konzentrieren, die eine auslösende Wirkung entfalten. Rickert hat diesen Ansatz weiterentwickelt. Darin ist ihm Weber gefolgt, der die neukantianische Kausalitätstheorie sinnvollerweise noch um eine andere ergänzte. Denn die Kausalitätstheorie, die Johannes von Kries in den 1880er Jahren formuliert hatte (von Kries 1888), erfüllte mit ihrer Unterscheidung zwischen adäquater und zufälliger Verursachung dieselbe Funktion für historische Kausalzusammenhänge, die die Kausalgleichungen für naturwissenschaftliche Kausalzusammenhänge erfüllten, nämlich dass »aus der Summe der für ein bestimmtes Geschehen vorhandenen, schließlich ins unbegrenzte zurücklaufenden Bedingungen diejenigen ausgewählt werden, die in dem engeren Begriff Ursache zusammenzufassen sind« (Wundt 1894: 9).

# Fazit

Die Frage, warum Rickert die Grundlagen seiner Kausalitätstheorie nicht explizierte, ist nicht leicht zu beantworten, zumal er die Theorien Mayers nicht nur aus Wundts Studie »Ueber psychische Causalität und das Princip des psychophysischen Parallelismus« kannte (Wundt 1894: 9, 19–21). Doch auch die anderen Quellen zitierte er entweder gar nicht oder nur sehr selektiv. In seinem Aufsatz »Robert Mayers Entdeckung und Beweis des Energieprincipes«, der 1900 in derselben Festschrift wie Rickerts Aufsatz »Psychophysische Causalität und psychophysischer Parallelismus« erschien, hatte Alois Riehl auch den Begriff »Auslösung« thematisiert (Riehl 1900: 171, 182–184). Etwas eingehender hatte ihn Joseph W. A. Hickson in seiner 1900/1901 publizierten Abhandlung »Der Kausalbegriff in der neueren Philosophie und in den Naturwissenschaften von Hume bis Robert Mayer« erläutert (Hickson 1901: 320, 462–468). Dieset Text ist allein schon deswegen erwähnenswert, weil er eine Kritik an Rickerts Aufsatz »Psychophysische Causalität und psychophysischer Parallelismus« enthält, in der auch von »Auslösungserscheinungen« die Rede ist (Hickson 1901: 318–320). Er ist es umso mehr, weil Rickert in *Die Grenzen der naturwissenschaftlichen Begriffsbildung* auf Hicksons Kritik replizierte, ohne solche Erscheinungen anzusprechen (Rickert 1902: 555–556). Tatsächlich wird der Begriff Auslösung – ebenso wie der Name Mayer – in Rickerts Buch kein einziges Mal genannt, während von »causa aequat effectum« systematisch die Rede ist (Rickert 1902: 420–422).

Natürlich muss es für Rickert, der die Grenzen naturwissenschaftlicher Erkenntnis bestimmen und eine genuin historische Erkenntnis begründen wollte, besonders pikant gewesen sein, eine Theorie historischer Kausalität nicht ohne Anleihen bei den Naturwissenschaften formulieren zu können. Zudem mag er als Philosoph gewusst haben, dass sich bereits Friedrich Nietzsche Mayers Theorie angeeignet hatte, um gegen die ewige Wiederkehr des Gleichen in einer dem Satz causa aequat effectum gehorchenden Welt den Willen zur Macht in Auslösungsprozessen zu fundieren. Nietzsches Rezeption Mayers ist gut erforscht, ebenso wie die Affinität von Mayers Theorie mit der Philosophie Arthur Schopenhauers (Abel 1984: 43–49, 93–96; Brusotti 1997: 56–64; Mittasch 1940a; 1940b; 1942; 1952; Müller-Lauter 1978: 210). Beide Denker spielten für Weber keine geringe Rolle, was die Erforschung von Mayers Einfluss umso dringender macht.

Weber dürfte Mayers Theorien kaum aus erster Hand gekannt haben. Zwar ist in seinen methodologischen Schriften von »causa aequat effectum« und dem Satz der Energieerhaltung die Rede (Weber 1982: 50, 57, 117, 235, 309), was er neben Rickerts *Die Grenzen der naturwissenschaftlichen Begriffsbildung* zumindest aus Wundts 1866 publizierter Studie *Die physikalischen Axiome und ihre Beziehung zum Causalprincip* kannte (Rickert 1902: 420–422; Wundt 1866: 57–78, 103–105; Weber 1982: 117). Weber kam sogar auf das Phänomen »des ›explosions‹artigen Verlaufs gewisser ›Auslösungs‹vorgänge« zu sprechen, das er zumindest aus Emil Du Bois-Reymonds 1880 gehaltenem Vortrag »Die sieben Welträthsel« kannte (Du Bois-Reymond 1886: 407–408; Weber 1982: 26, 172). Doch offenbar hatte er keine klare Vorstellung davon, weswegen er den Begriff »Auslösung« zusammen mit dem Begriff »Anpassung« als Beispiel »summarischer und stumpfer Kategorien« anführte (Weber 1982: 57–58). Dazu passen seine diffusen Anspielungen. Sie reichen von »irgendwelche[n] noch so verwickelten hirnanatomischen Voraussetzungen der Psychophysik« über nicht näher spezifizierte Vorgänge, die »die moderne Wissenschaft entbunden haben«, bis zum »Einbruch des Dollart« und »gewisse[n]« darauf folgenden »Umsiedlungsvorgänge[n]« (Weber 1976: 3; 1982: 57–58).

Weber nannte Mayer nur einmal namentlich. In seiner 1917 gehaltenen Rede »Wissenschaft als Beruf« betonte er, dass es in der Wissenschaft auf den »Einfall« ankomme (Weber 1982: 589). Dieser bereite sich »normalerweise« »[n]ur auf dem Boden ganz harter Arbeit« vor, freilich »nicht immer« (Weber 1982: 589–90). Zudem könne der Einfall eines »Dilettanten« wissenschaftlich sogar größere Tragweite haben wie der des »Fachmanns«, verdanken wir doch viele unserer »allerbesten Problemstellungen und Erkenntnisse« gerade Dilettanten: »Der Dilettant unterscheidet sich vom Fachmann – wie Helmholtz über Robert Mayer gesagt hat – nur dadurch, daß ihm die feste Sicherheit der Arbeitsmethode fehlt, und daß er daher den Einfall meist nicht in seiner Tragweite nachzukontrollieren und abzuschätzen oder durchzuführen in der Lage ist« (Weber 1982: 590). Was hätte nun näher gelegen, als den Einfall als Auslösung zu konzipieren?

## Literatur

Abel, Günter, 1984: *Nietzsche. Die Dynamik der Willen zur Macht und die ewige Wiederkehr*. Berlin: Walter de Gruyter.

Brusotti, Marco, 1997: *Die Leidenschaft der Erkenntnis. Philosophie und ästhetische Lebensgestaltung bei Nietzsche von »Morgenröthe« bis »Also sprach Zarathustra«.* Berlin: Walter de Gruyter.

Du Bois-Reymond, Emil, 1886: Die sieben Welträthsel. In der Leibniz-Sitzung der Akademie der Wissenschaften am 8. Juli 1880 gehaltene Rede. In: Emil Du Bois-Reymond, *Reden*. 1. Folge: *Litteratur, Philosophie, Zeitgeschichte*. Leipzig: Veit & Comp., 381–417.

Elkana, Yehuda, 1974: *The Discovery of the Conservation of Energy*. Cambridge, Mass.: Harvard University Press.

Hickson, Joseph W. A., 1900/1901: Der Kausalbegriff in der neueren Philosophie und in den Naturwissenschaften von Hume bis Robert Mayer. In: *Vierteljahrsschrift für wissenschaftliche Philosophie* 24, 447–448 und *Vierteljahrsschrift für wissenschaftliche Philosophie* 25, 19–56, 145–170, 265–337, 441–482.

Leibniz, Gottfried Wilhelm, 1904 [1695]: Specimen dynamicum. In: Gottfried Wilhelm Leibniz, *Philosophische Werke*. Bd. 1. *Hauptschriften zur Grundlegung der Philosophie*. Hg. von Ernst Cassirer. Leipzig: Dürr, 256–272.

Mayer, Julius Robert, 1842: Bemerkungen über die Kräfte der unbelebten Natur. In: *Annalen der Chemie und Pharmacie* 42, 233–240.

Mayer, Julius Robert, 1876: *Die Torricellische Leere und über Auslösung*. Stuttgart: J. G. Cotta.

Mittasch, Alwin, 1940a: *Julius Robert Mayers Kausalbegriff. Seine geschichtliche Stellung, Auswirkung und Bedeutung*. Berlin: Julius Springer.

Mittasch, Alwin, 1940b: Robert Mayers Begriff der Naturkausalität, mit Beziehung auf Arthur Schopenhauers Kausallehre. In: *Die Naturwissenschaften* 28, 193–196.

Mittasch, Alwin, 1942: Friedrich Nietzsches Verhältnis zu Robert Mayer. In: *Blätter für deutsche Philosophie* 16, 139–161.

Mittasch, Alwin, 1952: *Friedrich Nietzsche als Naturphilosoph*. Stuttgart: Alfred Kröner.

Müller-Lauter, Wolfgang, 1978: Der Organismus als innerer Kampf. Der Einfluß von Wilhelm Roux auf Friedrich Nietzsche. In: *Nietzsche-Studien* 7, 189–235.

Rickert, Heinrich, 1900: Psychophysische Causalität und psychophysischer Parallelismus. In: Benno Erdmann et al. (Hg.), *Philosophische Abhandlungen. Christoph Sigwart zu seinem siebzigsten Geburtstage.* Tübingen: J. C. B. Mohr (Paul Siebeck), 59–87.

Rickert, Heinrich, 1902: *Die Grenzen der naturwissenschaftlichen Begriffsbildung. Eine logische Einleitung in die historischen Wissenschaften.* Tübingen: J. C. B. Mohr (Paul Siebeck).

Riehl, Alois, 1900: Robert Mayers Entdeckung und Beweis des Energieprincipes. In: Benno Erdmann et al. (Hg.), *Philosophische Abhandlungen. Christoph Sigwart zu seinem siebzigsten Geburtstage.* Tübingen: J. C. B. Mohr (Paul Siebeck), 159–184.

Tschuprow, Alexander Alexandrowitsch, 1906: Statistik als Wissenschaft. In: *Archiv für Sozialwissenschaft und Sozialpolitik* 23, 647–711.

von Kries, Johannes, 1888. Über den Begriff der objectiven Möglichkeit und einige Anwendungen desselben. In: *Vierteljahrsschrift für wissenschaftliche Philosophie* 12: 179–240, 287–323, 393–428.

Weber, Max, 1976: *Wirtschaft und Gesellschaft. Grundriss der verstehenden Soziologie.* 5. Aufl. Hg. von Johannes Winckelmann. Tübingen: Mohr: J. C. B. Mohr (Paul Siebeck).

Weber, Max, 1982: *Gesammelte Aufsätze zur Wissenschaftslehre.* 5. Aufl. Hg. von Johannes Winckelmann. Tübingen: J. C. B. Mohr (Paul Siebeck).

Windelband, Wilhelm, 1894: *Geschichte und Naturwissenschaft. Rede zum Antritt des Rectorats der Kaiser-Wilhelms-Universität Strassburg.* Strassburg: J. H. Ed. Heitz (Heitz & Mündel).

Wundt, Wilhelm, 1866: *Die physikalischen Axiome und ihre Beziehung zum Causalprincip. Ein Capitel aus einer Philosophie der Naturwissenschaften.* Erlangen: Ferdinand Enke.

Wundt, Wilhelm, 1894: Ueber psychische Causalität und das Princip des psychophysischen Parallelismus. In: *Philosophische Studien* 10, 1–124.

Zinzen, A. (1954/55). Die sogenannten Erhaltungssätze der Physik. In: *Kant-Studien* 46, 333–343.

# Was heißt »kausaler Regressus«?

## Einleitung

In seinen Aufsätzen zur Wissenschaftslehre benutzte Max Weber den Begriff »kausale[r] Regressus« 33 mal (Weber 1982: 48, 56, 65, 67, 83, 163, 178, 251, 255, 257–258, 260–261, 279, 283, 289, 294, 296, 303, 315, 339, 341, 352, 367). Eine Definition dieses Begriffs lieferte er ebensowenig wie eine Definition des Begriffs »kausale[r] Progressus«, den er drei mal verwendete (Weber 1982: 236, 341, 367). An einer Stelle ist immerhin von der »Form des kausalen Regressus (von der Wirkung zur Ursache)« (Weber 1982: 56), an anderen Stellen synonym von »kausale[r] Zurückführung« die Rede (Weber 1982: 167, 223, 294, 296, 298). Weber scheint es also beim kausalen Regressus um eine Zurückführung von Wirkungen auf Ursachen bzw. beim kausalen Progressus um eine Fortführung von Ursachen zu Wirkungen gegangen zu sein. Das klingt wie eine Selbstverständlichkeit und hat offenbar dazu geführt, dass die Weber-Forschung diesen Zusammenhang nicht eigens thematisierte. Nun hat Andrea Albrecht darauf hingewiesen, dass für Weber der kausale Regressus und der kausale Progressus zusammen genommen einen *ordo inversus* bilden (Albrecht 2016: 82 mit Bezug auf Danneberg 2010).

Das in der abendländischen Geistesgeschichte verbreitete Konzept *ordo inversus* meint in unterschiedlicher Konnotation die spezifische Bewegung »eines Ausgehens von einem Ausgangspunkt, das sich im Zuge eines Zurückkehrens wieder mit ihm verknüpft«, wobei das »Ganze« auch nur als »*regressus*« bezeichnet werden konnte (Danneberg 2010: 93). Diese Denkfigur wurde sowohl ontologisch bestimmt als Bewegung zwischen Ursachen und Wirkungen, Ganzheiten und Teilen, Komplexitäten und Elementen als auch epistemologisch als Bewegung »im Erkennenden selbst«, wenn er z. B. solche Bewegungen »im Gegenstand« nachvollzieht (Danneberg 2010: 101–102). Tatsächlich gab es den *ordo inversus* auch »im Blick auf die Methodenvorstellung«, wobei der »klassische Fall« ein »*regressus*« ist, der »aus *analytischer* (*resolutio*) und *synthetischer* Methode (*compositio*)« besteht (Danneberg 2010: 101). Ein solcher klassischer Fall findet sich im Werk von Jacopo Zabarella (1533–1589), einem der wichtigsten Repräsentanten einer in Padua ansässigen Schule von Aristotelikern und Autor der Schriften *De regressu* und *De methodis* (Zabarella 1995a; 1995b).

Albrecht hat ihren Hinweis nicht begründet. In Webers Ausführungen zur Kausalität finden sich jedoch Formulierungen, die in der Tat an einen *ordo inversus* denken lassen: »Schon der erste Schritt zum historischen Urteil ist [...] ein *Abstraktions*prozeß, der durch Analyse und gedankliche Isolierung der Bestandteile des unmittelbar Gegebenen, – welches eben als ein Komplex *möglicher* ursächlicher Beziehungen ange-

sehen wird, – verläuft und in eine Synthese des ›wirklichen‹ ursächlichen Zusammenhangs ausmünden soll« (Weber 1982: 275). Ob es in Webers Ausführungen tatsächlich
um einen *ordo inversus* geht, kann auf zweierlei Weise geprüft werden. Ein historisches
Verfahren hätte Webers unmittelbare oder mittelbare Rezeption einer Theorie des *ordo
inversus* nachzuweisen, ein systematisches Verfahren eine strukturelle Affinität von Webers Theorie mit einer Theorie des *ordo inversus*.

Aufgrund der diffusen Quellenlage ist beim derzeitigen Stand der Forschung erst
einmal dem systematischen Verfahren der Vorzug zu geben, das im vorliegenden Fall
sogar den Charme hat, im Sinne Webers spezifiziert werden zu können. Da Zabarella
den *ordo inversus* in methodischer Hinsicht in einer konzisen, klassischen Weise zum
Ausdruck brachte, kann man seine Theorie als einen Idealtypus betrachten, mit dem
sich Webers Kausalitätstheorie vergleichen lässt. Tatsächlich ist Webers Theorie, die im
Wesentlichen auf Gedanken zeitgenössischer Wissenschaftler und Philosophen wie Johannes von Kries, Wilhelm Windelband und Wilhelm Wundt rekurriert, weit weniger
konzise; dafür stellt sie jedoch eine Weiterentwicklung des klassischen Ansatzes dar.

Im Folgenden werden wir also zunächst Zabarellas Werke zum *regressus* und zu den
Methoden vorstellen. Das wird ausführlich geschehen, weil sie der Weber-Forschung
völlig unbekannt sind. Auf dieser Folie werden wir dann Webers Ausführungen zur
Kausalität rekonstruieren und mit Zabarellas Theorie vergleichen. Wie sich zeigen wird,
kann man Webers Position durchaus im Sinne eines *ordo inversus* in Zeiten des Determinismus begreifen. Auf dieser Basis lässt sich schließlich eine mögliche Rezeptionslinie
skizzieren, die man in einem historischen Verfahren rekonstruieren kann.

## Der Idealtypus eines ordo inversus

### Jacopo Zabarella über den regressus

Zabarella knüpfte in seiner Schrift *De regressu* an Aristoteles' Widerlegung des Zirkel-
beweises in *Analytica posteriora* an (Zabarella 1995a: 318 [Kap. 1]; Aristoteles 1993: 20–
22 [Buch I, Kap. 3]). Er behauptete, dass Aristoteles »nicht jeden in Kreisform geführten
Beweis abgelehnt, sondern einen bestimmten zugelassen« habe, den man als »Rückgang«
bezeichnet (Zabarella 1995a: 318 [Kap. 1]). Um die verbreitete Meinung zu zerstreuen,
Aristoteles habe nicht nur den Zirkelbeweis, sondern auch den Rückgang widerlegt,
widmete sich Zabarella der Klärung des Unterschieds zwischen beiden Beweisen, um
die Tauglichkeit des Rückgangs zu begründen. Dabei bezog er sich auf Aristoteles' Unterscheidung zwischen einem »Beweis des ›Daß‹« und einem »Beweis des ›Warum‹« bzw.
»Weshalb« (Zabarella 1995a: 319 [Kap. 1]; Aristoteles 1993: 34–36 [Buch I, Kap. 13]).

Aristoteles erläuterte den Beweis des »Daß« mit folgendem Syllogismus: »es sei C Planeten, B das Nicht-Funkeln, A das Nahesein« (Aristoteles 1993: 34 [Buch I, Kap. 13]).[1]
Durch »Wahrnehmung« oder »Induktion« lässt sich »das A vom B« aussagen, sodass der

---

1    Die folgenden Zitate in diesem Absatz referieren auf dieselbe Seite.

Obersatz lautet: »das Nicht-Funkelnde ist nahe«. Ebenso lässt sich »das B vom C« aussagen und damit der Untersatz formulieren: »die Planeten funkeln nicht«. Aristoteles folgerte daraus den Schlusssatz, dass »das A auf das C« zutrifft, »so daß demonstriert wird, daß die Planeten nahe sind«. Dieser Beweis sei nun »die Deduktion nicht des Weshalb, sondern des Daß«, »denn nicht aufgrund des Nicht-Funkelns sind sie nahe, sondern aufgrund des Naheseins funkeln sie nicht«. Für Aristoteles ist es denn auch möglich, dass »durch das Erstere [Nahesein] das Letztere [Nicht-Funkeln] bewiesen wird«, was zu einem Beweis des Warum bzw. »Weshalb« führt, den er mit folgendem Syllogismus erläuterte: »es sei etwa C Planeten, B das Nahesein, das A das Nicht-Funkeln«. Nun trifft »das A auf das B« zu, sodass der Obersatz lautet: Das Nahe funkelt nicht. Ebenso trifft »das B auf das C« zu, sodass der Untersatz lautet: Die Planeten sind nahe. Daraus lässt sich folgern, dass »auf das C das A« zutrifft, was im Schlusssatz formuliert wird: Die Planeten funkeln nicht. Diese Deduktion des Warum bzw. Weshalb geht von etwas aus (»B das Nahesein«), das Aristoteles »das ursprüngliche Ursächliche« nannte, dessen Wirkung das Nicht-Funkeln darstellt. Der Beweis des Daß hingegen geht von etwas aus (»B das Nicht-Funkeln«), das Aristoteles das »Bekanntere« nannte.

| *Beweis des Daß* | | | *Beweis des Warum/Weshalb* | | |
|---|---|---|---|---|---|
| Das Nicht-Funkelnde ist nahe. | B | A | Das Nahe funkelt nicht. | B | A |
| Die Planeten funkeln nicht. | C | B | Die Planeten sind nahe. | C | B |
| Die Planeten sind nahe. | C | A | Die Planeten funkeln nicht. | C | A |

Nun liegt für Zabarella ein Zirkelbeweis dann vor, »wenn man B aus A beweist und dann rückkehrend A aus B beweist, und wenn jeder dieser beiden Beweise ein Beweis im vorzüglichsten Sinne ist, der mittels der jeweils unmittelbaren Ursache das ›Warum‹ der jeweiligen Wirkung erklärt« (Zabarella 1995a: 319 [Kap. 1]). Auf Aristoteles' Beispiel mit den Planeten bezogen wird also zunächst mittels eines Beweises des Warum bzw. Weshalb das Nahesein aus dem Nicht-Funkeln und anschließend ebenfalls mittels eines Beweises des Warum bzw. Weshalb das Nicht-Funkeln aus dem Nahesein gefolgert. Für Zabarella hatte Aristoteles ein solches Verfahren, bei dem »ein und dasselbe hinsichtlich ein und desselben Ursache und Wirkung« sowie »Bekannteres und Unbekannteres« wäre, widerlegt (Zabarella 1995a: 319 [Kap. 1]). Zabarella versuchte nun im Sinne von Aristoteles nachzuweisen, dass der Rückgang ein Verfahren darstellt, das diesem Widerspruch entgeht, indem es nicht mit zwei Beweisen des Warum bzw. Weshalb arbeitet, sondern einen Beweis des Warum bzw. Weshalb mit einem Beweis des Daß kombiniert: So »ist der erste Beweisvorgang ein Beweis des ›Daß‹, der anschließende jedoch ist ein Beweis des ›Warum‹« (Zabarella 1995a: 319 [Kap. 1]). Diese Abfolge ergibt sich daraus, dass »wir stets von dem uns Bekannteren aus fortzugehen haben«; folglich »beweisen wir zuerst die unbekannte Ursache aus der bekannten Wirkung und gehen anschließend von der erkannten Ursache zum Beweis der Wirkung zurück, um zu wissen, warum es sie gibt« (Zabarella 1995a: 319 [Kap. 1]).

Für Zabarella ließ Aristoteles' Planeten-Beispiel erkennen, dass der Rückgang »eine Art von wechselseitigem Beweis« ist, »bei dem man, nachdem man eine unbekannte Ursache aus einer bekannten Wirkung bewiesen hat, den Obersatz umkehrt und ein und dieselbe Wirkung mittels ein und derselben Ursache beweist« (Zabarella 1995a: 319 [Kap. 1]). Diese Umkehr des Obersatzes erfolgt durch einen Stellentausch von Subjekt und Prädikat: »das Nicht-Funkelnde ist nahe« wird »das Nahe funkelt nicht«, wobei offenbar eine Äquivalenz zwischen dem Nicht-Funkeln und dem Nahesein unterstellt wird; damit einhergehend werden auch die Untersätze und Schlusssätze getauscht. Man sagt also zunächst: »Alles, was nicht flimmert, ist nahe; nun aber flimmern die Planeten nicht; also sind die Planeten nahe«, in welchem Falle ein Beweis von der Wirkung aus vorliegt [ein Beweis des Daß]. Wenn man anschließend sagt: ›Was nahe ist, flimmert nicht; nun aber sind die Planeten nahe; also flimmern die Planeten nicht‹, so liegt ein Beweis des ›Warum‹ vor« (Zabarella 1995a: 322 [Kap. 3]). Für Zabarella hat Aristoteles diese Syllogismen »nicht nur beispielshalber gesagt«, sondern weil er »damit behaupten will, daß man sich zuweilen dieses wechselseitigen Beweises bediene und nach Führung des ersteren Beweises auch den zweiten aus den nämlichen Termen wie den ersten aufbaue. Hätte er nämlich nur Beispiele für jeden dieser beiden Beweise beibringen wollen, wäre es nicht nötig gewesen, beide aus den nämlichen Termen aufzubauen« (Zabarella 1995a: 322 [Kap. 3]).

Zur weiteren Begründung des Rückgangs führte Zabarella die Unterscheidung zwischen »verworrener« und »deutlicher« Erkenntnis ein, die beide sowohl bei der »Erkenntnis einer Wirkung« als auch bei der »Erkenntnis einer Ursache« vorkommen (Zabarella 1995a: 324 [Kap. 4]). Eine »Wirkung« erkennt man in »verworrener« Weise, »wenn man ohne Kenntnis ihrer Ursache weiß, daß es sie gibt; in deutlicher Weise erkennt man sie hingegen durch die Kenntnis ihrer Ursache« (Zabarella 1995a: 324 [Kap. 4]). Eine »Ursache« erkennt man in »verworrener« Weise, »wenn man erkennt, daß es sie gibt, doch nicht weiß, was sie ist«; da »eine Ursache als solche nicht durch eine Ursache« erkannt werden kann, erkennt man sie in »deutlicher« Weise, »wenn man auch erkennt, was sie ist, und ihr Wesen durchdringt« (Zabarella 1995a: 324 [Kap. 4]). Auf dieser Basis erläuterte Zabarella, dass der erste Beweis des Rückgangs (der Beweis des Daß) von einer verworrenen Kenntnis der Wirkung ausgeht und zu einer verworrenen Kenntnis der Ursache führt: »Von der Wirkung ist ja lediglich bekannt, *daß* es sie gibt, und sie macht nur kenntlich, *daß* es eine Ursache gibt; gleichwohl gibt sie diese Ursache nicht als die ihre zu erkennen, da sie ihrerseits nicht als die Wirkung der betreffenden Ursache bekannt ist; vielmehr gibt sie die Ursache lediglich als etwas zu erkennen, das von ihr nie und nimmer zu trennen ist« (Zabarella 1995a: 326 [Kap. 4]). Eine verworren erkannte Wirkung führt also nur zu einer verworren erkannten Ursache, die nicht als ihre Ursache erkannt werden kann, solange ihr Wesen unbekannt ist.

Da auch umgekehrt eine nur verworren erkannte Ursache nicht zur deutlichen Erkenntnis der Wirkung führt, muss zunächst die Ursache deutlich erkannt werden, bevor man von ihr aus zur Wirkung zurückgehen, also den zweiten Beweis des Rückgangs (den Beweis des Warum bzw. Weshalb) führen kann. Für Zabarella muss eine »dritte Tätigkeit« zwischen die beiden Beweise treten, die man als »geistige Prüfung der Ursache« oder als »geistige Untersuchung« bezeichnen kann (Zabarella 1995a: 327 [Kap. 5]). Diese Untersuchung mit dem Ziel, das »Was« bzw. das »Wesen« der Ursache zu erkennen, kann sich erstens auf die verworrene Kenntnis der Ursache stützen, die durch den Beweis des »Daß« erzielt wurde, und zweitens auf eine »Vergleichung der gefundenen Ursache mit der Wirkung«, die zur Erkenntnis der »Eigenschaften« der Ursache führen soll: »durch die Auffindung der einen Eigenschaft wird man bei der Auffindung der anderen unterstützt, bis man schließlich erkennt, daß dies und dies Ursache der und der Wirkung ist« (Zabarella 1995a: 327 [Kap. 5]). Ist solchermaßen das »Was« bzw. das »Wesen« der Ursache erkannt, kann der Beweis des Warum bzw. Weshalb erfolgen, »durch den man schließlich von der deutlich erkannten Ursache aus zur deutlichen Erkenntnis der Wirkung geführt wird« (Zabarella 1995a: 330 [Kap. 5]). Im Unterschied zum Zirkelschluss ist der Rückgang »vom Anfang bis zum Ende ein Fortgang von der verworrenen Kenntnis zum deutlichen Wissen ein und derselben Wirkung« (Zabarella 1995a: 338 [Kap. 8]).

### Jacopo Zabarella über die Methoden

In seiner Schrift *De methodis* wies Zabarella den zwei Beweisen des Rückgangs zwei Methoden zu, wobei für ihn eine »Methode« grundsätzlich ein »Syllogismus« war, der auf »die Erlangung von Wissen« ausgerichtet ist (Zabarella 1995b: 190 [Buch 3, Kap. 3]). Er identifizierte den Beweis des »Daß« mit der »rückführend-auflösend[en]« Methode, den Beweis des »Warum« bzw. »Weshalb« mit der »im überragenden Sinne beweisende[n] Methode«, die beide in unterschiedlicher Konnotation seit der Antike in Gebrauch waren: »Die eine heißt ›im überragenden Sinne beweisende Methode‹ – die […] Unseren bezeichnen sie gewöhnlich als ›Beweis im vorzüglichsten Sinne‹ oder als ›Beweis des *Warum*‹ –, die andere Methode, die von der Wirkung zur Ursache verläuft, heißt ›rückführend-auflösend‹; denn bei diesem Fortgang liegt die rückführende Auflösung [*resolutio*; Analysis] so vor, wie der Fortgang von der Ursache zur Wirkung ›Zusammensetzung‹ [*compositio*; Synthesis] heißt. Diese Methode von der Wirkung zur Ursache bezeichnen die […] Unseren als ›Beweis des *Daß*‹« (Zabarella 1995b: 194–195 [Buch 3, Kap. 4]). Zabarella fand es denn auch passend, »wenn wir die beweisende Methode als zusammensetzende bezeichnen; denn da die Zusammensetzung der der rückführenden Auflösung entgegengesetzte Weg ist, darf man notwendig, wie man den Fortgang von der Wirkung zur Ursache als rückführende Auflösung bezeichnet, so den Fortgang von der Ursache zur Wirkung ›Zusammensetzung‹ nennen« (Zabarella 1995b: 195 [Buch 3, Kap. 4]).

Zabarella erläuterte die rückführend-auflösende Methode in *De methodis* mit einem Beispiel, das er auch in *De regressu* benutzte, nämlich dem Beweis der ersten Materie aus dem Entstehen und Vergehen der Substanzen: »Aristoteles […] beweist, daß die erste Materie einem natürlichen Körper innewohnt, aus Entstehen und Vergehen als dem für uns erkennbaren Vermittelnden. Man geht also auf dem Wege der rückführenden Auflösung von etwas Zusammengesetztem aus zur Auffindung der Prinzipien über die Akzidenzien als das Vermittelnde, welche dem Zusammengesetzten innewohnen« (Zabarella 1995b: 234 [Buch 3, Kap. 16]; vgl. 100 [Buch 1, Kap. 8]). Das Zusammengesetzte ist hier ein natürlicher Körper. Zusammengesetzt ist diese Substanz, weil ihr verschiedene Akzidentien wie Entstehen und Vergehen innewohnen, in die sie sich auflösen lässt. Diese Akzidentien können wir mit unseren Sinnen als Wirkungen der Substanz erkennen. Von diesen Wirkungen aus können wir auf die erste Materie schließen, die als Prinzip die Ursache dieser Akzidenzien ist. Dieser rückführende Schluss von den

Wirkungen zur Ursache ist möglich, weil uns die Akzidenzien das Prinzip »vermitteln«. Offenbar werden wir nicht erst bei der geistigen Prüfung der Ursache, sondern schon bei dieser Rückführung, die die Substanz ein weiteres Mal auflöst, »durch die Auffindung der einen Eigenschaft [...] bei der Auffindung der anderen unterstützt« (Zabarella 1995a: 327 [Kap. 5]). In Zabarellas Beispiel wird also bewiesen, daß einem Körper »die Ursache innewohnt, weil ihm die Wirkung innewohnt, und dies ist ein Beweis des ›Daß‹, welcher folgendermaßen gebildet wird: ›Wo Entstehung stattfindet, dort liegt Materie zugrunde; nun aber wohnt dem natürlichen Körper Entstehung inne, also wohnt ihm Materie inne‹« (Zabarella 1995a: 324 [Kap. 4]).

Nun gibt es für Zabarella noch eine andere Art der rückführend-auflösenden Methode, die er im Unterschied zum eben beschriebenen »Beweis von der Wirkung aus« (Beweis des Daß) als »Induktion« bezeichnete (Zabarella 1995b: 242 [Buch 3, Kap. 19]). Diese Behauptung erschien ihm gerechtfertigt, weil die Induktion seines Erachtens ebenfalls von etwas Späterem zu etwas Früherem schreitet, welches seine Ursache ist: »Die Induktion ist ein Fortgang von Späterem zu Früherem, da das Allgemeine der Natur nach früher als das Besondere ist und die Bedeutung einer Ursache hat« (Zabarella 1995b: 243 [Buch 3, Kap. 19]). Obwohl sich auch die »Induktion« als »Syllogismus« formulieren lässt (Zabarella 1995b: 192 [Buch 3, Kap. 3], 242 [Buch 3, Kap. 19]), ist sie eine »viel schwächere Form der rückführenden Auflösung«, weil durch sie »allein die Prinzipien aufgefunden werden, die der Natur nach bekannt sind und nur eines geringfügigen Beweises bedürfen« (Zabarella 1995b: 242–243 [Buch 3, Kap. 19]). Der Natur nach bekannt ist, was sich mit den Sinnen wahrnehmen lässt, also »Einzeldinge« sowie »Allgemeinbegriffe, deren einzelne Individuen wahrgenommen werden können«, wie dies etwa beim Allgemeinbegriff »Mensch« der Fall ist: »Daher heißt die [durch Induktion gewonnene] Aussage ›Der Mensch ist ein Zweifüßer‹ der Natur nach bekannt, weil das Sinnesvermögen von jedem beliebigen individuellen Menschen, der sich ihm darbietet, erkennt, daß er zwei Füße hat. Diese Sachverhalte werden zu Recht als ›der Natur nach bekannt‹ bezeichnet, weil sie durch ihr eigenes Licht erkannt werden und keines anderen, Bekannteren bedürfen, vermittels dessen sie sich beweisen lassen« (Zabarella 1995b: 243 [Buch 3, Kap. 19]). Dagegen ist »der Natur nach unbekannt«, »was innerhalb seiner einzelnen Individuen sinnlich nicht erfahrbar ist und deswegen eines bekannteren Vermittelnden bedarf, durch welches es bewiesen werden kann; und da es nicht durch sein eigenes Licht erkannt wird, wird es durch das Licht eines Zweiten bekannt« (Zabarella 1995b: 243 [Buch 3, Kap. 19]). Als Beispiel hierfür führte Zabarella die »erste Materie« an, »die dem Sinnesvermögen gänzlich verborgen bleibt und daher durch sich selbst niemals erkannt würde, wenn sie nicht durch den Prozeß der Entstehung bekannt würde« (Zabarella 1995b: 243 [Buch 3, Kap. 19]).

Bei der Induktion braucht man folglich etwas Zusammengesetztes wie einen »individuellen Menschen« nur einmal aufzulösen (in die Akzidenz »zwei Füße«), um rückführend vom Allgemeinbegriff »Mensch« das Prinzip »Zweifüßer« aussagen zu können (Zabarella 1995b: 243 [Buch 3, Kap. 19]). Da die Induktion »nicht etwas durch etwas anderes« beweist, das als Vermittelndes dient, sondern »etwas durch dieses selbst« erklärt, stellt sie für Zabarella keinen eigentlichen Beweis dar, sondern nur einen »knappen Erweis« (Zabarella 1995b: 244, 242 [Buch 3, Kap. 19]). Wie das Planeten-Beispiel zeigt, ist Zabarellas Unterscheidung jedoch weniger scharf als behauptet. Denn das Prinzip des Naheseins, das durch das Nicht-Funkeln als vermittelndes Akzidenz in einem Beweis des Daß erschlossen wird, ist dem Sinnesvermögen keineswegs gänzlich verborgen. Aristoteles hatte ja bereits festgestellt, dass das im Obersatz behauptete Nahesein des Nicht-Funkelnden »durch Induktion oder durch Wahrnehmung« angenommen wird (Aristoteles 1993: 34 [Buch I, Kap. 13]). Die Induktion ist also in jedem Fall zur Formulierung der Obersätze der Beweise des Daß erforderlich, die offenbar nicht nur zur Auffindung solcher Prinzipien geführt werden, die der Natur nach unbekannt sind.

Die »zusammensetzende« Methode, die dem Beweis des Warum bzw. Weshalb entspricht, lässt Zabarella zufolge keine »Unterteilung« zu (Zabarella 1995b: 242 [Buch 3, Kap. 19]). Als Fortgang von der Ursache zur Wirkung ist sie der rückführenden Auflösung entgegengesetzt, besteht also in der Tat in einer »Zusammensetzung« der Eigenschaften, die im vorgängigen Beweis des Daß durch Wahrnehmung und Induktion gefunden und in der geistigen Prüfung untersucht wurden (Zabarella 1995b: 195 [Buch 3, Kap. 4]). Durch diese Zusammensetzung wird die Wirkung, die es zu erkennen gilt, allererst deutlich erkannt, und zwar insofern, als sie von ihrer deutlich erkannten Ursache aus erschlossen wird. Für das Beispiel mit der ersten Materie gilt also: Wo Materie zugrunde liegt, dort findet Entstehung statt; nun aber wohnt dem natürlichen Körper Materie inne, also wohnt ihm Entstehung inne.

Die Verbindung von rückführend-auflösender (resolutiver, analytischer) Methode und zusammensetzender (kompositiver, synthetischer) Methode findet man bei zahlreichen neuzeitlichen Philosophen und Wissenschaftlern. Zabarella und der Schule von Padua muss man jedoch einen gewissen paradigmatischen Status zusprechen. Es ist kein Zufall, dass ausgerechnet sie zu Beginn des 19. Jahrhunderts an prominenter Stelle wieder auftauchten, als Friedrich Nicolai in den Abhandlungen der Königlichen Akademie der Wissenschaften zu Berlin gegen die transzendentalphilosophische Konnotierung der Begriffe »analytisch« und »synthetisch« in den Kritiken Immanuel Kants an die aristotelische Bedeutung erinnerte (Nicolai 1806). Davon dürfte Weber keine Kenntnis gehabt haben. Gleichwohl lässt sich in seiner Kausalitätstheorie ein *ordo inversus* erkennen.

## Max Webers Kausalitätstheorie

### Determinismus und objektive Möglichkeit

Weber ging »vom strikt ›deterministischen‹ Standpunkt aus« (Weber 1982: 266, 289). Dieser Standpunkt, den Pierre Simon Laplace 1814 in seinem *Philosophischen Versuch über die Wahrscheinlichkeit* formuliert hatte, basierte auf dem »Prinzip vom zureichenden Grunde«, wonach »kein Ding ohne erzeugende Ursache entstehen kann« (Laplace 1998: 1). »Alle Ereignisse«, noch die geringfügigsten, folgen aus den »großen Naturgesetzen« mit »derselben Notwendigkeit wie die Umläufe der Sonne« (Laplace 1998: 1). Dem entsprechend muss man »den gegenwärtigen Zustand des Weltalls als die Wirkung

seines früheren und als die Ursache des folgenden Zustands« betrachten (Laplace 1998:
1). Laplace argumentierte auf der Basis eines mathematischen Schemas, das sich wie ein
Syllogismus in Obersatz, Untersatz und Schlusssatz einteilen lässt (Lauth und Sareiter
2005: 64–71; Pulte 2005: 59–66). Dieses Schema besteht: (1) aus einer Differentialgleichung, der sogenannten Bewegungsgleichung, die den Zustandsübergang eines physikalischen Systems, d. h. seine Veränderung in der Zeit, beschreibt und mathematischer
Ausdruck des Naturgesetzes ist, das den Bewegungsvorgang bestimmt; (2) aus Bedingungen, den sogenannten Anfangsbedingungen, die den Zustand des Systems zu einem
beliebigen Anfangszeitpunkt beschreiben, d. h. die Fakten wie Position und Geschwindigkeit bezeichnen, die das Verhalten des Systems eindeutig festlegen. Aus (1) und (2)
lässt sich (3) das Verhalten des Systems errechnen, weil es vollständig determiniert ist
durch die Naturgesetze und die jeweils gegebenen Fakten, unter denen sie wirken.

Laplace stellte sich eine »Intelligenz« vor, die alle Gesetze und Bedingungen in Erfahrung bringen kann, mithin »für einen gegebenen Augenblick alle in der Natur wirkenden
Kräfte sowie die gegenseitige Lage der sie zusammensetzenden Elemente« kennt, und die
zudem »umfassend genug« ist, »um diese gegebenen Größen der Analysis zu unterwerfen« (Laplace 1998: 1–2). Diese später als Laplace'scher Geist bzw. Dämon bezeichnete
Intelligenz »würde in derselben Formel die Bewegungen der größten Weltkörper wie des
leichtesten Atoms umschließen; nichts würde ihr ungewiß sein und Zukunft wie Vergangenheit würden ihr offen vor Augen liegen« (Laplace 1998: 1–2). Laplace meinte nun, dass
der »menschliche Geist« ein »schwaches Abbild dieser Intelligenz« darstellt, und zwar »in
der Vollendung, die er der Astronomie zu geben verstand« (Laplace 1998: 2). Wie seine
Entdeckung der »allgemeinen Gravitation« zeigt, ist der Mensch durchaus in der Lage,
in Kenntnis der Naturgesetze zu gelangen, was dazu beiträgt, »ihn unablässig jener Intelligenz näher zu bringen« (Laplace 1998: 2). Gleichwohl wird er ihr »immer unendlich
ferne bleiben«, weil ihm offenbar eine vollständige Kenntnis der jeweiligen Bedingungen
versagt bleibt (Laplace 1998: 2). Aufgrund seiner mangelhaften Kapazität, zu einem bestimmten Anfangszeitpunkt die gegenseitige Lage der Elemente der Natur genau festzustellen, muss er sich mit Wahrscheinlichkeiten begnügen, die insofern Ausdruck eben
dieses Informationsdefizits hinsichtlich der Fakten sind (Pulte 2005: 61, 65–66).

Weber rezipierte den deterministischen Standpunkt durch die »Theorie der sogenannten ›objektiven Möglichkeit‹« des Physiologen Johannes von Kries (Weber 1982:
269), der sie in Auseinandersetzung mit Zufallsspielen entwickelt hatte (von Kries 1925;
Wagner 2019). Wie Laplace hatte von Kries postuliert, »dass *jedes Ereigniss, welches thatsächlich eintritt, durch die Gesammtheit der zuvor bestehenden Verhältnisse mit Nothwendigkeit herbeigeführt ist*« (von Kries 1888: 180). Laplaces Schema entsprechend war für von
Kries die kausale Erklärung eines Ereignisses bzw. »Erfolgs« eine Aufgabe, an der »zwei
wesentlich verschiedene Teile« unterschieden werden müssen: Zum einen sind (für den
Obersatz) »die *Gesetze* zu ermitteln, nach welchen die einzelnen Dinge ihre Zustände
wechseln oder in ihnen beharren, gegenseitig auf einander einwirken, und nach welchen
demgemäss der Ablauf alles Geschehens Statt findet«; zum anderen müssen wir (für den
Untersatz) »einen *Ausgangspunkt* angeben, von welchem aus wir uns die Veränderungen in einer durch jene Gesetze bestimmten Weise ablaufend denken« (von Kries 1886:

85). So lehrt uns z. B. die Kenntnis des »Gravitations-Gesetzes […] noch nichts über die wirklich Statt findende Bewegung der Planeten«; um diese Kenntnis zu verwerten, »müssen wir noch wissen, welche Massen existiren und in welchem Zustande der räumlichen Verteilung und der Bewegung sie sich irgend wann befunden haben« (von Kries 1886: 85–86). Von Kries bezeichnete »diese beiden Arten von Bestimmungen« als »*nomologisch*« und »*ontologisch*« (von Kries 1886: 86).

Von Kries folgte Laplace auch in der Einschätzung des Unterschieds, der zwischen dem Dämon und dem menschlichen Geist hinsichtlich der Erkennbarkeit von Gesetzen und Bedingungen besteht. Während wir Menschen Gesetze durchaus auch erkennen können (von Kries 1886: 86, 172), gelangen wir »nie (weder ex ante noch ex post) zu einer so genauen Kenntniss der Bedingungen, dass ein bestimmter Erfolg an dieselben nothwendig geknüpft erschiene; wir sind vielmehr stets auf die Einsicht beschränkt, dass die Bedingungen (so weit wir sie kennen) für einen Erfolg eine gewisse mehr oder weniger grosse Möglichkeit constituiren« (von Kries 1888: 186). Daher führte von Kries das Konzept der »*objective[n] Möglichkeit*« ein, das ebenso wie das Konzept der »Wahrscheinlichkeit« Ausdruck der »Unkenntniss« der »*ontologischen* Verhältnisse des Einzelfalls« ist (von Kries 1888: 189–190; vgl. 1886: 87–89). Von der »objectiven Möglichkeit« eines Erfolgs zu sprechen ist also nur dann sinnvoll, wenn die »Bedingungen«, die ihn »mit Nothwendigkeit herbeiführen mussten«, nicht genau bestimmt sind, d. h. wenn »die Bezeichnung der bedingenden Umstände eine allgemeine, ungenaue, eine Anzahl verschiedener Verhaltensweisen einschliessende ist« (von Kries 1888: 181).

Ebenso wie für Laplace konnte für von Kries »nur der ganze Complex von Bedingungen, der einen Erfolg factisch herbeiführte, die Ursache desselben heissen« (von Kries 1888: 195). Gleichwohl richtet sich in diesem Komplex, worunter der gesamte Weltzustand zu verstehen ist, die »Aufmerksamkeit auf irgend eine Besonderheit der Antecedentien, einen einzelnen Vorgang, einen bestimmten Gegenstand, auch wohl eine bestimmte Eigenschaft eines solchen, und es erhebt sich die Frage, ob und in welchem ursächlichen Zusammenhange ein solches bestimmendes *Moment* der bedingenden Umstände zu dem Erfolge gestanden« hat (von Kries 1888: 197).

Die Frage, ob ein »Gegenstand« ursächlich war, können wir nicht durch Beobachtung beantworten, sondern nur aufgrund »einer gewissen Kenntniss der Gesetze des Geschehens«, die uns zu beurteilen ermöglicht, wie das Geschehen »bei Fehlen« dieses Gegenstands verlaufen wäre: »Die Frage nach der Causalität eines bestimmten Gegenstandes ist also gleichbedeutend mit der, was geschehen wäre, wenn in dem Complexe der Bedingungen jenes Reale (ein bestimmter Theil) gefehlt, alles Uebrige aber sich genau gleich verhalten hätte« (von Kries 1888: 198). Dasselbe gilt bei einem »*Verhalten*«: Zwar kann man z. B. die »Fahrlässigkeit des N. N.« nicht »einfach fortdenken«; man kann diese Bedingung jedoch durch eine »Modification« »*abgeändert*« denken: »Indem wir nach der Causalität der Fahrlässigkeit fragen, wünschen wir den factisch eingetretenen Verlauf zu vergleichen mit demjenigen, der stattgefunden hätte, wenn an Stelle der Fahrlässigkeit normale Ueberlegung und Aufmerksamkeit bestanden hätte« (von Kries 1888: 198–199).

Nachdem mit Hilfe nomologischer Kenntnisse festgestellt wurde, »dass ein Moment für einen Erfolg causal war«, gilt es zu klären, ob es sich dabei nur um eine »Eigenthümlichkeit des vorliegenden Falles« handelt oder ob dieses Moment »allgemein geeignet« ist, mithin »eine Tendenz besitzt, einen Erfolg solcher Art hervorzubringen« (von Kries 1888: 200). Im ersten Fall spricht man von »zufälliger Verursachung und zufälligem Effecte«, im zweiten Fall von »adäquate[r] Ursache« bzw. »adäquat[r] Folge« (von Kries 1888: 202). Wenn z. B. ein »Kutscher«, der betrunken fährt oder einschläft, den Weg verfehlt und sein Fahrgast vom Blitz erschlagen wird, ist seine »Fahrlässigkeit« nur eine zufällige Verursachung, denn der Fahrgast hätte auch auf dem richtigen Weg und bei Nüchternheit oder Wachheit des Kutschers denselben Tod erleiden können. Wenn aber der Kutscher seine Kutsche umwirft und sein Fahrgast daran stirbt, ist die »Fahrlässigkeit« eine adäquate Verursachung im Sinne eines »begünstigenden Umstandes«, denn nun ist sie »allgemein geeignet« ist, einen Unfall mit Todesfolge herbeizuführen (von Kries 1888: 201–202).

### Analyse und Synthese

Wie für die Juristen, die die Theorie der objektiven Möglichkeit hauptsächlich rezipierten, stellte sich für den mit der »historischen Kausalbetrachtung« befassten Sozialwissenschaftler Weber die Frage: »wie ist eine Zurechnung eines konkreten ›Erfolges‹ zu einer einzelnen ›Ursache‹ überhaupt prinzipiell möglich und vollziehbar angesichts dessen, daß in Wahrheit stets eine Unendlichkeit von ursächlichen Momenten das Zustandekommen des einzelnen ›Vorgangs‹ bedingt hat, und daß für das Zustandekommen des Erfolges in seiner konkreten Gestalt ja schlechthin alle jene einzelnen ursächlichen Momente unentbehrlich waren?« (Weber 1982: 266, 271). Bei der Beantwortung dieser Frage folgte er von Kries in einem »Umfang«, der ihm »fast genant« war (Weber 1982: 288). Tatsächlich hat er dessen Theorie nicht nur rezipiert, sondern auch versucht, sie zu präzisieren. Dabei hat er sich auf die Logik Wilhelm Wundts bezogen. Seine Ausführungen sind nicht sonderlich didaktisch, lassen aber doch eine eindeutige Absicht im Sinne eines ordo inversus erkennen.

Auch Weber war der Überzeugung, dass sich ein kausaler Zusammenhang nicht »durch einfache ›Beobachtung‹« erkennen lässt; die »kausale Zurechnung« vollzieht sich vielmehr »in Gestalt eines Gedankenprozesses, welcher eine Serie von Abstraktionen enthält« (Weber 1982: 273). Die »erste und entscheidenste« Abstraktion besteht darin, daß wir eines oder einige der Momente »abgeändert denken« und uns fragen, ob unter diesen »abgeänderten Bedingungen« der »gleiche Erfolg oder welcher andere ›zu erwarten gewesen‹ wäre« (Weber 1982: 272–273). Weber spezifizierte diese erste Abstraktion, indem er sie als »Analyse und gedankliche Isolierung« bezeichnete; die darauf folgende zweite, nicht weniger wichtige Abstraktion bezeichnete er als »Generalisation« (Weber 1982: 275). Dass die »Analyse« der »Abstraktion« vorausgehen muss und dass die »Abstraktion« die »beiden Wendungen: Isolierung und Generalisierung« umfasst (Weber 1982: 277), konnte Weber in Wundts 1883 publizierter Logik finden (Scholz 2016: 177), die er kannte (Weber 1982: 52–63).

Für Wundt basierte »Abstraction« auf »Analyse« (Wundt 1883: 10–11). Eine elementare Analyse« besteht in der »Zerlegung einer Erscheinung in ihre Theilerscheinungen«, eine »causale Analyse« in der »Zerlegung einer Erscheinung in ihre Bestandtheile mit Rücksicht auf die ursächlichen Beziehungen der letzteren« (Wundt 1883: 2–3). Die kausale Analyse zielt auf »ein willkürliches Isoliren einzelner Elemente aus den zu untersuchenden complexen Thatsachen«, um »die causalen Beziehungen der isolirt betrachteten Elemente kennen zu lernen« (Wundt 1883: 4). Sie »verändert« ihren Gegenstand, denn sie »vernachlässigt […] die Existenz gewisser Bestandtheile« und versucht bei den anderen »so viel als möglich die Bedingungen ihrer Coexistenz oder Aufeinanderfolge zu verändern«: »Zu der Isolation gesellt sich auf diese Weise die *Variation der Elemente* als das wesentlichste Hülfsmittel« (Wundt 1883: 4). Die »analytische Methode« führt damit zur »*isolirenden Abstraction*«, die eben darin besteht, dass man aus einer »complexen Erscheinung einen bestimmten Bestandtheil oder mehrere Bestandtheile willkürlich abgetrennt denkt und für sich der Beobachtung unterzieht« (Wundt 1883: 11). Die »isolirende« Abstraktion steht für sich selbst, auf sie kann allerdings auch eine »*generalisierende Abstraction*« folgen, die darin besteht, dass man hinsichtlich einer »Anzahl« von »complexen Thatsachen«, die »von einem individuellen Fall zum anderen wechselnden Eigenschaften vernachlässigt, um gewisse der gesammten Gruppe gemeinsam zugehörige zurückzubehalten«, wodurch »*Gattungsbegriffe*«, »*abstracte Regeln oder Gesetze*« entstehen (Wundt 1883: 11).

Von Kries und Wundt verbindend, ging es Weber also zunächst um kausale Analyse. Er sprach davon, »daß wir das ›Gegebene‹ […] in ›Bestandteile‹ *zerlegen*« bzw. eine »Situation […] in ihre ›Bestandteile‹ zergliedern« müssen, wobei es darauf ankommt, einem konkreten Erfolg einen Komplex von Bedingungen zuzurechnen und diesen Komplex seinerseits – mit Laplace zu sprechen – der Analysis zu unterwerfen (Laplace 1998: 2), was Weber auch als »Zerlegung komplexer ›Gesamtursachen‹ in ihre ›Komponenten‹« bezeichnete (Weber 1982: 276–277; 287). Diese Analyse, die sich auf unser »›ontologisches‹ Wissen« stützt, führt zur ersten Abstraktion, denn eine oder einige dieser »Einzelkomponenten« müssen wir nun »abstrahierend isolieren«, um sie »zum Gegenstand von ›Möglichkeitsurteilen‹« zu machen (Weber 1982: 276–277, 279, 287). Das bedeutet, dass wir sie einer »Abänderung in einem bestimmten Sinne« unterziehen und fragen, ob »der Ablauf der Geschehnisse nach allgemeinen Erfahrungsregeln eine […] anders gestaltete Richtung hätte einschlagen *können*« (Weber 1982: 283). Zur Beantwortung dieser Frage ist also »›nomologisches‹ Wissen« erforderlich, was für Weber »aus der eigenen Lebenspraxis und der Kenntnis von dem Verhalten anderer geschöpftes, ›nomologisches‹ Erfahrungswissen« war (Weber 1982: 276–277). Sind die »wirklichen Kausalzusammenhänge« durch die Konstruktion »*unwirkliche[r]*« durchschaut, d. h. sind die Einzelkomponenten als ursächliche Momente erkannt, muss geklärt werden, ob sie »nach allgemeinen Erfahrungsregeln *generell* einen Erfolg der betreffenden Art zu ›begünstigen‹« in der Lage sind (Weber 1982: 287–289). Diese »Generalisierung« stellt also die »*Adäquanz*« der »kausale[n] ›Momente‹« fest (Weber 1982: 277, 289). Wenn Weber diesen Vorgang ebenfalls als »*Abstraktion*« bezeichnet, dann geht es ihm nicht so sehr darum, im Sinne von Wundts generalisierender Abstraktion Regeln oder Gesetze allererst zu erstellen (Wundt 1883: 11), als vielmehr darum, mit Bezug auf das vorhandene nomologische Wissen zu klären, ob es sich um einen »nicht bloss individuellen, sondern zu verallgemeinernden ursächlichen Zusammenhang« handelt (von Kries 1888: 201), ob also eine nicht bloß »zufällige«, sondern »*adäquate*‹ Verursachung« des Erfolgs vorliegt (Weber 1982: 280, 286), beruht doch »die Unterscheidung der adäquaten und zufälligen Verursachung stets auf einer generalisierenden Betrachtung des Einzelfalls« (von Kries 1888: 203).

Nun sprach Weber von »*adäquate*[*r*]‹ Verursachung« auch mit Blick auf einen »zu einer Einheit zusammengefaßt gedachten Bedingungskomplex«, weil die als kausal adäquat erkannten Einzelkomponenten zu einem »Komplex« im Sinne einer »Gesamtursache« zusammengefasst werden müssen (Weber 1982: 286–287). Insofern »münde[t]« der Prozess der Analyse nebst isolierender und generalisierender Abstraktion tatsächlich »in eine Synthese des ›wirklichen‹ ursächlichen Zusammenhanges« (Weber 1982: 275). Wundt hatte die »Synthese« in eine *reproductive*« und eine »*productive*« unterschieden: Während die »*reproductive*« in der »einfachen Umkehrung einer vorausgegangenen Analyse« besteht, die »im Interesse einer nochmaligen Prüfung der analytischen Resultate« durchgeführt wird, kann die »*productive*«, die »nur gewisse Resultate vorangegangener analytischer Untersuchungen« berücksichtigt, zu »Ergebnissen« führen, welche die Analyse »ergänzen« (Wundt 1883: 7–8). Für Weber war die Synthese offenbar eine produktive, denn sie fasste nur die Einzelkomponenten zusammen, die in der Analyse als adäquate Ursachen ausgemacht wurden, wohingegen die zufälligen keine Berücksichtigung mehr fanden. Nicht zufällig sprach Weber denn auch von einem »kausale[n] Regressus«, welcher »im Bestreitungsfalle die Probe jener Isolation und Generalisierung der kausalen Einzelkomponenten unter Benutzung der Kategorie der objektiven Möglichkeit und der so ermöglichten zurechnenden Synthese zu bestehen hat« (Weber 1982: 279).

## Jacopo Zabarella und Max Weber im Vergleich

Damit kommen wir zum Vergleich von Webers Kausalitätstheorie mit dem Idealtypus eines Regressus, den wir in Zabarellas Werk erkannt haben. Eine erste Gemeinsamkeit besteht in der Verwendung des Syllogismus zum Zweck der kausalen Erklärung. Das mathematische Schema von Laplace, an dem sich von Kries orientierte, kann wie ein Syllogismus in Obersatz, Untersatz und Schlusssatz eingeteilt werden. Auch für Weber stand die syllogistische Struktur kausaler Erklärung außer Frage, nachdem Wilhelm Windelband 1894 in seiner Straßburger Rektoratsrede postuliert hatte: »In der Causalbetrachtung nimmt jegliches Sondergeschehen die Form eines Syllogismus an, dessen Obersatz ein Naturgesetz, bzw. eine Anzahl von gesetzlichen Notwendigkeiten, dessen Untersatz eine zeitlich gegebene Bedingung oder ein Ganzes solcher Bedingungen, und dessen Schlusssatz dann das wirkliche einzelne Ereignis ist« (Windelband 1894: 24). Weber ließ sich vom Haupt der Südwestdeutschen Schule des Neukantianismus bekanntlich so sehr inspirieren, dass man bisweilen »das bloße Echo von Windelband« zu hören vermeint (Sukale 2002: 224).

Nun ist zwar in Webers Ausführungen von zwei syllogistischen Beweisen und einer geistigen Prüfung der Ursache nicht explizit die Rede. Der Sache nach kann die komplette Struktur des Regressus jedoch rekonstruiert werden. Daran ändert auch der Umstand nichts, dass Zabarella mit allgemeinen Typen (Planeten, natürliche Körper) hantiert hatte, Weber aber an einzelnen Ereignissen interessiert war. Denn auch der Theorie der objektiven Möglichkeit geht es nicht um den »factisch eingetretene[n] Erfolg in seiner vollen concreten Bestimmtheit, wie wir ihn aus dem factischen Laufe der Ereignisse durch blosse Aussonderung eines *Theiles* abgrenzen könnten«, sondern um »eine verallgemeinerte Vorstellung, welche wir uns aus diesem bilden« (von Kries 1888: 199). Nehmen wir also für unsere Rekonstruktion der Anschaulichkeit halber das Paradebeispiel des Kutschers. Hier können wir ebenso wie das Nicht-Funkeln der Planeten den Unfall des Kutschers als eine mit den Sinnen wahrnehmbare Wirkung begreifen, dessen Ursache analog zum Nahesein der Planeten mit der rückführend-auflösenden Methode (Analyse) in der Fahrlässigkeit des Kutschers erkannt werden kann. Man beginnt mit einem Beweis des Daß, der von einer verworrenen Erkenntnis der Wirkung auf eine verworrene Erkenntnis der Ursache schließt, wobei zur Formulierung des Obersatzes ein durch Induktion gewonnenes nomologisches Wissen benutzt wird. Entsprechend heißt es: Wo sich ein Unfall ereignet, dort liegt Fahrlässigkeit vor; nun aber ist der Kutscher verunfallt, also ist der Kutscher fahrlässig gewesen.

Nachdem das Daß dieser Ursache bewiesen ist, muss ihr Was bzw. ihr Wesen in einer geistigen Prüfung geklärt werden. Gestützt auf die Erkenntnis des Daß und eine Vergleichung der gefundenen Ursache mit der Wirkung hat diese Prüfung die »Eigenschaften« der Ursache zu erhellen, wobei man »durch die Auffindung der einen Eigenschaft […] bei der Auffindung der anderen unterstützt [wird], bis man schließlich erkennt, daß dies und dies Ursache der und der Wirkung ist« (Zabarella 1995a: 327 [Kap. 5]). Zabarella hat dieses Verfahren nicht an Planeten, sondern an natürlichen Körpern überhaupt erläutert, was ihn in die Metaphysik der »ersten Materie« führte (Zabarella 1995a: 327–330 [Kap. 5]). Sein Argument ist freilich auch im Fall des Kutschers plausibel, wobei das »Unterstützungsmittel« der Vergleichung eine zusätzliche Bedeutung bekommt. Um ihre »Causalität« festzustellen, kann man mit dem zur Verfügung stehenden ontologischen Wissen die eine Eigenschaft »Fahrlässigkeit« nicht nur mit den anderen Eigenschaften »Trunkenheit« und »Schlafen« spezifizieren, sondern auch insofern abändern, als man an ihre Stelle die anderen Eigenschaften »normale Ueberlegung und Aufmerksamkeit« setzt (von Kries 1888: 201, 198–199). Durch diese isolierende Abstraktion entstehen »Möglichkeitsurteile« im Sinne anderer kausaler Zusammenhänge, die sich unter Berücksichtigung des entsprechenden nomologischen Wissens mit dem zu untersuchenden kausalen Zusammenhang vergleichen lassen: »Um die wirklichen Kausalzusammenhänge zu durchschauen, *konstruieren wir unwirkliche*« (Weber 1982: 287). Ist nun die Kausalität der Fahrlässigkeit erkannt, muss ihre Adäquanz geprüft werden. Sie muss also generalisierend abstrahiert werden, um zu sehen, ob sie allgemein geeignet ist, die Wirkung herbeizuführen. Auch dabei ist nomologisches Wissen im Spiel. Interessanterweise findet sich das Streben nach einer »angemessene[n] Ursache« schon bei Zabarella, wenn auch in einem weiteren metaphysischen Kontext (Zabarella 1995a: 332 [Kap. 6]). Jedenfalls kann die mit Aspekten der Logik Wundts präzisierte Theorie der objektiven Möglichkeit als eine der deterministischen Prämisse des 19. Jahrhunderts entsprechende Ausgestaltung von Zabarellas geistiger Prüfung betrachtet werden.

Jetzt gilt es, von dieser deutlich erkannten Ursache aus auf die Wirkung zu schließen, die dadurch ebenfalls deutlich erkannt wird. Dazu muss man ebenso wie im Planeten-Beispiel im Obersatz die Plätze von Subjekt und Prädikat wechseln und den Untersatz mit dem Schlusssatz vertauschen, wodurch ein Beweis des Warum bzw. Weshalb ent-

steht. Entsprechend heißt es: Wo Fahrlässigkeit vorliegt, dort ereignet sich ein Unfall;
nun aber ist der Kutscher fahrlässig gewesen, also ist der Kutscher verunfallt. Für Zabarella entsprach dieser Beweis der zusammensetzenden Methode (Synthese), mit der
die Eigenschaften, die im Beweis des Daß und in der geistigen Prüfung aufgefunden
und untersucht wurden, in einem nunmehr im »überragenden« bzw. »vorzüglichsten«,
nämlich kausal erklärenden Sinne zusammen gesetzt werden (Zabarella 1995b: 194–
195 [Buch 3, Kap. 4]). Unter deterministischer Prämisse gewinnt die Synthese insofern
eine neue Qualität, als man es nicht mit einer Ursache allein, sondern mit einem »Bedingungskomplex« zu tun hat, so dass die Eigenschaften aller als adäquat erkannter Einzelkomponenten zusammengesetzt werden müssen. Denn Weber war überzeugt, »daß
die Gesamtheit *aller* Bedingungen, auf welche der kausale Regressus von einem ›Erfolge‹
aus führt, so und nicht anders ›zusammenwirken‹ mußte, um den konkreten Erfolg so
und nicht anders zustande kommen zu lassen und daß der Eintritt des Erfolges für jede
kausal arbeitende empirische Wissenschaft nicht erst von einem bestimmten Moment
an, sondern ›von Ewigkeit her‹ feststand« (Weber 1982: 289).

Dass sich die beiden syllogistischen Beweise, die mit der geistigen Prüfung einen kausalen Regressus konstituieren, in Webers Kausalitätstheorie nicht explizit finden, dürfte
ebenfalls mehrere Ursachen haben. Eine davon besteht sehr wahrscheinlich darin, dass
Weber, obwohl ihm Windelband die syllogistische Struktur jeder Kausalbetrachtung
ins Brevier geschrieben hatte und er selbst von historischen und Möglichkeitsurteilen
sprach, »in Begriffen, anstatt in Sätzen« zu denken gewöhnt war: Jürgen von Kempski
hat auf die »Akzentverschiebung vom Satz auf den Begriff« aufmerksam gemacht, die
sich in der deutschen Philosophie mit Georg Wilhelm Friedrich Hegels Idealismus voll-
zogen hatte und die erhalten blieb, »als es um den Hegelianismus längst stumm und der
systematische Hintergrund, der sie hätte rechtfertigen können, aufgegeben worden war.
Man kehrte aus dem Abenteuer der Dialektik der Begriffe nicht in den Werktag des
strengen syllogistischen Fortschreitens zurück, sondern hielt in einem Zwischenreich
von einigermaßen dunkler logischer Struktur« (von Kempski 1952: 174). So auch Weber,
auf dem das Verhältnis von »Begriff und Wirklichkeit« wie ein Alb lastete (Weber 1982:
13, 15, 18–20, 28, 42, 75, 145, 184, 187, 207–208) und der selbst Gesetze nur als »Relations-
begriffe« verstehen konnte (Weber 1982: 6, 13–14, 97, 107, 109).

## Fazit

Ein Verständnis von Webers Theorie ist in hohem Maße voraussetzungsreich und es
spricht vieles dafür, dass sich Weber über diese Voraussetzungen selbst nicht immer im
Klaren war. Dies gilt für bekanntermaßen zentrale Begriffe wie »Idealtypus« ebenso wie
für vermeintlich marginale Begriffe wie »Auslösung« (Wagner 2014; 2015). Zweifellos gilt
es auch für die Begriffe »Regressus« und »Progressus«. Dass sie zusammen genommen
einen *ordo inversus* bilden, lässt sich durch eine Rekonstruktion von Webers Kausalitätstheorie zeigen. Es hat sogar den Anschein, dass sich diese Theorie nur auf der Folie einer
Theorie des Regressus, wie man sie idealtypisch im Werk Zabarellas findet, adäquat be-

greifen lässt. Eine Ergänzung unseres systematischen Verfahrens durch ein historisches Verfahren könnte die Plausibilität des Ergebnisses erhärten.

Die in der Schule von Padua entwickelte, aus Analyse und Synthese bestehende Methode war sehr einflussreich. Sie inspirierte Galileo Galilei, der sie mathematisch nachrüstete und zur Grundlage der neuzeitlichen Physik machte (Galilei 1988; Wallace 1995). So fand sie auch Eingang in die klassische Nationalökonomie, in der man sich seit David Ricardo an der Physik orientierte. In diese Tradition stellte sich Carl Menger, der die Methode seiner »exakten« theoretischen Nationalökonomie als »*analytisch-synthetisch*« bzw. »*analytisch-compositiv*« bezeichnete (Menger 1965: 4–5; 1889: 197–198). Kein Wunder also, dass man Mengers Methode auf Zabarella zurückgeführt hat (von Hayek 2004: 36–37; Birner 1994: 277–281; 2002: 6–11). Dass sich Weber von Mengers Theorie inspirieren ließ, ist bekannt (Weber 1982: 185–190). Nun kommt es darauf an, diesen Rezeptionszusammenhang in einer weiteren Studie zu rekonstruieren.

## Literatur

Albrecht, Andrea, 2016: Max Weber und Emil Du Bois-Reymond. Zum Ideal kulturwissenschaftlicher Erkenntnis. In: Gerhard Wagner und Claudius Härpfer (Hg.), *Max Webers vergessene Zeitgenossen. Beiträge zur Genese der Wissenschaftslehre*. Wiesbaden: Harrassowitz, 55–92.

Aristoteles, 1993: *Analytica posteriora*. Übersetzt und erläutert von Wolfgang Detel. 1. Halbbd. Berlin: Akademie Verlag.

Birner, Jack, 1994: Idealizations and Theory Development in Economics. Some History and Logic of the Logic of Discovery. In: Bert Hamminga und Neil B. De Marchi (Hg.), *Idealization* VI: *Idealizations in Economics*. Amsterdam: Rodopi.

Birner, Jack, 2002: *The Cambridge Controversies in Capital Theory. A Study in the Logic of Theory Development*. London: Routledge.

Danneberg, Lutz, 2010: Ordo inversus. Sein Zerbrechen in Hermeneutik wie (Natur-)Philosophie und die Versuche seiner Heilung. In: Simone De Angelis, Florian Gelzer und Lucas Marco Gist (Hg.), »*Natur*«, *Naturrecht und Geschichte. Aspekte eines fundamentalen Begründungsdiskurses der Neuzeit (1600–1900)*. Heidelberg: Winter, 93–137.

Galilei, Galileo, 1988: *Tractatio de praecognitionibus et praecognitis. Tractatio de demonstratione*. Translated from the Latin Autograph by William F. Edwards. With an Introduction, Notes, and Commentary by William A. Wallace. Padova: Editrice Antenova.

Laplace, Pierre Simon, 1998: *Philosophischer Versuch über die Wahrscheinlichkeit*. Thun: Harri Deutsch.

Lauth, Bernhard und Sareiter, Jamel, 2005: *Wissenschaftliche Erkenntnis. Eine ideengeschichtliche Einführung in die Wissenschaftstheorie*. Paderborn: mentis.

Menger, Carl, 1889: *Grundzüge einer Klassifikation der Wirtschaftswissenschaften*. Sonderdruck aus den Jahrbüchern für Nationalökonomie und Statistik. Jena: Gustav Fischer.

Menger, Carl, 1965: Brief an Léon Walras im Februar 1884 (Letter 602). In: William Jaffé (Hg.), *Correspondence of Léon Walras and Related Papers*. Bd. 2: *1884–1897*. Amsterdam: North-Holland, 2–6.

Nicolai, Friedrich, 1806: Bemerkungen über den logischen Regressus, nach dem Begriffe der alten Kommentatoren des Aristoteles. In: *Sammlung der deutschen Abhandlungen, welche in der Königlichen Akademie der Wissenschaften zu Berlin vorgelesen worden in dem Jahre 1803*. Berlin: Georg Decker.

Pulte, Helmut, 2005: *Axiomatik und Empirie. Eine wissenschaftstheoriegeschichtliche Untersuchung zur Mathematischen Naturphilosophie von Newton bis Neumann*. Darmstadt: WBG.

Sukale, Michael, 2002: *Max Weber. Leidenschaft und Disziplin. Leben, Werk, Zeitgenossen*. Tübingen: Mohr Siebeck.

von Hayek, Friedrich August, 2004: Mißbrauch und Verfall der Vernunft. Ein Fragment. In: Friedrich August von Hayek, *Gesammelte Schriften in deutscher Sprache*. Abt. B. Bd. 2. Tübingen: Mohr Siebeck.

von Kempski, Jürgen, 1952: »Voraussetzungslosigkeit«. Eine Studie zur Geschichte eines Wortes. In: *Archiv für Philosophie* 4, 157–174.

von Kries, Johannes, 1886: *Die Principien der Wahrscheinlichkeitsrechnung. Eine logische Untersuchung*. Freiburg: J. C. B. Mohr (Paul Siebeck).

von Kries, Johannes, 1888. Über den Begriff der objectiven Möglichkeit und einige Anwendungen desselben. In: *Vierteljahrsschrift für wissenschaftliche Philosophie* 12: 179–240, 287–323, 393–428.

von Kries, Johannes, 1925: Johannes von Kries. In: L. R. Grote (Hg.), *Die Medizin der Gegenwart in Selbstdarstellungen*. Leipzig: Felix Meiner, 125–187.

Wagner, Gerhard, 2014: Der lange Schatten des Syllogismus: Zur Einheit der Wissenschaftslehre Max Webers. In: *Sociologia Internationalis* 52, 219–249.

Wagner, Gerhard, 2015: Kleine Ursachen, große Wirkungen: Zum Einfluss Julius Robert Mayers auf Max Webers neukantianische Kausalitätstheorie. In: *Zyklos* 2, 15–29.

Wagner, Gerhard (Hg.), 2019: *The Range of Science. Studies on the Interdisciplinary Legacy of Johannes von Kries*. Wiesbaden: Harrasowitz.

Wallace, William A., 1995: Circularity and the Paduan Regressus. From Pietro d'Abano to Galileo Galilei. In: *Vivarium* 33, 76–97.

Weber, Max, 1982: *Gesammelte Aufsätze zur Wissenschaftslehre*. 5. Aufl. Hg. von Johannes Winckelmann. Tübingen: J. C. B. Mohr (Paul Siebeck).

Windelband, Wilhelm, 1894: *Geschichte und Naturwissenschaft. Rede zum Antritt des Rectorats der Kaiser-Wilhelms-Universität Strassburg*. Strassburg: J. H. Ed. Heitz (Heitz & Mündel).

Wundt, Wilhelm, 1883: *Logik. Eine Untersuchung der Principien der Erkenntnis und der Methoden wissenschaftlicher Forschung*. Bd. 2: *Methodenlehre*. Stuttgart: Ferdinand Enke.

Zabarella, Jacopo, 1995a: Über den Rückgang. In: Jacopo Zabarella, *Über die Methoden* (*De methodis*). *Über den Rückgang* (*De regressu*). Eingeleitet, übersetzt und mit kommentierenden Fußnoten versehen von Rudolf Schicker. München: Wilhelm Fink, 318–341.

Zabarella, Jacopo, 1995b: Über die Methoden. In: Jacopo Zabarella, *Über die Methoden* (*De methodis*). *Über den Rückgang* (*De regressu*). Eingeleitet, übersetzt und mit kommentierenden Fußnoten versehen von Rudolf Schicker. München: Wilhelm Fink, 81–318.

# Chance und Wahrscheinlichkeit

## Einleitung

Max Weber zufolge will die Soziologie »*generelle* Regeln des Geschehens« erkennen (Weber 1976: 9). Eine solche Regel ist ein »Gesetz« im Sinne einer »typische[n] *Chance*« eines »bei Vorliegen gewisser Tatbestände zu *gewärtigenden* Ablaufes von sozialem Handeln«, die »aus typischen Motiven und typisch gemeintem Sinn der Handelnden *verständlich*« ist (Weber 1976: 9). Weber hat den Begriff »*Chance*« an zahllosen Stellen seines Werkes benutzt, aber nirgendwo definiert. Allerdings hat er ihn auch synonym mit dem Begriff »Wahrscheinlichkeit« verwendet (Weber 1976: 5, 14). Daher meint man, dass diese beiden Begriffe deckungsgleich sind (Bruun und Whimster 2012: 478–479; Dahrendorf 1979: 62–74; Swedberg 2005: 31, 209–210). Wirft man jedoch einen Blick in die Wahrscheinlichkeitstheorie von Johannes von Kries, mit der Weber arbeitete (von Kries 1886; 1888; Weber 1982: 269; 1976: 5–6), stellt man fest, dass dies keineswegs der Fall ist. Von Kries hatte den Begriff »Chance« präzise definiert, was Weber offenbar entgangen war. So garnierte er seine Texte mit einem »Chancensalat« (Dahrendorf 1979: 72), dessen Ingredienzien der Forschung immer noch nicht bekannt sind. Im Folgenden soll die Bedeutung, die der Begriff »Chance« in von Kries' Wahrscheinlichkeitstheorie hat, herausgearbeitet werden. Dadurch wird deutlich, dass er für den sozialwissenschaftlichen Bereich *per definitionem* uneignet ist.

## Eine Spielraumtheorie der Wahrscheinlichkeit

Von Kries stand in der Tradition des Determinismus (Laplace 1998), demzufolge jedes Verhalten mit Notwendigkeit durch die Naturgesetze und die Anfangsbedingungen, unter denen sie wirken, herbeigeführt wird (von Kries 1886; 1888). Wer in Kenntnis aller Gesetze und aller Anfangsbedingungen ist, hat Einsicht in diese Notwendigkeit und kann daher jedes vergangene Verhalten erklären und jedes zukünftige voraussagen. Dazu ist der Laplacesche Dämon in der Lage, aber nicht der menschliche Geist, der zwar potenziell in Kenntnis aller Gesetze, aber niemals aller Anfangsbedingungen gelangen kann. Der menschliche Geist muss sich daher mit Wahrscheinlichkeiten begnügen.

Von Kries war mit der Geschichte der Wahrscheinlichkeitstheorie vertraut (von Kries 1886: 266–298). Seine eigene Wahrscheinlichkeitstheorie bezeichnete er als Spielraumtheorie, denn für ihn hat jedes Verhalten – jeder »Erfolg« – einen »*Spielraum*« (von Kries 1886: 24; 1888: 183). Einen »ganze[n] Spielraum« kann man in »zwei Theile« einteilen:

einerseits in »Bedingungen«, die das »Eintreten«, und andererseits in »Bedingungen« die
das »Ausbleiben« eines Erfolges »bewirken« würden (von Kries 1888: 183). Die »Wahrscheinlichkeit«, mit der ein Erfolg zu erwarten ist, wird bestimmt durch das »Grössenverhältnis« dieser beiden – »ihn bewirkenden und nicht bewirkenden« – Teile (von Kries
1888: 189), die Kries auch als »Teil-Spielräume« (von Kries 1886: 24) oder irreführender-
weise selbst als »Spielräume« bezeichnete: »Ein Erfolg ist um so wahrscheinlicher, je
grösser der [Teil-]Spielraum ist, der ihn herbeiführt« (von Kries 1888: 189). Beim Würfeln
ist die Wahrscheinlichkeit nur 1/6, denn der Teil des Spielraums, der den Wurf einer
Zahl zwischen 1 und 6 eintreten lässt, ist im Verhältnis 1 zu 5 kleiner als der Teil, der
ihn ausbleiben lässt. Beim Münzewerfen ist die Wahrscheinlichkeit größer, nämlich bei
jedem Wurf 1/2. Kopf oder Zahl sind »gleich wahrscheinlich«, weil sie »gleiche [Teil-]
Spielräume« umfassen (von Kries 1888: 189).

Dies gilt von Kries zufolge nicht nur für »einen Einzelfall«, sondern auch für »eine
Reihe vieler gleichartiger unabhängiger Fälle« (von Kries 1886: 91), weil »die relative
Häufigkeit, mit der ein Erfolg eintritt und ausbleibt, mit dem Grössenverhältnis der das
Eintreten und Ausbleiben bewirkenden [Teil-]Spielräume thatsächlich stets annähernd
übereinstimmt« (von Kries 1888: 184). So darf man z. B. erwarten, »bei 1000maligem
Aufwerfen einer Münze annähernd 500 Mal Kopf zu werfen« (von Kries 1886: 91). Das
»Princip der Spielräume« ist für Kries insofern auch die Grundlage des »Gesetzes der
großen Zahlen«, das besagt, »dass, wenn in einem einzelnen Falle einer bestimmten Art
ein bestimmter Verlauf mit der Wahrscheinlichkeit 1/n zu erwarten ist, alsdann immer
mit grösster Sicherheit anzunehmen ist, dass bei einer sehr grossen Anzahl derartiger
Fälle annähernd der nte Teil aller [Fälle] den betreffenden Verlauf aufweisen werde«
(von Kries 1886: 89; 1888: 184). Trotz der »Unbestimmtheit der Erwartungen in jedem
Einzelfalle« darf wegen der »Grössen-Verhältnisse« der Spielräume »mit Bezug auf sehr
viele [Einzelfälle] ein gewisses Resultat mit fast absoluter Sicherheit vermutet werden«
(von Kries 1886: 89, 91).

Den »Wahrscheinlichkeits-Angaben« hinsichtlich solcher Zufallsspiele bescheinigte
von Kries »Allgemeingiltigkeit«, denn »sie gelten für alle Fälle […] und sie gelten für
Jeden, der über den Verlauf eines derartigen Falles eine Erwartung zu bilden wünscht«
(von Kries 1886: 95; 1888: 188–190). Diese Allgemeingültigkeit folgt daraus, dass wir,
obwohl wir nicht alle Bedingungen kennen können, doch »sicher wissen, in welchem
Grössenverhältniss […] die [Teil-]Spielräume der Gestaltungen stehen, welche die
Verwirklichung des einen oder anderen Erfolges mit sich bringen« (Kries 1888: 189).
Bei Zufallsspielen ist es sogar »*derselbe* Zahlenwerth«, der »die allgemeingiltige Wahrscheinlichkeit und die Möglichkeit eines Ereignisses angiebt« (von Kries 1888: 189), so
z. B. beim Würfeln der Wert 1/6 und beim Münzewerfen der Wert 1/2.

Von Kries bezeichnete diese »allgemein gültige Wahrscheinlichkeit«, mit der ein solcher Erfolg eintritt, als »*Chance*« (von Kries 1886). Er betonte, dass er damit nicht einfach »Wahrscheinlichkeiten« meinte, »welche von nur individueller Bedeutung sind und
durch Vermehrung der Kenntniss sich verändern können« (von Kries 1886: 96).

»Sagen wir nun z. B., die mit 1/36 zu beziffernde Wahrscheinlichkeit, mit zwei Würfeln in Summa 12 zu werfen, sei eine objectiv bestehende Chance, so will das heissen: ›sobald mit zwei Würfeln geworfen wird, ist der Eintritt jenes Resultats mit der Wahrscheinlichkeit 1/36 zu erwarten; dies steht ein für allemal fest; keine Untersuchung der besonderen Umstände des einzelnen Falles kann hieran etwas ändern.‹ Demgemäss hat die Angabe einer Chance stets die Bedeutung, alle speciellen Erwägungen darüber, ob in einem individuellen Falle der betreffende Erfolg eintreten werde, als überflüssig abzuschneiden« (von Kries 1886: 96).

Von Kries wies darauf hin, dass bei der »grossen Unsicherheit der Terminologie in der Literatur der Wahrscheinlichkeits-Rechnung [...] das Wort Chance häufig genug für Wahrscheinlichkeit schlechtweg, nicht in dem hier dargelegten besonderen Sinne gebraucht worden ist« (von Kries 1886: 95). Allerdings werde man, so von Kries, finden, »dass, wo die Allgemeingiltigkeit einer Wahrscheinlichkeit betont werden sollte, stets von Chance gesprochen wurde« (von Kries 1886: 95–96). Halten wir also fest, dass »Chancen« stets genau bestimmbare »Grössen-Relationen« von »Verhaltungs-Spielräume[n]« sind, wie man sie paradigmatisch bei Zufallsspielen findet (von Kries 1886: 96). Tatsächlich wurde der Begriff »Chance« auch am Beispiel solcher Spiele eingeführt, wie der Titel eines klassischen Werkes von Abraham de Moivre zeigt: *The Doctrine of Chance, or A Method of Calculating the Probability of Events in Play* (de Moivre 1718).

## Moleküle und Menschen

Für Ludwig Wittgenstein war ein »Paradigma« ein »Maß«, ein »Muster« oder ein »Vorbild« in einem Sprachspiel (Wittgenstein 2001: 755, 778–779, 816). Für von Kries waren Zufallsspiele das Paradigma im Sprachspiel der Wahrscheinlichkeitstheorie (Pulte 2016: 124–126). Sie sind nicht nur das »Haupt-Gebiet der Wahrscheinlichkeits-Rechnung«, sondern auch »ideale Fälle« (von Kries 1886: 37, 82), mit denen sich andere Bereiche der Wirklichkeit begreifen lassen, sofern sie sich »analog« verhalten (von Kries 1886: 140; vgl. 24, 47, 73).

Ein solcher Bereich ist das Verhalten von Gasmolekülen in einem geschlossenen Behälter. Die »Regelmässigkeiten« dieses Verhaltens lassen sich »in ähnlicher Weise und in ähnlichem Sinne verständlich« machen wie »die Regelmässigkeiten [...] bei den Zufalls-Spielen« (von Kries 1886: 193). Das Verhalten kann hier wie dort »nur einen ganz bestimmt begrenzten Kreis von Zuständen« durchlaufen und folglich kann »eine grosse Mannigfaltigkeit von Einwirkungen immer nur die Wiederholung dieser selben Verhaltensweisen bedingen« (von Kries 1886: 262).

»Beim Würfeln oder beim Kopf- und Schrift-Spiel ist diese Begrenztheit der Zustände durch die Beschränktheit der überhaupt möglichen Orientirungen, also in letzter Instanz durch die Beschaffenheit des Raums gegeben. Diese bringt es mit sich, dass beliebig viele Drehungen, welche wir mit dem Würfel oder der Münze vornehmen, immer nur zu der Wiederholung derselben definitiven Lagerungs-Möglichkeiten führen. Etwas Aehnliches kann auf manche andere Weise erreicht sein. Wenn z. B. ein Gas-Molekül in einem bestimmten, von festen Wänden begrenzten Raum eingeschlossen ist, so beruht

der Wahrscheinlichkeits-Ansatz, den wir für sein Enthaltensein in diesem oder jenem
Teile des Raumes machen können, in ganz ähnlicher Weise darauf, dass die grosse Zahl
ganz verschiedenartiger Einwirkungen, die dasselbe bei seinen Zusammenstössen erfährt,
ebenfalls nur einen bestimmt begrenzten Kreis von Verhaltensweisen herbeiführen kann,
und dass daher, wenn wir uns alle jene Einwirkungen variirt denken, diese in beständiger
Abwechselung sich wiederholen« (von Kries 1886: 262).

Von Kries hatte Ludwig Boltzmanns kinetische Gastheorie eingehend rezipiert und
wollte nun die »Anwendung der Wahrscheinlichkeits-Rechnung in der theoretischen
Physik« erhellen (von Kries 1886: 192–216). Man könne »stets« beobachten, dass ein Gas
in einem geschlossenen Behälter »nach Verlauf einer gewissen Zeit [...] den ganzen
Raum gleichmässig erfüllt, d. h. überall in der Volumen-Einheit gleiche Quanta desselben enthalten sind; ferner, dass überall gleicher Druck und gleiche Temperatur Statt
findet«, weil sich »einem zuerst von *Maxwell* aufgestellten Satze« entsprechend »eine
ganz bestimmte Geschwindigkeits-Verteilung« der Moleküle einstellt (von Kries 1886:
196, 199). Diese Verteilung müsse sich keineswegs immer einstellen, denn es sind »die
allerverschiedensten Anordnungen bezüglich Grösse und Richtung der Geschwindigkeiten *möglich*« (von Kries 1886: 196). Man könne jedoch davon ausgehen, dass »nur
ganz besondere Anfangs-Zustände« eine andere Verteilung herbeiführen könnten und
dass der »überwiegend grösste [Teil-]Spielraum« der »Anfangs-Zustände« die stets zu
beobachtende Erscheinung ergibt (von Kries 1886: 197–198). Diese stets zu beobachtende
»gleichmässige Verteilung von Masse, Temperatur und Druck« sei der »wahrscheinlichste Zustand«, welcher »der grössten Menge überhaupt möglicher ursprünglicher Verhaltensweisen« der Moleküle entspricht (von Kries 1886: 201). Von Kries bezeichnete ihn
als »*Normal-Zustand*« und betonte, dass dieser »nicht ein ganz bestimmter Zustand«
sei, »sondern vielmehr der Inbegriff gerade ganz ausserordentlich vieler verschiedener
Zustände«, welche die Gasmoleküle einnehmen können (von Kries 1886: 201).

Von Kries zufolge kann man ebenso, wie man erwarten kann, dass eine Münze bei
1000 Würfen etwa 500 Mal auf der Zahl landet, erwarten, dass sich Gasmoleküle in
einem geschlossenen Behälter gleichmäßig im Raum verteilen (von Kries 1886: 91). Diese Erwartung muss daher ebenfalls auf einem Wissen über das Größenverhältnis der
Teilspielräume basieren. Wenn man dieses Größenverhältnis kennt, dann kann man
die Wahrscheinlichkeit numerisch ausdrücken und von einer »Chance« im Sinne einer
»allgemein giltige[n] Wahrscheinlichkeit« sprechen (von Kries 1886: 95–96).

Kein Geringerer als Boltzmann hat diese Analogie akzeptiert. In einer Rede über
den Zweiten Hauptsatz der Thermodynamik, wonach es typisch ist, dass in einem geschlossenen System die Entropie wächst, bis sich ein Gleichgewichtszustand einstellt,
erkannte er in von Kries' Spielraumtheorie eine »logische Begründung« seiner »Rechnungen« (Boltzmann 1886: 38), bei denen das Größenverhältnis der Teilspielräume mit
dem Liouville-Maß gemessen wurde (Boltzmann 1898: 252). In einem geschlossenen
Behälter mit Gasmolekülen ist der Teil des Spielraums mit Bedingungen, welche die
Maxwellsche Geschwindigkeitsverteilung eintreten lassen, wesentlich größer als der Teil
mit Bedingungen, welche sie ausbleiben lassen. Daher ist die Wahrscheinlichkeit wesentlich größer, dass sich die Maxwellsche Geschwindigkeitsverteilung und dadurch die

Gleichheit von Volumen, Druck und Temperatur einstellt. So ist es denn auch kein Zufall, dass Boltzmann dieses Verhalten in Analogie zum »Würfelspiel« veranschaulichte (Boltzmann 1896: 570).

Nun gibt es allerdings auch Gebiete, die keine solche Analogie zu Zufallsspielen aufweisen. Weil es auf »eine ganz bestimmte Gestaltung der Wirklichkeit« ankommt, ist es »überall, wo diese nicht oder nur unvollkommen realisirt ist«, nicht möglich, eine »*genaue* Einteilung und Vergleichung von [Teil-]Spielräumen« vorzunehmen (von Kries 1886: 263). Von Kries zufolge kommt für das Verhalten von Menschen in der Gesellschaft »nur eine ganz allgemeine Heranziehung des Principes der Spielräume«, ohne jede »numerische Bezeichnung irgend einer bestimmten Wahrscheinlichkeit«, in Frage, weil »de facto nicht genau gleichartige, sondern nur mehr oder weniger ähnliche Dinge sich räumlich oder zeitlich wiederholen« (von Kries 1886: 239, 263–264). Daher kann man diesbezüglich auch nicht von einer »Chance« im Sinne einer »allgemein giltige[n] Wahrscheinlichkeit« sprechen (von Kries 1886: 95–96).

## Fazit

Weber lehnte hinsichtlich des Verhaltens von Menschen in der Gesellschaft eine »*zahlenmäßige* Bestimmbarkeit« von Wahrscheinlichkeiten ebenfalls ab (Weber 1982: 285). Umso absurder ist es, dass er sich nicht mit dem Begriff »Wahrscheinlichkeit« begnügte, sondern sich dem Begriff »Chance« verschrieb. Seine umstandslose Identifikation dieser beiden Begriffe fällt hinter die Differenzierung zurück, auf die von Kries besonderen Wert gelegt hatte. Auch wenn »das Wort Chance häufig genug für Wahrscheinlichkeit schlechtweg« und »nicht in dem hier dargelegten besonderen Sinne gebraucht worden ist« (von Kries 1886: 95), ist das keine Entschuldigung für Weber, der sich für die Verwendung *scharfer Begriffe* stark machte (Weber 1982: 146, 208–209, 212). Ebensowenig entlastet ihn seine Anmerkung, dass er nur die »allerelementarsten Bestandteile der v. Kriesschen Theorie«, aber keine »Prinzipien der im strengen Sinn sog. ›Wahrscheinlichkeitsrechnung‹« rezipiere (Weber 1982: 269). Das Spielraum-Konzept ist der allerelementarste Bestandteil der von Kriesschen ›Theorie der sogenannten ›objektiven Möglichkeit‹«, die Weber nach eigenem Bekunden in einer Weise plünderte, die aufhorchen lässt: »Der Umfang, in welchem hier wieder, wie schon in vielen vorstehenden Ausführungen v. Kries' Gedanken ›geplündert‹ werden, ist mir fast genant, zumal die Formulierung vielfach notgedrungen an Präzision hinter der von Kries gegebenen zurückbleiben muß« (Weber 1982: 288). An welche Not Weber hierbei dachte, sei dahingestellt. Der exzessive Gebrauch, den er von dem Begriff »Chance« machte, ist und bleibt unangemessen und sollte durch den Begriff »Wahrscheinlichkeit« ersetzt werden. Das ist natürlich nur in systematischer Hinsicht gemeint, nicht hinsichtlich englischer Übersetzungen, wo die schiere Unkenntnis der Sache durchaus etwas Richtiges zur Folge haben kann, wenn z. B. »typische *Chance*« als »typical *likelihood*« übersetzt wird (Weber 1976: 9; 2004: 324).

## Literatur

Boltzmann, Ludwig, 1886: Der zweite Hauptsatz der mechanischen Wärmetheorie. In: Ludwig Boltzmann, *Populäre Schriften*. Braunschweig: Friedrich Vieweg und Sohn 1979, 26–46.

Boltzmann, Ludwig, 1896: Entgegnung auf die wärmetheoretischen Betrachtungen des Hrn. E Zermelo. In: Ludwig Boltzmann, *Wissenschaftliche Abhandlungen*. Bd. 3 (1882–1905). New York: Chelsea Publishing 1968, 567–578.

Boltzmann, Ludwig, 1898: Vorlesungen über Gastheorie. II. Theil. In: Ludwig Boltzmann, *Vorlesungen über Gastheorie*. I. und II. Teil. Graz und Braunschweig: Akademische Druck- und Verlagsanstalt und Friedrich Vieweg und Sohn 1981.

Bruun, Hans Henrik und Whimster, Sam, 2012: Glossary. In: Max Weber, *Collected Methodological Writings*. Übersetzt von Hans Henrik Bruun. Hg. von Hans Henrik Bruun und Sam Whimster. London: Routledge, 474–501.

Dahrendorf, Ralf, 1979: *Life Chances. Approaches to Social and Political Theory*. London: Weidenfeld and Nicolson.

de Moivre, Abraham, 1718: *The Doctrine of Chances, or A method of Calculating the Probability of Events in Play*. London: W. Pearson.

Laplace, Pierre Simon, 1998: *Philosophischer Versuch über die Wahrscheinlichkeit*. Thun: Harri Deutsch.

Pulte, Helmut, 2016: Johannes von Kries' Objective Probability as a Semi-classical Concept. Prehistory, Preconditions and Problems of a Progressive Idea. In: *Journal for General Philosophy of Science* 47, 109–129.

Swedberg, Richard, 2005: *The Max Weber Dictionary. Key Words and Central Concepts*. Stanford: Stanford University Press.

von Kries, Johannes, 1886: *Die Prinzipien der Wahrscheinlichkeitsrechnung. Eine logische Untersuchung*. Freiburg: J. C. B. Mohr (Paul Siebeck).

von Kries, Johannes, 1888: Ueber den Begriff der objectiven Möglichkeit und einige Anwendungen desselben. *Vierteljahrsschrift für wissenschaftliche Philosophie und Soziologie* 12, 179–240, 287–323, 393–428.

Weber, Max, 1976: *Wirtschaft und Gesellschaft. Grundriss der verstehenden Soziologie*. 5. Aufl. Hg. von Johannes Winckelmann. Tübingen: J. C. B. Mohr (Paul Siebeck).

Weber, Max, 1982: *Gesammelte Aufsätze zur Wissenschaftslehre*. 5. Aufl. Hg. von Johannes Winckelmann. Tübingen: J. C. B. Mohr (Paul Siebeck).

Weber, Max, 2004: Basic Sociological Concepts. In: Max Weber, *The Essential Weber. A Reader*. Übersetzt von Keith Tribe. Hg. von Sam Whimster. London: Routledge, 311–358.

Wittgenstein, Ludwig, 2001: *Philosophische Untersuchungen*. Kritisch-genetische Edition. Hg. von Joachim Schulte. Frankfurt am Main: Suhrkamp.

# Typizität und minutis rectis-Gesetze

## Einleitung

In der aktuellen Literatur der Philosophie der Physik bezeichnet der Begriff »Typizität« ein Verhalten, das sehr häufig in einer bestimmten Weise auftritt, obwohl es auch anders auftreten könnte. So ist es z. B. typisch, dass sich Gasmoleküle in einem geschlossenen Behälter gleichmäßig im Raum verteilen, obwohl es möglich wäre, dass sie sich an einer Stelle sammeln. Dieses Verhalten wird durch den Zweiten Hauptsatz der Thermodynamik ausgedrückt.

Typizität soll jedoch nicht auf Verhalten beschränkt sein, das nur für die Physik von Interesse ist: »Many important phenomena, in physics and beyond, while they cannot be shown to hold without exception, can be shown to hold with very rare exception, suitably understood. Such phenomena are said to hold typically« (Goldstein 2012: 59–60). So scheint es auch typisch zu sein, dass in kapitalistischen Staaten angesichts bestimmter finanzpolitischer Maßnahmen schlechtes Geld besseres Geld verdrängt. Dieses Verhalten wird durch das Greshamsche Gesetz ausgedrückt.

Für Max Weber war das »Greshamsche Gesetz« das Paradigma soziologischer Gesetze (Weber 1976: 5, 9; 2009: 617, 626).[1] In seinem Text »Soziologische Grundbegriffe« definierte er Soziologie als eine Wissenschaft, die *generelle* Regeln des Geschehens« sucht, d. h. »typische *Chancen* eines bei Vorliegen gewisser Tatbestände zu *gewärtigenden* Ablaufes von sozialem Handeln, welches aus typischen Motiven und typisch gemeintem Sinn der Handelnden *verständlich* sind« (Weber 1976: 9). Die Tatsache, dass er die Begriffe »Gesetz« und »Regel« mit dem Wort »typisch« verknüpfte, zeigt, dass er eine Vorstellung von Typizität hatte.

Obwohl in der Philosophie der Physik noch Uneinigkeit über das Wesen von Typizität herrscht, scheint es lohnenswert, den Grundgedanken in die Soziologie zu übertragen, um soziologische Gesetze besser verstehen zu können. Diese Umsetzung ist nur durch eine »Analogie« (Bartha 2019) möglich, was dadurch gerechtfertigt ist, dass der Begriff Typizität selbst durch analoges Denken gebildet wurde.

---

1   Die klassische Formulierung stammt von MacLeod (1858: 476–477), wonach »good and bad money cannot circulate together«: »A bad and debased currency is the *cause* of the disappearance of the good money.« Ich werde mich auf dieses Gesetz konzentrieren, nicht nur weil es Webers Paradebeispiel ist, sondern auch ein fortwährender Bezugspunkt in der Philosophie der Wissenschaft (Oppenheim und Putnam 1958; Fodor 1974; Loewer 2008; 2009; 2012).

Im Folgenden werde ich zunächst die Grundidee von Typizität vorstellen und argumentieren, dass der nomologische Status eines typischen Verhaltens, wie er im Zweiten Hauptsatz der Thermodynamik ausgedrückt wird, nicht adäquat verstanden werden kann, wenn man ihn als *ceteris paribus*-Gesetz [*cp*-Gesetz] versteht. Er muss vielmehr als ein *minutis rectis*-Gesetz [*mr*-Gesetz] verstanden werden. Danach werde ich die Entdeckung von Typizität kurz skizzieren, um zu zeigen, dass Weber seine Soziologie in diese Tradition analogen Denkens stellte. Auf dieser Basis werde ich schließlich in Analogie zum Zweiten Hauptsatz der Thermodynamik zeigen, dass auch soziologische Gesetze wie das Greshamsche Gesetz als *minutis rectis*-Gesetze verstanden werden können, weil dies die definitive Eigenschaft ihres nomologischen Status ist.

## Physik

In der Philosophie der Physik wird die Entdeckung von Typizität Ludwig Boltzmann zugeschrieben (Lazarovici und Reichert 2015: 689) und mit Bezug auf dessen Behauptung dokumentiert, dass der sich in einem geschlossenen Behälter mit Gasmolekülen »einstellende wahrscheinlichste Zustand, welchen wir den der *Maxwell*'schen Geschwindigkeitsvertheilung nennen wollen«, »nicht etwa ein ausgezeichneter singulärer Zustand« ist, »welchem unendlich vielmehr nicht *Maxwell*'sche Geschwindigkeitvertheilungen gegenüberstehen«, sondern er ist vielmehr »dadurch charakterisirt, dass die weitaus grösste Zahl der überhaupt möglichen Zustände die charakteristischen Eigenschaften der *Maxwell*'schen Zustandsvertheilung hat und gegenüber dieser Zahl die Anzahl derjenigen möglichen Geschwindigkeitsvertheilungen, welche bedeutend von der *Maxwell*'schen abweichen, verschwindend klein ist« (Boltzmann 1898: 252).[2]

Boltzmann wollte die makroskopischen Gesetze eines Gases – insbesondere den Zweiten Hauptsatz der Thermodynamik – durch die Mikrobestandteile des Gases und

---

2   Vgl. auch: »Man vergesse nicht, daß die *Maxwell*sche Geschwindigkeitsverteilung kein Zustand ist, wobei jedem Molekül ein bestimmter Ort und eine bestimmte Geschwindigkeit angewiesen wird und welcher etwa dadurch erreicht wird, daß sich der Ort und die Geschwindigkeit jedes Moleküls diesem bestimmten Orte und dieser bestimmten Geschwindigkeit asymptotisch nähern. Unter einer endlichen Zahl von Molekülen kann überhaupt niemals exakt, sondern nur mit großer Annäherung die *Maxwell*sche Geschwindigkeitsverteilung bestehen. Diese ist keineswegs eine ausgezeichnete singuläre Geschwindigkeitsverteilung, welcher unendlich vielmal mehr Nicht-*Maxwell*sche Geschwindigkeitsverteilungen gegenüber stehen; sondern sie ist im Gegenteile dadurch charakterisiert, daß die weitaus größte Zahl der überhaupt möglichen Geschwindigkeitsverteilungen die charakteristischen Eigenschaften der *Maxwell*schen haben und gegenüber dieser Zahl die Anzahl derjenigen möglichen Geschwindigkeitsverteilungen, welche bedeutend von der *Maxwell*schen abweichen, verschwindend klein sind. Während daher Hr. *Zermelo* sagt, die Anzahl derjenigen Zustände, welche schließlich zum *Maxwell*schen führen, sei verschwindend gegenüber der aller möglichen Zustände, so behaupte ich dagegen, daß überhaupt die weitaus größte Zahl der gleich möglichen Zustände ›*Maxwell*sche‹ sind und dagegen die Zahl der wesentlich von der *Maxwell*schen Geschwindigkeitsverteilung abweichenden nur verschwindend klein ist« (Boltzmann 1896: 569–570).

die Gesetze, die deren Verhalten bestimmen, verstehen. Er behauptete, dass ein Gas in einem geschlossenen Behälter aus beweglichen Molekülen besteht, deren Orte und Geschwindigkeiten sich ständig ändern. Die Bewegungen der Moleküle werden durch die in der Hamiltonschen Mechanik formulierten fundamentalen Bewegungsgesetze bestimmt. Mit jeder Konfiguration der Moleküle befindet sich das Gas in einem anderen Mikrozustand, der einen Punkt im Raum aller möglichen Mikrozustände, dem Phasenraum, markiert. Gemessen am Liouville-Maß realisiert die weitaus größte Anzahl aller möglichen Mikrozustände eine Maxwellsche Geschwindigkeitsverteilung, während nur eine vernachlässigbar kleine Anzahl möglicher Mikrozustände andere Verteilungen realisiert.[3] Eine Maxwellsche Verteilung ist daher am wahrscheinlichsten.[4] Daraus folgt, dass sich die Moleküle gleichmäßig im ganzen Behälter verteilen, womit gleicher Druck und gleiche Temperatur herrschen, obwohl verschiedene Verteilungen und damit verschiedene Druck- und Temperaturverhältnisse möglich wären. Mit seiner Erkenntnis, dass die Moleküle einen »*equilibrium state*« hervorbringen, trug Boltzmann zur Begründung des Zweiten Hauptsatzes der Thermodynamik bei, »positing the monotonous increase of a macroscopic variable of state called *entropy*, which attains its maximum value in equilibrium« (Lazarovici und Reichert 2015: 690). Diese makroskopische Regelmäßigkeit wird vollständig festgelegt durch ihre Mikrobestandteile und die Gesetze, die deren Verhalten bestimmen. Sie kann als »typisch« bezeichnet werden, weil die Mikrozustände, die sie realisieren, »typisch« sind.[5]

Roman Frigg hat eine grobe Definition von »Typizität« gegeben, die für unseren Zweck genügt: »Consider an element $e$ of a set $\Sigma$. Typicality is a relational property of $e$, which $e$ possesses with respect to $\Sigma$, a property $P$, and a measure $v$, often referred to as a ›typicality measure‹. Roughly speaking, $e$ is typical if most members of $\Sigma$ have property $P$ and $e$ is one of them« (Frigg 2009: 1000). Bei einem Gas in einem geschlossenen Behälter entspricht $e$ einem Mikrozustand $x$, $\Sigma$ umfasst alle möglichen Mikrozustände, $P$ ist die Eigenschaft, sich zu einem Gleichgewichtszustand zu entwickeln, und $v$ ist das Liouville-Maß (vgl. Filomeno 2014: 130–131).

---

3   Boltzmann benutzte das Liouville-Maß (Boltzmann 1898: 252).

4   Dies gilt freilich nur, wenn Wahrscheinlichkeiten mit Phasenraumvolumina assoziiert werden, wie es Boltzmann tat.

5   Die Tatsache, dass die weitaus größte Anzahl aller möglichen Mikrozustände tatsächlich dieses besondere Verhalten zeigt, kann mit der Theorie des »Mentaculus« erklärt werden (Albert 2000; Loewer 2008; 2012). Dieser Theorie zufolge lassen sich letztlich alle Wahrscheinlichkeiten auf höheren Ebenen der Wirklichkeit reduzieren auf eine einheitliche Wahrscheinlichkeitsverteilung (PROB) über alle möglichen Mikrozustände, die den vermuteten entropiearmen Makrozustand beim oder direkt nach dem Urknall realisierten (Vergangenheits-Hypothese PH). Dieser Theorie zufolge wird der Mentaculus, bestehend aus PROB, PH und den fundamentalen Bewegungsgesetzen, zur Basis für das Verständnis nicht nur der »thermodynamics laws«, sondern auch der »laws of natural selection« und anderer Gesetze der speziellen Wissenschaften wie der »laws of intentional psychology« und sogar »Gresham's Law« (Loewer 2008: 160; 2012: 18). Für eine kritische Diskussion siehe Wilson (2014).

Die fundamentalen Bewegungsgesetze gelten strikt und ohne Ausnahmen (Loewer 2008: 154–155). Der Zweite Hauptsatz der Thermodynamik hingegen kann Ausnahmen haben, auch wenn diese sehr selten sind. In der Philosophie der Wissenschaft werden Gesetze, die Ausnahmen haben, üblicherweise als *cp*-Gesetze bezeichnet (Reutlinger et al. 2019). Solche Gesetze gelten nur unter bestimmten Bedingungen, die mehr oder weniger explizit in der *cp*-Klausel festgelegt sind. Ausnahmen ergeben sich durch den Verstoß gegen diese Klausel. Dementsprechend wird angenommen, der Zweite Hauptsatz der Thermodynamik »is a *ceteris paribus* law since it holds only as long as the system is approximately energetically isolated« (Loewer 2008: 156).

Demgegenüber argumentiert Luke Fenton-Glynn: »[n]ot all exceptions to scientific generalizations arise due to the non-fulfilment of (explicit or implicit) cp clauses« (Fenton-Glynn 2016: 278). Das »Second Law of Thermodynamics« [SLT] dient ihm als Beispiel: »*Even assuming an ideal isolated system*, exceptions to SLT may arise just as a consequence of certain unlikely microphysical realizations of the system's initial thermodynamic state« (Fenton-Glynn 2016: 278). In einem solchen isolierten System »the majority of points in the system's phase space (measure ≈ 1) are on non-entropy-decreasing trajectories. However, there are a very few (measure ≈ 0) that are on entropy-decreasing trajectories. SLT only holds if the initial macro-state of the system is realized ›in the right way‹ – viz. by one of the ›usual‹ points in phase space that is on a non-entropy-decreasing trajectory« (Fenton-Glynn 2016: 279). Ausnahmen vom Zweiten Hauptsatz der Thermodynamik kann es daher geben »just as a consequence of the properties that they concern being realized in the ›wrong‹ way« (Fenton-Glynn 2016: 279). Fenton-Glynn nennt Gesetze, die solche Ausnahmen zulassen, »*minutis rectis* (*mr*) laws: that is, laws that hold only when the properties that they concern are realized in the right way« (Fenton-Glynn 2016: 278–279).[6]

Fenton-Glynn zufolge kann der Zweite Hauptsatz der Thermodynamik nicht angemessen als *cp*-Gesetz verstanden werden: »Rather than a cp clause, SLT includes a precise specification of its scope of application: it applies to thermodynamically isolated systems (including the universe as a whole)« (Fenton-Glynn 2016: 278). Dieser Hinweis in Klammern ist wichtig, weil sich im Hinblick auf das Universum als Ganzes die Frage, ob es einen Einfluss von außen geben könnte, der eine *cp*-Klausel erzwingen würde, gar nicht erst stellen kann (Fenton-Glynn 2016: 278). Ebenso unangemessen wäre es, dem Zweiten Hauptsatz der Thermodynamik eine *cp*-Klausel aufzuerlegen, die die falschen mikrophysikalischen Realisierungen beiseite lässt: »That would be to construe SLT's implicit form as something like ›the total entropy of an isolated system does not decrease

---

6    Fenton-Glynn grenzt sich von Schurz ab, der die Unterscheidung zwischen »literal ceteris paribus laws« (other things being equal) and »ceteris rectis laws« (other things being right) einführte (Schurz 2014), um seine frühere Unterscheidung zwischen »comparative ceteris paribus laws« and »exclusive ceteris paribus laws« zu verbessern (Schurz 2002). Für Fenton-Glynn sind *mr*-Gesetze kein besonderer Typ von *cp*-Gesetzen (Fenton-Glynn 2016: 275).

over time, except when its initial microstate is such that it does decrease‹. But this comes close to rendering SLT empty when clearly it isn't« (Fenton-Glynn 2016: 278).[7]

Für den Zweck dieses Artikels ist es nicht notwendig zu entscheiden, ob der Zweite Hauptsatz der Thermodynamik ein *cp*-Gesetz ist oder nicht, zumal Fenton-Glynn betont: »many special science generalizations hold *both* only cp *and* only mr« (Fenton-Glynn 2016: 279). Was wir – über Fenton-Glynn hinaus, der sich nicht auf den Typizitätsansatz bezog – tun müssen, ist, einen Zusammenhang herstellen zwischen typischem Verhalten und *mr*-Gesetzen. Wenn der Zweite Hauptsatz der Thermodynamik das paradigmatische Beispiel für Typizität ist und wenn *mr*-Gesetze mit Hilfe dieses Beispiels expliziert werden können, dann können wir ein typisches Verhalten als ein *mr*-Gesetz auffassen.

Auch andere Fälle von Typizität, wie z. B. die Ergebnisse beim Werfen einer Münze, die üblicherweise durch das Gesetz der großen Zahlen erklärt werden,[8] können als *mr*-Gesetze aufgefasst werden, denn es sind immer die »richtigen« Anfangsbedingungen, die zusammen mit den fundamentalen Bewegungsgesetzen diese makroskopischen Regelmäßigkeiten hervorbringen. Der Nutzen der Idee der *mr*-Gesetze für die Philosophie der Wissenschaft ist ein doppelter: Sie klärt den nomologischen Status von typischem Verhalten und relativiert damit die Gültigkeit des Konzepts der *cp*-Gesetze.[9]

## Analogien

Die »[a]ncient history (‹1950)« von »typicality« muss noch geschrieben werden (Goldstein 2012: 61). Fest steht immerhin, dass es eine Geschichte der Analogiebildung ist. Für unseren Zweck genügt es, die Rezeptionslinie zu skizzieren, die mit dem Problem von Messfehlern bei der Beobachtung vom Himmelskörpern beginnt.[10]

Carl Friedrich Gauss formulierte 1809 eine Fehlertheorie, die auf der Annahme basierte, dass »kleinere Irrthümer häufiger begangen werden als grössere« (Gauss 1877:

---

7  Fenton-Glynn bezieht sich auf Earman und Roberts (1999: 465), die sich von Carriers Verständnis des Zweiten Hauptsatzes der Thermodynamik als *cp*-Gesetz abgrenzen (Earman und Roberts 1999: 476; Carrier 1998: 221). Dieses Verständnis, das für Fenton-Glynn unangemessen ist, findet sich auch in Carrier (2000: 378).

8  Wenn eine Münze sehr viele Male geworfen wird, ist es typisch, dass sie fast genauso oft auf dem Kopf wie auf der Zahl landet. Lange Serien, in denen sie mit großer Häufigkeit oder immer auf dem Kopf oder auf der Zahl landet, sind möglich, aber untypisch (Frigg 2009: 998; Lazarovici und Reichert 2015: 706; Oldofredi et al. 2016: 4, 8–9).

9  Fenton-Glynn führte das Konzept der *mr*-Gesetze 2014 ein (Fenton-Glynn 2014). Es wurde in Reutlinger et al. (2015: Kap. 10) erwähnt, aber nicht weiter diskutiert. Daran hat sich in Reutlinger et al. (2019: Kap. 10) nichts geändert. Eine eingehende Diskussion über die Gültigkeit der Konzepte der *cp*-Gesetze, *mr*-Gesetze und des Typizitätsansatzes steht noch aus.

10  Es gibt mehrere umfangreiche Studien zur Geschichte der Wahrscheinlichkeitstheorie. Die folgende Skizze basiert auf Porter (1994) und Stahl (2006) und konzentriert sich auf die mit Gauss beginnende Linie, weil sie von Weber erwähnt wird. Eine weitere Linie beginnt mit dem Cournotschen Prinzip, dass ein Ereignis, das eine sehr kleine oder gar keine Wahrscheinlichkeit hat, nicht eintreten wird (Shafer und Vovk 2006).

254 [Nr. 174]). Drückt man die »Wahrscheinlichkeit« eines Irrtums Δ durch eine Funktion φΔ aus, so lässt sich behaupten, »dass ihr Werth ein Grösstes sein müsse, wenn Δ = 0, dass er gemeiniglich ein gleicher sei für gleiche entgegengesetzte Werthe von Δ, und dass er endlich verschwinde, wenn für Δ der grösste Irrthum oder ein grösserer Werth angenommen wird« (Gauss 1877: 256 [Nr. 175]). Den »am meisten wahrscheinlichen Werth« kann man durch das »arithmetische Mittel unter allen beobachteten Werthen« ermitteln (Gauss 1877: 259 [Nr. 177]). Auf dieser Basis leitete Gauß seine Funktion der Wahrscheinlichkeitsverteilung her, deren graphische Darstellung die glockenförmige Kurve der Normalverteilung ergibt (Gauss 1877: 256 [Nr. 175]; 260 [Nr. 177]).

Adolphe Quetelet, der in persönlichem Kontakt mit Gauß stand, spezifizierte das Verständnis der Fehlerkurve und erweiterte ihren Geltungsbereich. Er wollte das arithmetische Mittel nicht als »Durchschnitt« missverstanden wissen (Quetelet 1914: 517–529), sondern, wie John F. W. Herschel formulieren sollte, im Sinne »einer natürlichen und kenntlichen Zentralgröße, dergestalt, daß alle Größen, die davon abweichen, als Abweichungen von einer normalen Größe betrachtet werden müssen« (Herschel 1914: 43). Darüber hinaus übertrug Quetelet die Fehlerkurve in Analogieschlüssen auf andere Gegenstände. Sein bekanntestes Beispiel sind jene 5738 schottischen Soldaten, deren unterschiedliche Maße des Brustumfangs er nicht als natürliche Verschiedenheiten betrachtete, sondern als Abweichungen von einem Mittelwert, in dem er einen »Typus« erkannte (Quetelet 1849: 90–93, 276; 1914: 529). Er glaubte sogar, diese Regelmäßigkeit in vielerlei Hinsicht in der Gesellschaft beobachten zu können, z. B. bei Geburten, Eheschließungen, Selbstmorden, Verbrechen usw. (Quetelet 1842).

Der ausgiebige Gebrauch, den Quetelet von der Fehlerkurve machte, inspirierte den Physiker James Clerk Maxwell, der durch eine 1850 publizierte Besprechung von Herschel auf ihn aufmerksam wurde (Herschel 1914). Herschel hatte Quetelets Theorie ausführlich diskutiert und die Fehlertheorie weiterentwickelt. Mit seinem Faible für Analogien (Maxwell 1856) stützte Maxwell seine Ableitung der Geschwindigkeitsverteilung von Gasmolekülen auf die Fehlerkurve: »the velocities are distributed among the particles according to the same law as the errors are distributed among the observations« (Maxwell 1860: 23). Boltzmann akzeptierte die Analogie zwischen den »Beobachtungsfehler[n]« in der Astronomie und der von »*Maxwell*« bewiesenen Verteilung der »Geschwindigkeit« der »Moleküle« ebenso wie die Analogie zwischen dem Verhalten von »Molekülen« und »Menschen« (Boltzmann 1886: 37, 34–35). Dabei formulierte er auch jene Zitate, mit denen man in der Philosophie der Physik die Entdeckung von »typicality« dokumentiert (Boltzmann 1896: 569–570; 1898: 252; vgl. Goldstein 2012: 60; Lazarovici und Reichert 2015: 702; Oldofredi et al. 2016: 7).

Weber kannte diese Tradition. In seinen Vorlesungen über »Allgemeine (ʼTheoretischeʼ) Nationalökonomie«, die er zwischen 1894 und 1898 hielt, bestimmte er »*typische* V[orgänge] u. Gr[ößen]« mit Hinweis auf die »*Wahrscheinlichkeits*-Rechnung« seit »Quetelet u. Gauß« (Weber 2009: 347–349). Er wusste, dass diese »Rechnung« aus der »Übertragung der Fehlerwahrscheinlichkeitslehre der Astronomen« hervorgangen war und fügte seinem Manuskript sogar Skizzen der »Normal- bzw. Gaußverteilung« hinzu (Weber 2009: 347–348). Er kannte Quetelets Werk aus erster Hand (Weber 2009: 94,

347–348, 350, 358–359) und die Theorien von Maxwell und Boltzmann durch seine Lektüre von Johannes von Kries' *Principien der Wahrscheinlichkeitsrechnung* (Weber 1982: 269; 2018: 666), in denen Boltzmann eine »logische Begründung« seiner einschlägigen »Rechnungen« erkannte (Boltzmann 1886: 38).

Tatsächlich hatte von Kries die Grundidee von Typizität erfasst.[11] Er konzipierte den Phasenraum als einen »Spielraum« des Verhaltens (von Kries 1886: 24). Einen »ganze[n] Spielraum« kann man in »zwei Theile« einteilen: einerseits in »Bedingungen«, die das »Eintreten«, und andererseits in »Bedingungen« die das »Ausbleiben« eines Erfolges »bewirken« würden (von Kries 1888: 183).[12] Die »Wahrscheinlichkeit«, mit der ein Erfolg zu erwarten ist, wird bestimmt durch das »Grössenverhältnis« dieser beiden – »ihn bewirkenden und nicht bewirkenden« – Teile (von Kries 1888: 189), die Kries auch als »Teil-Spielräume« (von Kries 1886: 24) oder selbst als »Spielräume« bezeichnete: »Ein Erfolg ist um so wahrscheinlicher, je grösser der [Teil-]Spielraum ist, der ihn herbeiführt« (von Kries 1888: 189). In einem geschlossenen Behälter mit Gasmolekülen führt der »überwiegend grösste [Teil-]Spielraum« der »Anfangs-Zustände« zu einem Gleichgewicht, während »nur ganz besondere Anfangs-Zustände« zu anderen Verteilungen führen können (von Kries 1886: 197–198). Daher konzipierte von Kries das Gleichgewicht als »*Normal-Zustand*« (von Kries 1886: 201).[13]

Nach der Jahrhundertwende machte Weber von Kries' Wahrscheinlichkeitstheorie zur Grundlage seines Modells kausaler Erklärung in den Sozialwissenschaften (Weber 1982: 179, 194, 266–290; Wagner 2020a; 2020b). Zu diesem Modell kehrte er ein gutes Jahrzehnt später in seinem Text »Soziologische Grundbegriffe« zurück (Weber 1976: 5–6). Er scheint von Kries' Theorie auch zur Grundlage seiner Vorstellung soziologischer Gesetze gemacht zu haben, die er als »typische *Chancen*« konzipierte,[14] dass man »bei Vorliegen gewisser Tatbestände« einen bestimmten »Ablauf von sozialem Handeln« gewärtigen kann, der »aus typischen Motiven und typisch gemeintem Sinn der Handelnden *verständlich*« ist (Weber 1976: 9). Zum Paradigma einer solche »*generelle[n]* Regel« machte er das aus der Nationalökonomie stammende »Greshamsche Gesetz« (Weber 1976: 9, 5).

---

11  Rosenthal (2016: 167) hat von Kries bereits mit dem »typicality approach« in Verbindung gebracht.

12  Wir benutzen auch von Kries' ergänzende Studie »Ueber den Begriff der objectiven Möglichkeit«, in der seine Position etwas systematischer formuliert ist (von Kries 1888). Weber kannte auch diese Studie (Weber 1982: 269).

13  Ein weiteres Beispiel bestätigt, dass von Kries die Grundidee von Typizität begriffen hatte. Für ihn ist »die Temperatur-Gleichheit als der Normal-Zustand zweier sich berührender Körper« zu betrachten (von Kries 1886: 201). Dieser Sachverhalt wird in der Philosophie der Physik mit Bezug auf »*typicality*« diskutiert: »If we have two metal rods at different temperatures and then bring them into thermal contact, typical behavior […] will be for the motions of the atoms in the rods to evolve so that the temperatures in the rods equalize« (Maudlin 2007: 287).

14  Weber benutzte die Begriffe »Chance« und »*Wahrscheinlichkeit*« synonym (Weber 1976: 14).

## Soziologie

Boltzmann behauptete, dass »jedes Molekül selbständig seinen eigenen Weg geht, gewissermaßen als selbständig handelndes Individuum« (Boltzmann 1886: 34). Im Folgenden werde ich diese Analogie benutzen, um ein besseres Verständnis soziologischer Gesetze zu erzielen.[15] Das physikalische System von Gasmolekülen in einem geschlossenen Behälter hat sein analoges Gegenstück im sozialen System menschlicher Individuen in einem politisch regulierten kapitalistischen Markt. Beide Systeme sind »Spielräume« möglichen Verhaltens. Das soziale System kann sicherlich nicht so scharf definiert werden. Es gibt aber auf jeden Fall Rechtsnormen, die den Möglichkeitsraum begrenzen.

Wie Boltzmann hat Weber zwischen Mikro und Makro unterschieden und eine reduktionistische Position bezogen: »»Gesetz‹ nur = Zurückführung wirtsch[aftlicher] Vorgänge auf *normale* Folgen eines uns *verständlichen* u[nd] *normal* erscheinenden menschl[ichen] Verhaltens« (Weber 2009: 362).[16] Ebenso wie die makroskopische Regelmäßigkeit, die im Zweiten Hauptsatz der Thermodynamik zum Ausdruck kommt, auf das Verhalten von Molekülen reduziert wird, wird die makroskopische Regelmäßigkeit, die im Greshamschen Gesetz zum Ausdruck kommt, auf das Verhalten von Individuen reduziert, das Weber als Handeln konzipierte. Er definierte »Handeln« als »menschliches Verhalten«, mit dem die Individuen einen »subjektiven *Sinn*« verbinden; wenn sie sich »auf das Verhalten *anderer*« beziehen, dann ist ihr Verhalten »[s]oziales Handeln« (Weber 1976: 1). Handlungen sind die Bewegungen der Individuen. In der Tat bestehen sie letztlich aus Körperbewegungen.

Was die Ausgangsbedingungen betrifft, so haben wir es im physikalischen System mit Orten und Geschwindigkeiten von Molekülen zu tun, während wir es im sozialen System mit »Motiven« und »gemeintem Sinn« von Individuen zu tun haben (Weber 1976: 9). Was die Gesetze betrifft, so werden die Bewegungen der Moleküle durch die fundamentalen Bewegungsgesetze bestimmt, während die Bewegungen der Individuen durch Gesetze bestimmt werden, die Weber zögerte, als »psychologisch« zu bezeichnen. Er ging jedoch davon aus, dass Individuen zielorientierte Akteure sind: »Je ›freier‹, d. h. je mehr auf Grund ›eigener‹, durch ›äußeren‹ Zwang oder unwiderstehliche ›Affekte‹ nicht getrübter ›*Erwägungen*‹, der ›Entschluß‹ des Handelnden einsetzt, desto restloser ordnet sich die Motivation ceteris paribus den Kategorien ›Zweck‹ und ›Mittel‹ ein, desto vollkommener vermag also ihre rationale Analyse und gegebenenfalls ihre Einordnung in ein Schema rationalen Handelns zu gelingen« (Weber 1982: 132).[17]

---

15 Die aktuelle Econophysics wendet Modelle aus der Physik auf die Ökonomie an, auch in Bezug auf Geld und das Greshamsche Gesetz; vgl. Yakovenko und Rosser (2009) sowie Smith (2012). Ich werde die Analogie in soziologischer Perspektive ausarbeiten.

16 Weber benutzte die Begriffe »normal« und »typisch« synonym (Weber 1976: 15).

17 In der Philosophie der Wissenschaft gibt es keinen Konsens darüber, dass psychologische Gesetze das menschliche Verhalten bestimmen. Eine reduktionistische Position in Analogie zu Boltzmann macht diese Prämisse jedoch notwendig. Obwohl er nicht zwischen Mikro und Makro unterscheidet, können wir hier Schurz folgen, der in seiner Erläuterung des Gesetzes der Nachfrage auf das psychologische Gesetz verweist, dass »people's actions are goal-oriented« (Schurz 2002: 352–353).

Es überrascht nicht, dass Weber dieses Gesetz als ein *cp*-Gesetz verstand. Der Begriff »ceteris paribus« tauchte im 19. Jahrhundert in der Nationalökonomie auf, wo er mit dem Begriff Gesetz verknüpft wurde (Reutlinger et al. 2019: Kap. 2.1).[18] In der aktuellen Philosophie der Wissenschaft betrachtet man dieses Gesetz als ein Gesetz der Psychologie und diskutiert es als ein Paradebeispiel für *cp*-Gesetze: »*Ceteris paribus*, people's actions are goal-oriented, in the sense that if person *x* wants *A* and believes *B* to be an optimal means for achieving *A*, then *x* will attempt to do *B*« (Reutlinger et al. 2019: Kap. 3.1). Folglich besteht eine negative Analogie in unserem Szenario darin, dass die fundamentalen Bewegungsgesetze strikte Gesetze sind, während dieses Gesetz ein *cp*-Gesetz ist. Es gilt nur unter der Bedingung, dass Zwänge und Affekte ausgeschlossen sind. Dennoch wird angenommen, dass es das Verhalten in einer Weise bestimmt, die zu Makrophänomenen führt.

Mit jeder Konfiguration der Moleküle befindet sich das physikalische System in einem anderen Mikrozustand. Etwas Ähnliches gilt für das soziale System. Die Moleküle kollidieren miteinander und mit den Wänden des Behälters, während die Individuen ihr Handeln sowohl aneinander als auch an wirtschaftlichen und politischen Institutionen und dem rechtlichen Rahmen orientieren (Weber 1976: 16–20).[19] Die Motive und der subjektive Sinn von Individuen ändern sich vielleicht nicht so schnell wie die Orte und die Geschwindigkeiten von Molekülen, aber sie ändern sich oder zumindest nehmen sie an Intensität und Unmittelbarkeit zu oder ab, was auch zu verschiedenen Mikrozuständen führt.

---

Entsprechend schreibt er: »The truth of the law of demand requires not only a cp clause, but also a cr [ceteris rectis] clause: the cp-demand-price relation holds only under the conditions of an ›ideal market‹, which requires that the sellers and buyers are fully informed and free utility-maximizers; irrational behaviour and government price regulations (etc.) have to be excluded« (Schurz 2014: 1803; vgl. 1806). Wir konzentrieren uns auf dieses psychologische Gesetz und gehen davon aus, dass auch andere Mikrogesetze an der Entstehung des Makrozustandes beteiligt sind. Für einen kritischen Blick auf die Betonung von Rationalität vgl. Thaler (2015).

18  Vgl. Cairnes (1875) und Marshall (1891). Weber kannte deren Werke (Weber 2009: 89–90) und machte häufigen Gebrauch vom *cp*-Begriff (Weber 1976: 45, 109, 128, 165, 669; 1995: 205, 306; 2009: 214–215, 314, 349, 654).

19  Weber verstand auch diese Konstrukte reduktionistisch, und zwar als »*Vorstellungen* von etwas teils Seienden, teils Geltensollendem in den Köpfen realer Menschen […] an denen sich deren Handeln orientiert […] Ein moderner ›Staat‹ besteht zum nicht unerheblichen Teil deshalb in dieser Art: – als Komplex eines spezifischen Zusammenhandelns von Menschen, – *weil* bestimmte Menschen ihr Handeln an der *Vorstellung* orientieren, *daß* er bestehe oder so bestehen *solle*« (Weber 1976: 7). Allerdings ging Weber nicht auf die materielle Dimension ein, einschließlich des schlechten und besseren Geldes. Eine ausgearbeitete Konzeption der Mikrozustände des sozialen Systems müsste diese Dimension mit berücksichtigen. Latours Actor-Network-Theory, die Objekte als Akteure begreift, könnte dazu genutzt werden (Johnson 1988; Latour 1994; 2005). Da diese zusätzliche Dimension wahrscheinlich nichts an der Tatsache ändert, dass die Mehrheit der Mikrozustände denselben Makrozustand realisiert, ist es für unseren Zweck ausreichend, sich auf die psychophysische Dimension des sozialen Handelns zu konzentrieren. Für eine kritische Diskussion des »ontologischen Individualismus«, wie ihn auch Weber vertritt, vgl. Currie (1984) und Epstein (2009).

Die Vermessung des »Spielraums« aller möglichen Mikrozustände des physikalischen Systems wird mit dem Liouville-Maß durchgeführt. Allerdings werden in der Philosophie der Physik auch weniger mathematische Methoden im Hinblick auf »typicality« favorisiert: »only sets of very large ($\approx$ 1) or very small ($\approx$ 0) measure are meaningful« (Oldofredi et al. 2016: 8). Sogar die These, »typicality is not a *quantitative* concept«, wird mit der Begründung vertreten, dass es ausreicht, von der »overwhelming majority« der Mikrozustände zu sprechen, die zu typischem Verhalten führen (Lazarovici und Reichert 2015: 706; vgl. Volchan 2007: 809). Im Hinblick auf das soziale System scheint die Vermessung schwieriger zu sein. Von Kries hatte physiologische Studien durchgeführt, in denen er zu dem Schluss kam, dass psychische Zustände überhaupt nicht messbar sind (von Kries 1882). Daher kommt seines Erachtens für das Verhalten von Menschen »nur eine ganz allgemeine Heranziehung des Principes der Spielräume«, ohne jede »numerische Bezeichnung irgend einer bestimmten Wahrscheinlichkeit«, in Frage (von Kries 1886: 239; vgl. 263–264). Obwohl Weber diese Vorbehalte teilte (Weber 1982: 285), führte er selbst quantitative psychophysische Studien durch (Weber 1995). Wie auch immer, die heutigen Neurowissenschaften, die Psychologie und die Soziologie sollten dieses Problem insoweit gelöst haben, dass die überwältigende Mehrheit aller möglichen Mikrozustände des sozialen Systems bestimmt werden kann.[20]

Im physikalischen System hat die weitaus größte Anzahl aller möglichen Mikrozustände die Eigenschaft, sich zu einem Gleichgewichtszustand zu entwickeln. Weil diese Mikrozustände »typical« sind (Frigg 2009: 1000), bringen sie zusammen mit den fundamentalen Bewegungsgesetzen jene makroskopische Regelmäßigkeit hervor, die im Zweiten Hauptsatz der Thermodynamik zum Ausdruck kommt. Im sozialen System hat die überwältigende Mehrheit aller möglichen Mikrozustände die Eigenschaft, sich zu einem Zustand zu entwickeln, in dem nur schlechtes Geld zirkuliert. Diese Mikrozustände müssen ebenfalls typisch sein, damit sie zusammen mit psychologischen Gesetzen jene makroskopische Regelmäßigkeit hervorbringen können, die man als Greshamsches Gesetz kennt. Tatsächlich hat Weber die Anfangsbedingungen, welche diese Mikrozustände konstituieren, als »typische Motive« und »typisch gemeinte[n] Sinn« bezeichnet, was die Mikrozustände ebenfalls typisch macht (Weber 1976: 9).

Am Beispiel des wirtschaftlichen Handelns hat Weber das Zusammenspiel von typischen Anfangsbedingungen und dem uns bekannten psychologischen Gesetz bei der Herstellung einer makroskopischen Regelmäßigkeit am besten veranschaulicht. In einem Markt orientieren die Individuen »ihr Verhalten, als ›Mittel‹, an eigenen *typischen* subjektiven wirtschaftlichen Interessen als ›Zweck‹ und an den ebenfalls typischen Erwartungen, die sie vom voraussichtlichen Verhalten der anderen hegen, als ›Bedingungen‹, jenen Zweck zu erreichen. Indem sie derart, *je strenger* zweckrational sie handeln, desto ähnlicher auf gegebene Situationen reagieren, entstehen Gleichartigkeiten, Regelmäßigkeiten und Kontinuitäten der Einstellung und des Handelns« (Weber 1976: 15). Zweifellos besteht ein typisches Interesse der Marktteilnehmer darin, ihre Gewinne zu

---

20  In der Logik gibt es entsprechende Positionen; vgl. Adams (1974) und Strößner (2018).

steigern. Angesichts einer bestimmten finanzpolitischen Maßnahme können sie dieses
Ziel durch das Horten von höherwertigen Münzen erreichen. Indem sie diese Münzen
aus dem Zahlungsverkehr herausnehmen und nur noch mit schlechtem Geld bezahlen,
entsteht die makroskopische Regelmäßigkeit, die als Greshamsches Gesetz bekannt ist:
»Es lassen sich innerhalb des sozialen Handelns tatsächliche Regelmäßigkeiten beobachten, d. h. in einem typisch gleichartig *gemeinten Sinn* beim gleichen Handelnden sich
wiederholende oder (eventuell auch: zugleich) bei zahlreichen Handelnden verbreitete
Abläufe von Handeln« (Weber 1976: 14).

Ebenso wie der Zweite Hauptsatz der Thermodynamik kann daher das Greshamsche Gesetz als *mr*-Gesetz verstanden werden (Fenton-Glynn 2016: 278–279). Es gilt
nur dann, wenn die Eigenschaft, sich zu einem Zustand zu entwickeln, in dem es nur
schlechtes Geld gibt, in der richtigen Weise realisiert ist, d. h. in der überwältigenden
Mehrheit aller möglichen Mikrozustände. Hinsichtlich des Zweiten Hauptsatzes der
Thermodynamik hatten wir es offen gelassen, ob dieser Satz auch noch ein *cp*-Gesetz ist.
Das Greshamsche Gesetz ist jedoch eine dieser speziellen wissenschaftlichen Verallge-
meinerungen, für die gilt, dass sie »hold *both* only cp *and* only mr« (Fenton-Glynn 2016:
279). Weber konzipierte soziologische Gesetze als typische Chancen, dass man »bei Vorliegen gewisser Tatbestände« einen gewissen Ablauf sozialen Handelns erwarten kann
(Weber 1976: 9). Das legt nahe, dass er *cp*-Gesetze im Sinn hatte. Es ist nicht klar, ob er
dabei an die *cp*-Klausel dachte, die für das psychologische Gesetz, dass die Handlungen
der Menschen zielorientiert sind, gelten soll, oder an andere Bedingungen. Es ist jedoch
leicht zu erkennen, dass auch bestimmte Makrobedingungen erfüllt sein müssen, damit
das soziale System funktioniert. Eingriffe von außen, wie Kriege oder ökologische Kata-
strophen, müssen ausgeschlossen werden.[21]

## Fazit

Zusammenfassend lässt sich dokumentieren, dass das Verhalten, auf das der Begriff Typizität referiert, als ein *minutis rectis*-Gesetz aufgefasst werden kann. Darüber hinaus
hat sich gezeigt, dass Typizität nicht nur bei Verhalten existiert, das für die Physik,
sondern auch für die Soziologie von Interesse ist. In Analogie zum Zweiten Hauptsatz
der Thermodynamik kann typisches Verhalten, wie es sich in soziologischen Gesetzen
wie dem Greshamschen Gesetz oder dem Gesetz der Nachfrage ausdrückt, ebenfalls als
*mr*-Gesetz verstanden werden. Dies setzt jedoch ein Verständnis von Soziologie voraus,
demzufolge Makrophänomene auf soziale Handlungen von Individuen reduziert werden. Ein solches Verständnis hat Max Weber vorgeschlagen, der seine Soziologie in die
Tradition der Pioniere von Typizität stellte.

---

21 Weber versuchte, sein Verständnis der *cp*-Gesetze im Sinne des »Idealtypus« zu formulieren (Weber 1982: 130, 190). Zur Geschichte dieses Begriffs und zur Verwendung durch Weber vgl. Wagner
   (2014) and Wagner und Härpfer (2014).

## Literatur

Adams, Ernest W., 1974: The Logic of »Almost All«. In: *Journal of Philosophical Logic* 3, 3–17.

Albert, David Z., 2000: *Time and Chance*. Cambridge, Mass.: Harvard University Press.

Bartha, Paul; 2019: Analogy and Analogical Reasoning. In: *Stanford Encyclopedia of Philosophy*. https://plato.stanford.edu/entries/reasoning-analogy/ [10.11.2021].

Boltzmann, Ludwig, 1886: Der zweite Hauptsatz der mechanischen Wärmetheorie. In: Ludwig Boltzmann, *Populäre Schriften*. Hg. von E. Broda. Braunschweig: Friedrich Vieweg und Sohn 1979, 26–46.

Boltzmann, Ludwig, 1896: Entgegnung auf die wärmetheoretischen Betrachtungen des Hrn. E Zermelo. In: Ludwig Boltzmann, *Wissenschaftliche Abhandlungen*. Bd. 3. New York: Chelsea Publishing 1968, 567–578.

Boltzmann, Ludwig, 1898: Vorlesungen über Gastheorie. II. Theil. In: Ludwig Boltzmann, *Vorlesungen über Gastheorie*. I. und II. Theil. Graz und Braunschweig: Akademische Druck- und Verlagsanstalt und Friedrich Vieweg und Sohn 1981.

Cairnes, John E., 1875: *The Character and Logical Method of Political Economy*. London: Macmillan.

Carrier, Martin, 1998: In Defense of Psychological Laws. In: *International Studies in the Philosophy of Science* 12, 217–232.

Carrier, Martin, 2000: Menschliches Verhalten und psychologische Gesetze. In: *Philosophia naturalis* 37, 375–384.

Currie, Gregory, 1984: Individualism and Global Supervenience. In: *British Journal for the Philosophy of Science* 35, 345–358.

Earman, John und Roberts, John, 1999: Ceteris Paribus, There Is No Problem of Provisos. In: *Synthese* 118, 439–478.

Epstein, Brian, 2009: Ontological Individualism Reconsidered. In: *Synthese* 166, 187–213.

Fenton-Glynn, Luke, 2014: Ceteris Paribus Laws and Minutis Rectis Laws. In: http://philsci-archive.pitt.edu/10941/1/Ceteris_Paribus_Laws_and_Minutis_Rectis_Laws.pdf [10.11.2021].

Fenton-Glynn, Luke, 2016: Ceteris Paribus Laws and Minutis Rectis Laws. In: *Philosophy and Phenomenological Research* 93(2), 274–305.

Filomeno, Aldo, 2014: On the Possibility of Stable Regularities Without Fundamental Laws. University of Barcelona: PhD thesis.

Fodor, Jerry A., 1974: Special Sciences or the Disunity of Science as a Working Hypothesis. In: *Synthese* 28, 97–115.

Frigg, Roman, 2009: Typicality and the Approach to Equilibrium in Boltzmannian Statistical Mechanics. In: *Philosophy of Science* 76, 997–1008.

Gauss, Carl Friedrich, 1877 [1809]: *Theorie der Bewegung der Himmelskörper, welche in Kegelschnitten die Sonne umlaufen*. Ins Deutsche übertragen von Carl Haase. Gotha: Friedrich Andreas Perthes.

Goldstein, Sheldon, 2012: Typicality and Notions of Probability in Physics. In Yemima Ben-Menahem & Meir Hemmo (Hg.), *Probability in Physics*. Berlin: Springer, 59–71.

Herschel, John F. W., 1914 [1850]: Einführung. Über die Lehre von den Wahrscheinlichkeiten und ihre Anwendungen auf die physikalischen und sozialen Wissenschaften. In: Adolphe Quetelet, *Soziale Physik oder Abhandlung über die Entwicklung der Fähigkeiten des Menschen*. Bd. 1. Jena: Gustav Fischer, 6–100.

Johnson, Jim [Latour, Bruno], 1988: Mixing Humans and Nonhumans Together. The Sociology of a Door-Closer. In: *Social Problems* 35(3), 298–310.

Latour, Bruno, 1994: Pragmatogonies. A Mythical Account of How Humans and Nonhumans Swap Properties. In: *American Behavioral Scientist* 37(6), 791–808.

Latour, Bruno, 2005: *Reassembling the Social. An Introduction to Actor-Network-Theory*. Oxford: Oxford University Press.

Lazarovici, Dustin und Reichert, Paula, 2015: Typicality, Irreversibility and the Status of Macroscopic Laws. In: *Erkenntnis* 80, 689–716.

Loewer, Barry, 2008: Why There *Is* Anything Except Physics. In Jakob Hohwy und Jesper Kallestrup (Hg.), *Being Reduced. New Essays on Reduction, Explanation, and Causation*. New York: Oxford University Press, 149–163.

Loewer, Barry, 2009: Why Is There Anything Except Physics? In: *Synthese* 170, 217–233.

Loewer, Barry, 2012: The Emergence of Time's Arrows and Special Science Laws From Physics. In: *Interface Focus* 2, 13–19.

MacLeod, Henry D., 1858: *The Elements of Political Economy*. London: Longman, Brown, Green, Longmans, and Roberts.

Marshall, Alfred, 1891: *Principles of Economics*. Bd. 1. London: Macmillan.

Maudlin, Tim, 2007: What Could Be Objective About Probabilities? In: *Studies in History and Philosophy of Modern Physics* 38, 275–291.

Maxwell, James C., 1856: On Faraday's Lines of Force. In: *Transactions of the Cambridge Philosophical Society* 10, Part 1, 27–83.

Maxwell, James, 1860: Illustrations of the Dynamical Theory of Gases. Part I. On the Motions and Collisions of Perfectly Elastic Spheres. In: *The London, Edinburgh, and Dublin Philosophical Magazine and Journal of Science* 19(124), 19–32.

Oldofredi, Andrea, Lazarovici, Dustin, Deckert, Dirk-André und Esfeld, Michael, 2016: From the Universe to Subsystems. Why Quantum Mechanics Appears More Stochastic Than Classical Mechanics. In: *Fluctuation and Noise Letters* 15(3), 1640002 (16 Seiten).

Oppenheim, Paul und Putnam, Hilary, 1958: Unity of Science as a Working Hypothesis. In Herbert Feigl, Michel Scriven und Grover Maxwell (Hg.), *Minnesota Studies in the Philosophy of Science*. Bd. II: *Concepts, Theories, and The Mind-Body Problem*. Minneapolis: University of Minnesota Press, 3–36.

Porter, Theodore M., 1994: From Quetelet to Maxwell. Social Statistics and the Origins of Statistical Physics. In: I. Bernard Cohen (Hg.), *The Natural Sciences and the Social Sciences. Some Critical and Historical Perspectives*. Dordrecht: Kluwer, 345–362.

Quetelet, Adolphe, 1914: *Soziale Physik oder Abhandlung über die Entwicklung der Fähigkeiten des Menschen*. Bd. 1. Jena: Gustav Fischer.

Quetelet, Adolphe, 1842: *A Treatise on Man and the Development of His Faculties*. Edinburgh: William and Robert Chambers.

Quetelet, Adolphe, 1849: *Letters Addressed to H. R. H. the Grand Duke of Saxe Coburg and Gotha, on the Theory of Probabilities, as Applied to the Moral and Political Sciences*. London: Charles and Edwin Layton.

Reutlinger, Alexander, Schurz, Gerhard und Hüttemann, Andreas, 2015: Ceteris Paribus Laws. In: *Stanford Encyclopedia of Philosophy*. https://plato.stanford.edu/entries/ceteris-paribus/ [03.07.2019].

Reutlinger, Alexander, Schurz, Gerhard, Hüttemann, Andreas und Jaag, Siegfried, 2019: Ceteris Paribus Laws. In: *Stanford Encyclopedia of Philosophy*. https://plato.stanford.edu/entries/ceteris-paribus/ [10.11.2021].

Rosenthal, Jacob, 2016: Johannes von Kries's Range Conception, the Method of Arbitrary Functions, and Related Modern Approaches to Probability. In: *Journal for General Philosophy of Science* 47, 151–170.

Schurz, Gerhard, 2002: Ceteris Paribus Laws. Classification and Deconstruction. In: *Erkenntnis* 57, 351–372.

Schurz, Gerhard, 2014: Ceteris Paribus and Ceteris Rectis Laws. Content and Causal Role. In: *Erkenntnis* 79, 1801–1817.

Shafer, Glenn und Vovk, Vladimir, 2006: The Sources of Kolmogorov's Grundbegriffe. In: *Statistical Science* 21(1), 70–98.

Smith, Reginald D., 2012: A Drift Formulation of Gresham's Law. In: *Hyperion. International Journal of Econophysics and New Economy* 5(1), 71–84.

Stahl, Saul, 2006: The Evolution of the Normal Distribution. In: *Mathematics Magazine* 79(2), 96–113.

Strößner, Corinna, 2018: The Logic of »most« and »mostly«. In: *Axiomathes* 28, 107–124.

Thaler, Richard H., 2015: *Misbehaving. The Masking of Behavioral Economics*. New York: W. W. Norton.

Volchan, Sérgio, 2007: Probability as Typicality. In: *Studies in History and Philosophy of Modern Physics* 38, 801–814.

von Kries, Johannes, 1882: Ueber die Messung intensiver Grössen und über das sogenannte psychophysische Gesetz. In: *Vierteljahrsschrift für wissenschaftliche Philosophie* 6, 257–294.

von Kries, Johannes, 1886: *Die Principien der Wahrscheinlichkeitsrechnung. Eine logische Untersuchung*. Freiburg: J. C. B. Mohr (Paul Siebeck).

von Kries, Johannes, 1888: Ueber den Begriff der objectiven Möglichkeit und einige Anwendungen desselben. In: *Vierteljahrsschrift für wissenschaftliche Philosophie und Soziologie* 12, 179–240, 287–323, 393–428.

Wagner, Gerhard, 2014: Der lange Schatten des Syllogismus:.Zur Einheit der Wissenschaftslehre Max Webers. In: *Sociologia Internationalis* 52(2), 219–249.

Wagner, Gerhard, 2020a: The Emergence of Sociology Out of the Quest for Causality. The Case of Max Weber. In Efraim Podoksik (Hg.), *Doing Humanities in Nineteenth-century Europe*. Leiden: Brill, 264–279.

Wagner, Gerhard, 2020b: Was heißt »kausaler Regressus«? Max Weber in der Schule von Padua. In: Andrea Albrecht, Franziska Bomski und Lutz Danneberg (Hg.), *Ordo inversus. Formen und Funktionen einer Denkfigur um 1800*. Berlin: de Gruyter, 313–334.

Wagner, Gerhard und Härpfer, Claudius, 2014: On the Very Idea of an Ideal Type. In: *SocietàMutamentoPolitica* 5, 215–234.

Weber, Max, 1976: *Wirtschaft und Gesellschaft. Grundriss der verstehenden Soziologie*. 5. Aufl. Hg. von Johannes Winckelmann. Tübingen: J. C. B. Mohr (Paul Siebeck).

Weber, Max, 1982: *Gesammelte Aufsätze zur Wissenschaftslehre*. 5. Aufl. Hg. von Johannes Winckelmann. Tübingen: J. C. B. Mohr (Paul Siebeck).

Weber, Max 1995: Zur Psychophysik der industriellen Arbeit. In: Max Weber, *Zur Psychophysik der industriellen Arbeit. Schriften und Reden 1908–1912. Max Weber-Gesamtausgabe*. Bd. I/11. Hg. von Wolfgang Schluchter. Tübingen: J. C. B. Mohr (Paul Siebeck, 162–380.

Weber, Max, 2009: *Allgemeine (»theoretische«) Nationalökonomie. Vorlesungen 1894–1898. Max Weber-Gesamtausgabe*. Bd. III/1. Hg. von Wolfgang J. Mommsen. Tübingen: J. C. B. Mohr (Paul Siebeck).

Weber, Max, 2018: Die »Nervi«-Notizen. In: Max Weber, *Zur Logik und Methodik der Sozialwissenschaften. Schriften und Reden 1900–1907. Max Weber-Gesamtausgabe*. Bd. I/7 Hg. von Gerhard Wagner. Tübingen: J. C. B. Mohr (Paul Siebeck), 623–668.

Wilson, Alastair (Hg.), 2014: *Chance and Temporaral Asymmetry*. Oxford: Oxford University Press.

Yakovenko, Victor M. und Rosser, J. Barkley Jr., 2009: Colloquium. Statistical Mechanics of Money, Wealth, and Income. In: *Review of Modern Physics* 81, 1703–1725.

# Soziologie und das manifeste Bild vom Menschen

## Einleitung

Max Weber definierte Soziologie als eine Wissenschaft, »welche soziales Handeln deutend verstehen und dadurch in seinem Ablauf und seinen Wirkungen ursächlich erklären will« (Weber 1976: 1). Soziales Handeln ist »ein menschliches Verhalten«, mit dem »der oder die Handelnden« mit Blick auf »das Verhalten *anderer*« einen »subjektiven *Sinn*« verbinden (Weber 1976: 1). Wie man sieht, ist für diese »verstehende Soziologie« (Weber 1976: 3) der Mensch konstitutiv: »hinter der ›Handlung‹ steht: der Mensch« (Weber 1982: 530). Folglich gibt es »Handeln im Sinn sinnhaft verständlicher Orientierung des eignen Verhaltens« »nur als Verhalten von einer oder mehreren *einzelnen* Personen« (Weber 1976: 6).

Weber spezifizierte diesen Sachverhalt in zweierlei Hinsicht. Zum einen blickte er auf »soziale Gebilde« und betonte, dass sie »keine ›handelnde[n]‹ Kollektivpersönlichkeit[en]« sind, sondern »lediglich Abläufe und Zusammenhänge spezifischen Handelns *einzelner* Menschen, da diese allein für uns verständliche Träger von sinnhaft orientiertem Handeln sind« (Weber 1976: 6). Zum anderen blickte er auf diese Menschen und stellte fest, dass es für »andre Erkenntniszwecke« nützlich oder nötig sein mag, »das Einzelindividuum z. B. als eine Vergesellschaftung von ›Zellen‹ oder einen Komplex biochemischer Reaktionen, oder sein ›psychisches‹ Leben als durch (gleichviel wie qualifizierte) Einzelelemente konstituiert aufzufassen«, wodurch man »wertvolle Erkenntnisse (Kausalregeln)« gewinnen könne (Weber 1976: 6). Allerdings betonte er: »wir *verstehen* dies in Regeln ausgedrückte Verhalten dieser Elemente nicht. Auch nicht bei psychischen Elementen, und zwar: je naturwissenschaftlich exakter sie gefaßt werden, desto *weniger*: zu einer Deutung aus einem gemeinten *Sinn* ist gerade dies niemals der Weg« (Weber 1976: 6). Aus diesen Aussagen folgt, dass es für Weber offenbar zwei Perspektiven auf den Menschen gab. Man kann ihn entweder als einen verständlichen Träger sinnhaft orientierten Handelns oder als eine Konfiguration von physischen und psychischen Elementen betrachten.

Während Webers Ablehnung der Vorstellung handelnder Kollektivpersönlichkeiten zum Standardrepertoire der Forschung gehört, hat seine Unterscheidung zweier Perspektiven auf den Menschen keine Aufmerksamkeit gefunden. Das überrascht umso mehr, als sie an die Unterscheidung zwischen einem manifesten und einem wissenschaftlichen Bild vom Menschen erinnert, die Wilfrid Sellars in seiner 1960 an der University of Pittsburgh gehaltenen Vorlesung »Philosophy and the Scientific Image of Man« formulierte und die zu einem Klassiker der Philosophie des 20. Jahrhunderts wurde (Sellars 1963).[1]

Eine Verbindung zwischen Weber und Sellars herzustellen liegt nahe, denn Sellars konzipierte seine Bilder methodisch im Sinne von Webers Idealtypen.[2] Als ein »ideal type« (Sellars 1963: 5) ist jedes seiner Bilder selbst ein Bild, nämlich ein durch Idealisierungen gewonnenes »Gedankenbild« (Weber 1982: 191) einer typischen Weise, den Menschen zu sehen. Sellars scheint sich zudem an Webers Handlungstheorie orientiert zu haben, um seine Bilder inhaltlich zu konkretisieren (Sellars 1963: 12–13).[3] Es dürfte also in jedem Fall aufschlussreich sein, Webers Unterscheidung zwischen zwei Perspektiven auf den Menschen im Lichte von Sellars' Unterscheidung zwischen einem manifesten und einem wissenschaftlichen Bild vom Menschen zu betrachten. Tatsächlich wird dadurch ein gravierender Schwachpunkt in Webers Soziologie erkennbar, der in einer unterkomplexen Bestimmung des Handlungssubjekts besteht und in eine Verkürzung der Soziologie auf Nationalökonomie mündet.

Im Folgenden werde ich zunächst Sellars' Unterscheidung, die der Weber-Forschung offenbar noch nicht bekannt ist, vorstellen. Dann werde ich zeigen, dass Weber in der neukantianischen Philosophie Heinrich Rickerts bereits ein Konzept des wissenschaftlichen Bildes vom Menschen finden konnte. Auf dieser Basis werde ich erörtern, dass Weber gleichwohl im Kielwasser der Nationalökonomie seiner Soziologie eine Konzeption des Handlungssubjekts zugrunde legte, die dem manifesten Bild vom Menschen entspricht. Abschließend werde ich argumentieren, dass diese Soziologie jedoch ohne das wissenschaftliche Bild vom Menschen nicht auskommt, wenn sie Gesetze im Sinne typischer Abläufe sozialen Handelns formulieren will.

## Wilfrid Sellars' Konzeption des originalen, manifesten und wissenschaftlichen Bildes vom Menschen

In seiner Vorlesung »Philosophy and the Scientific Image of Man« beschäftigte sich Sellars nicht nur mit dem im Titel angekündigten wissenschaftlichen Bild vom Menschen, sondern auch mit einem manifesten Bild vom Menschen, aus dem das wissenschaftliche Bild entstand, sowie mit einem originalen Bild vom Menschen, aus dem wiederum das manifeste Bild entstand (Sellars 1963). Wir haben es also mit einer Chronologie dreier Bilder zu tun. Diese Chronologie folgt einer Logik, die Sellars als schrittweise Entpersonalisierung beschrieb.

---

1    Einen Überblick über Sellars' komplexes philosophisches Werk bietet deVries (2020). Eine Auseinandersetzung mit dem aktuellen Forschungsstand zu seiner Rede »Philosophy and the Scientific Image of Man« liefert Esfeld (2019).

2    Eine englische Übersetzung von Webers Text »Die ›Objektivität‹ sozialwissenschaftlicher und sozialpolitischer Erkenntnis«, in dem das Konzept des Idealtypus eingeführt wird, lag 1960 bereits vor (Weber 1949).

3    Eine englische Übersetzung von Webers Text »Soziologische Grundbegriffe«, der die letzte Version seiner Handlungstheorie enthält, lag 1960 ebenfalls schon vor (Weber 1947).

Sellars zufolge liegt jedem dieser Bilder eine primitive Ontologie zugrunde.[4] Er sprach von primitiven Entitäten im Sinne von basalen Objekten, deren Basalität darin besteht, dass sie keine Eigenschaften oder Gruppierungen von etwas noch Basalerem sind (Sellars 1963: 37, 9). Im originalen Bild waren die basalen Objekte Personen. Damit sind nicht nur Menschen gemeint, sondern alle Objekte sind Personen, also beispielsweise auch Bäume: »*originally* to be a tree was *a way of being a person*, as, to use a close analogy, to be a woman is a way of being a person, or to be a triangle is a way of being a plane figure« (Sellars 1963: 10). Für Sellars war das originale Bild das Weltbild des primitiven Menschen, der sich Bäume als Personen dachte (Sellars 1963: 10).[5] Für dieses Bild ist zudem charakteristisch, dass alle Objekte fähig sind, das ganze Spektrum menschlichen Handelns auszuschöpfen (Sellars 1963: 12). Wenn man z. B. vom Wind sagt, dass er ein Haus umgeblasen habe, dann kann das entweder heißen, dass er sich mit einem Ziel vor Augen entschieden hat, dies zu tun, und sich vielleicht hätte überreden lassen, es nicht zu tun, oder dass er gedankenlos handelte (entweder aus Gewohnheit oder aus einem Impuls heraus) (Sellars 1963: 12–13).

Sellars konzipierte den Übergang vom originalen zum manifesten Bild im Sinne einer schrittweisen Entpersonalisierung der anderen Objekte (Sellars 1963: 10). Damit meinte er eine allmähliche Einschränkung der Behauptung, dass diese Objekte etwas tun (Sellars 1963: 12). Entsprechend betrachtete man zu Beginn der Entstehung des manifesten Bildes den Wind nicht länger als absichtlich handelnd, mit einem Ziel vor Augen, sondern sich aus Gewohnheit oder aus einem Impuls heraus verhaltend (Sellars 1963: 13). Die Objekte wurden zu »verkürzten Personen« im Sinne bloßer Gewohnheitstiere, die Routinen ausleben, welche von Impulsen unterbrochen werden (Sellars 1963: 13). Umso mehr erschien

---

4 »Die primitive Ontologie bezieht sich auf das, was als ursprünglich, grundlegend oder schlechthin existierend angenommen werden muss« (Esfeld 2019: 18).

5 Sellars lieferte keinerlei Belege für sein Konzept des originalen Bildes. In der Sellars-Forschung, die sich diesem Bild kaum widmete, wird die Frage, warum die damaligen Menschen nicht nur sich selbst, sondern auch Objekte als Personen verstanden, wie folgt beantwortet: »We might think of the original image as that of the very young child who sees not only persons, but also inanimate objects such as dolls or other toys, as well as animals, as persons, attributing to them intentionality, mental states and processes, and even moral properties« (Garfield 2012: 110). Diese These findet sich schon in Vicos *Scienza nuova*. Wie »Kinder«, die »unbeseelte Dinge in die Hand nehmen und damit spielen und plaudern, als wären es lebendige Personen«, konzipierten »die ersten Menschen der heidnischen Völker, gleichsam als Kinder des werdenden Menschengeschlechts«, die Dinge und Vorgänge mit Hilfe von »Metaphern« »vom menschlichen Körper und seinen Teilen, von den menschlichen Sinnen und den menschlichen Leidenschaften« (Vico 1990: §§ 375–376, §§ 404–405). So wurde z. B. der »Himmel« als »großer belebter Körper« gedacht, »der ihnen durch das Zischen der Blitze und das Krachen der Donner etwas mitteilen wollte« (Vico 1990: § 377). Mit dieser »metaphorischen Transfiguration« (Danto 1984: 256) wollten sich diese Menschen die Welt erklären. Ihr »Geist« war noch »begraben im Körper«, weshalb »der unwissende Mensch sich selbst zur Regel des Weltalls« machte, »denn durch das Begreifen entfaltet der Mensch seinen Geist und erfaßt die Dinge, doch durch das Nicht-Begreifen macht er die Dinge aus sich selbst, verwandelt sich in sie und wird selbst zum Ding« (Vico 1990: § 331, § 405). Berücksichtigt man das explikatorische Potenzial von Metaphern (Hesse 1966), kann dem originalen Bild ein gewisser wissenschaftlicher Status nicht abgesprochen werden.

sich der Mensch selbst als ein absichtlich handelndes Wesen, sodass Sellars definierte: »A person can almost be defined as a being that has intentions« (Sellars 1963: 40). Sellars betonte, dass ein solches Wesen kein »team« aus Geist und Körper ist, sondern »one object« (Sellars 1963: 11). Der Dualismus zwischen Geist und Körper war das Resultat einer von Philosophen betriebenen Entwicklung »*within the framework of persons*« und es wäre falsch, das manifeste Bild so zu verstehen, dass Personen zusammengesetzte Objekte sind (Sellars 1963: 11). Ebenso wie Tiere, niedere Lebensformen und materielle Dinge wie Flüsse und Steine sind Personen basale Objekte; für Sellars sind sie die primären Objekte der primitiven Ontologie des manifesten Bildes (Sellars 1963: 9).

Während die anderen Objekte schließlich nur noch in der Poesie Personen waren, entstand mit dem manifesten Bild auch das wissenschaftliche Denken (Sellars 1963: 7). Die Philosophen dachten insofern bereits wissenschaftlich, als sie sich der Methode der »correlational induction« bedienten (Sellars 1963: 7). Dies gilt aber nur hinsichtlich wahrnehmbarer Dinge und Vorgänge (Sellars 1963: 7, 19). Die eigentliche Wissenschaft entstand erst mit der Postulierung nicht-wahrnehmbarer Dinge und Vorgänge zum Zwecke der Erklärung wahrnehmbarer (Sellars 1963: 7, 19). Mit der Einführung einer neuen primitiven Ontologie trat ein neues Bild vom Menschen zum manifesten Bild hinzu. In diesem wissenschaftlichen Bild, das Sellars auch als postulatorisches oder theoretisches Bild bezeichnete, gibt es keine Personen, die sich selbst und anderen als »*one being*« begegnen, das in der Lage ist, vollkommen verschiedene Dinge zu tun, sondern letztlich sind sie wie alle Objekte Wirbel physikalischer Teilchen, Kräfte und Felder (Sellars 1963: 7, 20, 29).

## Das wissenschaftliche Bild vom Menschen in Heinrich Rickerts Theorie der Naturwissenschaften

Wenn, wie Sellars behauptete, das wissenschaftliche Bild vom Menschen mit der Postulierung nicht-wahrnehmbarer Dinge und Vorgänge entstand, dann begann es mit der Atomhypothese der Vorsokratiker Leukipp und Demokrit im fünften vorchristlichen Jahrhundert (Berryman 2016). Vermutlich hätte Sellars den Beginn jedoch auf die Renaissance dieser Hypothese im 17. Jahrhundert datiert (Chalmers 2014). Bis ins 20. Jahrhundert hinein blieb diese Hypothese umstritten.[6] Zu ihren Befürwortern gehörte Heinrich Rickert, dessen Philosophie Weber kannte (Weber 1982: 4, 7). In Rickerts an der Wende vom 19. zum 20. Jahrhundert formulierter Theorie der Naturwissenschaften findet sich auch schon das wissenschaftliche Bild vom Menschen (Rickert 1902).[7]

Rickert zufolge besteht die Wirklichkeit aus einer »Mannigfaltigkeit« anschaulicher »Dinge«: Diese Mannigfaltigkeit ist nicht nur »extensiv«, insofern jedes Ding »in einer unübersehbaren Fülle von Beziehungen zu anderen Dingen steht«, sondern auch »intensiv«, insofern in jedem Ding »eine niemals zu erschöpfende, also in diesem Sinne

---

6    Zu ihren prominentesten Gegnern gehörte der Physiker Ernst Mach; vgl. Laudan (1981).
7    Zum damaligen Selbstverständnis der Naturwissenschaften vgl. Planck (1979).

unendliche Mannigfaltigkeit steckt« (Rickert 1902: 34–36). Die Naturwissenschaften wollen den »naturgesetzlichen Zusammenhang der Dinge« erkennen (Rickert 1902: 79). Dabei beschränken sie sich nicht auf die extensive Mannigfaltigkeit, sondern berücksichtigen die intensive Mannigfaltigkeit insofern, als sie »die anschaulichen Dinge in die Beziehungen auf[lösen], in denen ihre Theile zu einander stehen« (Rickert 1902: 77). Dabei dringen sie »aus der Welt der Erfahrung zu einer unerfahrbaren Welt« vor (Rickert 1902: 243), nämlich zu den »*letzten Dinge[n]*«, aus denen die Wirklichkeit »eigentlich besteht« (Rickert 1902: 84). In diesem Sinne sind alle »Körper« aus »physischen Atomen zusammengesetzt«, die sich in »Bewegung« befinden (Rickert 1902: 242, 236), und auch alle »Vorgänge« sind letztlich Bewegungen von »Atomkomplexe[n]« (Rickert 1902: 34, 202, 459). Die Mechanik will die Gesetze erkennen, die diese Bewegungen bestimmen.

Welchen »Theil der bunten Welt, in der wir leben, man auch betrachten möge, so hat man nach naturwissenschaftlicher Ansicht, wenn es sich um Körper handelt, überall nichts als die Bewegung von Atomen vor sich, und für das Seelenleben wird eine analoge Auffassung wenigstens versucht« (Rickert 1902: 236). Dieser Auffassung zufolge entsprechen den »letzten Dingen« in der Körperwelt »einfache Empfindungen« im Seelenleben (Rickert 1902: 198). Dabei macht auch die »Psychologie« einen Schritt »in's nicht mehr Anschauliche« und nimmt »niemals erfahrbare psychische Bestandtheile« an, »auf die sich die gesamte Mannigfaltigkeit des Seelenlebens zurückführen lässt« (Rickert 1902: 200). Rickert zitierte diesbezüglich Hugo Münsterberg, für den der Begriff der »Empfindung« ein »wissenschaftlicher Hilfsbegriff [ist], wie das Atom des Naturforschers« (Rickert 1902: 201).

Es ist diese »Annahme unerfahrbarer psychischer Elemente« (Rickert 1902: 201), die auch die Psychologie zu einer Repräsentantin des wissenschaftlichen Bildes vom Menschen macht. Ebenso wie die Mechanik arbeitet sie mit einer aus postulierten basalen Objekten bestehenden primitiven Ontologie. Sie betrachtet den Menschen nicht mehr so, wie er sich selbst und seine Mitmenschen wahrnimmt, nämlich als ein absichtsvoll handelndes Wesen, sondern als einen der »unmittelbare[n] Erfahrung« letztlich unzugänglichen »Komplex von Empfindungen«, der von »Assoziationsgesetzen« beherrscht wird, die es zu erkennen gilt (Rickert 1902: 201, 199).

Rickert verortete die naturwissenschaftlichen Disziplinen je nach dem Grad der »Auflösung« der von ihnen erforschten Dinge in einem Kontinuum (Rickert 1902: 268–289). Am einen Pol steht die Mechanik, die er insofern als die »letzte Naturwissenschaft« bezeichnete, als sie sich mit dem naturgesetzlichen Zusammenhang der Atome befasst, um »Bewegungsgesetze« zu formulieren (Rickert 1902: 84, 269–270). Danach kommen die Chemie, die Biologie und die Psychologie. Am anderen Pol steht die Soziologie, die er als »Versuch« versteht, die »Gesetze« des gesellschaftlichen Lebens zu erkennen, wobei seines Erachtens bisher »wenig Erfreuliches« erreicht wurde (Rickert 1902: 287).

## Soziologie als Naturwissenschaft

Auch für Weber war die Soziologie eine Naturwissenschaft.[8] Sie löst »soziale Gebilde«
insofern in die Beziehungen ihrer Teile auf, als sie sie auf »Abläufe und Zusammenhänge spezifischen Handelns *einzelner* Menschen« reduziert, um »*generelle* Regeln des
Geschehens« zu erkennen (Weber 1976: 6, 9).[9] Das Beispiel Markt mag das illustrieren
(Weber 1976: 15).[10] Der Markt ist ein soziales Gebilde, in dem ein bestimmter Ablauf
spezifischen Handelns einzelner Menschen dahingehend stattfindet, dass diese Menschen angesichts einer staatlichen Unterbewertung einer Geldsorte gegenüber einer anderen die unterbewerteten Münzen aus dem Zahlungsverkehr nehmen und mit den
überbewerteten bezahlen. Dieser Ablauf wurde als eine generelle Regel erkannt, die als
das »Greshamsche Gesetz« bezeichnet wird und in Kurzform lautet: »das schlechte Geld
verdrängt das bessere« (Weber 1976: 5, 9; 2009: 617, 626).[11]

Dieses Gesetz der Nationalökonomie machte Weber, der 1894 seine akademische
Karriere als Ordinarius für Nationalökonomie und Finanzwissenschaft begonnen hatte
(Weber 2009; Wagner 2018), ein Vierteljahrhundert später in seinem Text »Soziologische
Grundbegriffe« zum Paradebeispiel für einen »Lehrs[atz] der verstehenden Soziologie«
(Weber 1976: 5, 9).[12] Diese Übernahme mag Rickert in seiner negativen Einschätzung
der Leistung der Soziologie bestätigen. In erster Linie jedoch dürfte Weber an den Gesetzen der Nationalökonomie interessiert gewesen sein, weil sie für zielorientiertes Handeln
gelten. Dieses Handeln, das Weber »*zweckrational*« nannte (Weber 1976: 12), ist für seine
verstehende Soziologie besonders relevant, denn es zeichnet sich seines Erachtens durch
ein Plus an Verständlichkeit aus.

Weber konzipierte solche »Gesetze« als »typische *Chancen* eines bei Vorliegen gewisser
Tatbestände zu *gewärtigenden* Ablaufes von sozialem Handeln, welche aus typischen Motiven und typisch gemeintem Sinn der Handelnden *verständlich* sind« (Weber 1976: 9).[13]

---

8  Damit ist Webers Verständnis von Soziologie gemeint, das sich in seinem Text »Soziologische
   Grundbegriffe« findet. Darin grenzte Weber im Sinne Rickerts die Soziologie als generalisierende
   Wissenschaft von der individualisierenden Geschichtswissenschaft ab. Während die Geschichts-
   wissenschaft »die kausale Analyse und Zurechnung *individueller, kultur*wichtiger, Handlungen,
   Gebilde, Persönlichkeiten« erstrebe, gehe es der Soziologie um die Erkenntnis »tatsächliche[r] Re-
   gelmäßigkeiten« des »sozialen Handelns«, d. h. um »in einem typisch gleichartig *gemeinten* Sinn
   beim gleichen Handelnden sich wiederholende oder (eventuell auch: zugleich) bei zahlreichen
   Handelnden verbreitete Abläufe von Handeln« (Weber 1976: 9, 14).

9  In kausaler Hinsicht hat diese Auflösung ihr Pendant in der von Weber benutzten analytisch-
   synthetischen bzw. resolutiv-kompositiven Methode (Wagner 2018; 2020a; 2020b).

10  Dieses Beispiel ist, wie sich zeigen wird, nicht zufällig gewählt.

11  Die klassische Formulierung stammt von MacLeod, der meinte, dass gutes und schlechtes Geld
   nicht zusammen zirkulieren können: »A bad and debased currency is the *cause* of the disappearance of the good money« (MacLeod 1858: 476–477).

12  Webers Terminologie ist nicht einheitlich. Er spricht synonym von »Gesetze[n]«, »Lehrsätze[n]«
   und »Regeln« (Weber 1976: 9).

13  Weber meinte mit »typisch gemeintem Sinn der Handelnden« (Weber 1976: 9) deren typische
   Absichten (Intentionen). In den englischen Übersetzungen ist denn auch die Rede von »typical

»Verständlich und eindeutig« sind diese typischen Chancen »im Höchstmaß soweit, als rein zweckrationale Motive dem typisch beobachteten Ablauf zugrunde liegen [...] und als dabei die Beziehung zwischen Mittel und Zweck nach Erfahrungssätzen eindeutig ist« (Weber 1976: 9). Im Markt sind die typischen Motive wie z. B. der Wunsch, reich und einflussreich zu werden, in der Tat zweckrational, was in typischen Absichten wie z. B. der Steigerung des Eigenkapitals konkretisiert werden kann. Dieses Ziel lässt sich angesichts einer staatlichen Unterbewertung einer Geldsorte gegenüber einer anderen durch das Horten der unterbewerteten Münzen erreichen,[14] was nach Erfahrungssätzen hinsichtlich der Beziehung zwischen Mittel und Zweck durchaus eindeutig ist: *Das Horten unterbewerteter Münzen führt zur Steigerung des Eigenkapitals*; oder: *Eine Erbschaft führt zur Steigerung des Eigenkapitals*; oder: *Ein Banküberfall führt zur Steigerung des Eigenkapitals*; oder: *Die Heirat einer vermögenden Person führt zur Steigerung des Eigenkapitals*, etc.

Weber zufolge zeigt nun gerade dieses Beispiel, »wie irrig es ist, als *die* letzte ›Grundlage‹ der verstehenden Soziologie irgendeine ›Psychologie‹ anzusehen« (Weber 1976: 9). Vielmehr gehe es um »eine Analyse der ›objektiv‹ gegebenen *Situation* mit Hilfe unseres nomologischen Wissens« (Weber 1982: 129). Diese Analyse prüft, ob ein Marktinteressent in einer gegebenen Situation (staatliche Unterbewertung einer Geldsorte gegenüber einer anderen) »nach bekannten Regeln des Geschehens« zur Erreichung eines Zwecks (Steigerung des Eigenkapitals) ein bestimmtes Mittel (Horten unterbewerteter Münzen) wählen »mußte«, weil entweder kein anderes Mittel (z. B. Erbschaft) zur Verfügung stand oder es anderen Mitteln (z. B. Bankraub, Heirat) gegenüber insofern »zweckmäßiger« war, als es eine »größere Chance« zur Erreichung des Zwecks hatte oder mit den »geringsten Opfern« verbunden war (Weber 1982: 129).[15]

Für diese Analyse ist es Weber zufolge nicht nötig, die Handelnden in die Beziehungen ihrer Teile aufzulösen, weil die Kenntnis der »Regeln« des Verhaltens der »Einzelelemente« ihres »psychische[n] Leben[s]« zum Verständnis ihres Handelns seines Erachtens nichts beiträgt (Weber 1976: 6). Obwohl er von »Motiven« und »gemeintem Sinn« im Sinne von Absicht sprach (Weber 1976: 9), also Begriffe der Psychologie verwendete, sollen im Unterschied zur Psychologie die Menschen für die verstehende Soziologie of-

---

motives and typical subjective intentions of the actors« (Weber 1947: 107–108; 1978: 18) bzw. von »typical motives and typical intentions of the actors« (Weber 2004: 324). Webers Unterscheidung zwischen »Motiv« und »gemeintem Sinn« (Weber 1976: 9) entspricht Searles Unterscheidung zwischen »vorausgehende[r] Absicht« und »Handlungsabsicht«. Searle zufolge »repräsentiert die vorausgehende Absicht die ganze Handlung, sie verursacht die Handlungsabsicht, welche wiederum die Körperbewegung verursacht; und wegen der Transitivität der Verursachung können wir sagen, daß die vorausgehende Absicht die ganze Handlung verursacht« (Searle 1991: 206).

14  Searles Unterscheidung entsprechend verursacht die vorausgehende Absicht, reich und einflussreich zu werden, die Handlungsabsicht, das Eigenkapital zu steigern, die wiederum die Körperbewegung, unterbewertete Münzen aus dem Zahlungsverkehr zu nehmen, verursacht.

15  Analysiert wird also, »daß, *wenn* streng zweckrational gehandelt *würde, so und nicht anders* gehandelt werden *müßte* (weil den Beteiligten im Dienste ihrer – eindeutig angebbaren – Zwecke aus ›technischen‹ Gründen nur diese und keine anderen Mittel zur Verfügung stehen)« (Weber 1972: 9).

fenbar als Ganze existieren. Insofern ist es bezeichnend, dass Weber trotz Bedenken formulierte, diese Soziologie betrachte das »Einzelindividuum und sein Handeln« als »ihr ›Atom‹« (Weber 1982: 439). Als Atom sozialer Gebilde ist der Mensch unteilbar.

## Der manifeste Mensch

Weber konzipierte den Menschen sicherlich nicht im Sinne jener »*historischen Individu[en]*« und »Kultur*menschen*« (Weber 1982: 178, 180) aus Rickerts Theorie der historischen Wissenschaften (Rickert 1902), die in seinen frühen methodologischen Schriften seine Konzeption einer individualisierenden »Sozialwissenschaft« prägte (Weber 1982: 170).[16] Tatsächlich grenzte er die Soziologie als generalisierende Naturwissenschaft von der individualisierenden Geschichtswissenschaft ab (Weber 1976: 9, 14). Ebenso wenig konzipierte er den Menschen im Sinne der in der Geschichtswissenschaft des 19. Jahrhunderts verbreiteten metaphysischen Persönlichkeitstheorien, die er immer schon ablehnte.[17] Vielmehr scheint er ihn im Sinne jener Personen genannten basalen Objekte der primitiven Ontologie des manifesten Bildes begriffen zu haben. Dieses Verständnis liegt nahe, denn Sellars definierte Personen in einer Weise handlungstheoretisch, die an Weber erinnert.

Für Sellars kann eine Person nahezu definiert werden als ein Wesen, das Absichten hat (Sellars 1963: 40). In seiner Rede erläuterte Sellars nicht, was er unter einer Absicht verstand. Seine Spezifizierung des Spektrums möglicher Handlungen dahingehend, dass Menschen entweder mit einem Ziel vor Augen oder gedankenlos aus Gewohnheit oder aus einem Impuls heraus handeln können (Sellars 1963: 12–13), weist aber darauf hin, dass er die heute noch übliche Definition im Sinn hatte: »the notion of intention is that of a mental state that represents a goal (and means to that goal)« (Pacherie 2016: 1165). Es ist nicht nachweisbar, ob Sellars die Handlungstheorie Webers kannte.[18] Seine Aussagen passen jedoch zu dieser Theorie, wonach Handeln entweder rational durch Zwecke oder traditionell durch Gewohnheiten oder emotional durch Affekte bestimmt werden kann

---

16  »Die Sozialwissenschaft, die wir treiben wollen, ist eine *Wirklichkeitswissenschaft*. Wir wollen die uns umgebende Wirklichkeit des Lebens, in welches wir hineingestellt sind, *in ihrer Eigenart* verstehen – den Zusammenhang und die Kultur*bedeutung* ihrer einzelnen Erscheinungen in ihrer heutigen Gestaltung einerseits, die Gründe ihres geschichtlichen So-und-nicht-anders-Gewordenseins andererseits« (Weber 1982: 170–171). Webers frühe Präferenz für einen individualisierenden Ansatz war seiner damaligen Frage nach der Eigenart der okzidentalen Entwicklung geschuldet. Nachdem er sie in seinen Studien zur protestantischen Ethik beantwortet hatte, konnte er diesen Ansatz auf sich beruhen lassen.

17  Für namhafte Historiker machte eine nicht weiter qualifizierbare Eigenschaft » x « als Hort der Freiheit, Sittlichkeit und Dignität die Persönlichkeit eines Individuums aus (Droysen 1863: 13–14). Dieses »Räthsel der Persönlichkeit« (von Treitschke 1897: 6) sollte nicht auf die mechanische Kausalität des Naturgeschehens reduzierbar sein. Weber lehnte solche Theorien ab (Weber 1982: 46). Für ihn erschöpfte sich die Persönlichkeit in einem Komplex »konstanter Motive« (Weber 1982: 47, 132).

18  Eine englische Übersetzung lag jedenfalls schon vor (Weber 1947).

(Weber 1976: 12). Tatsächlich benutzte auch Weber den Begriff »Absicht«, allerdings nicht systematisch (Weber 1976: 2, 4, 20, 22; Weber 1982: 129, 375–376, 525–526, 534). Meistens sprach er von »subjektiv gemeinte[m] Sinn« (Weber 1976: 2, 4, 9) oder auch von »Zweck«, womit er manchmal das Ziel (den Erfolg) meinte, um dessen »Erreichung« es dem Handelnden geht (Weber 1982: 129), manchmal dessen »Vorstellung eines *Erfolges*, welche *Ursache* einer Handlung wird« (Weber 1982: 183).[19]

Sellars unterschied zwischen privaten und gemeinsamen Absichten (Sellars 1963: 39–40). Jede Person ist Mitglied einer Gruppe und daher eingebunden in ein Netzwerk von Rechten und Pflichten (Sellars 1963: 39–40).[20] Diese »common *intentions*«, die Sellars auch als »community intentions« bezeichnete, sollen nun aufgrund ihrer normativen und kollektiven Eigenschaften die Irreduzibilität dessen, was eine Person ausmacht, gewährleisten (Sellars 1963: 39–40).[21] Für Sellars kann der Mensch, insofern er eine Person ist, nicht auf einen Wirbel physikalischer Teilchen, Kräfte und Felder reduziert werden und damit kann auch das manifeste Bild nicht durch das wissenschaftliche Bild überwunden werden, denn schließlich basiert die Wissenschaft auf normativen und kollektiven Praktiken.[22] Sellars plädierte denn auch für einen synoptischen Blick, der beide Perspektiven, die manifeste und die wissenschaftliche, umfasst (Sellars 1963: 34). Darin erkannte er die genuine Aufgabe der Philosophie.

Sellars' Argumentation wird seit Jahrzehnten diskutiert.[23] Weber hätte sie wohl nicht geteilt. Der Tatsache, dass Menschen in sozialen Gebilden »Vorstellung[en] von etwas, das sein *soll*«, haben und ihr Handeln daran orientieren (Weber 1982: 347), hat er mit seinen Begriffen »Konvention« und »Recht« Rechnung getragen (Weber 1976: 16–20). Es findet sich jedoch kein Beleg für die Annahme einer Irreduzibilität solcher Vorstellungen. Im Gegenteil, seine Feststellung, eine »Rechtsordnung« »lös[e] […] sich in einen Komplex von Maximen in den Köpfen bestimmter empirischer Menschen auf«, erhellt

---

19  Diese doppelte Bedeutung der Begriffe *Ziel* und *Zweck* findet sich noch heute: »The term goal can be used in two ways. It can be used to refer to outcomes to which actions are directed. This is the familiar, everyday sense of the term in which we talk about the goal of someone's struggles. The term goal is also sometimes used to refer to a mental state of an agent in virtue of which her actions might be directed to an outcome« (Sinigaglia und Butterfill 2016: 149).

20  Wenn wir Sellars beim Wort nehmen, dann müssen die Menschen, weil sie immer schon in Gruppen lebten, bereits im originalen Bild nicht nur private, sondern auch gemeinsame Absichten gehabt haben, was im Lichte der Evolutionstheorie durchaus plausibel ist (Gonzalez-Cabrera 2019). Wir können darauf ebenso wenig eingehen wie auf das naheliegende Thema »animal personality« (Carere und Maestripieri 2013).

21  Sellars behauptete erstens: »the irreducibility of the personal is the irreducibility of the ›ought‹ to the ›is‹«; und zweitens: »Community intentions (›One shall … ‹) are not just private intentions (›I shall … ‹) which everybody has« (Sellars 1963: 39–40). Diese Aussagen erinnern an Moores »naturalistic fallacy« (Moore 1903: § 12).

22  Esfeld (2019) bietet eine dem aktuellen Forschungsstand in der Philosophie der Physik und der Philosophie des Geistes entsprechende Weiterentwicklung von Sellars' Position.

23  Es gibt sogar zwei Schulen: den Links- und den Rechtssellarianismus (Esfeld 2019: 176–179). Jenseits dieser Debatten gibt es Versuche, das manifeste Bild in der Physik und Biologie anzuwenden (Falk 1995; Maudlin 1997).

ihn als Naturalisten, dessen Reduktionismus auch vor einem Komplex an »Rechtsre-gel[n]« nicht halt macht (Weber 1982: 348).[24]

Anders als Sellars ging es Weber nicht um die Frage der Irreduzibilität dessen, was eine Person ausmacht. Seines Erachtens sind für die Soziologie Regeln der Psychologie schlichtweg nicht notwendig, um soziale Handlungen zu verstehen, sofern sie zielori-entiert sind: »Die rationale Ueberlegung eines Menschen: ob ein bestimmtes Handeln bestimmt gegebenen Interessen nach den zu erwartenden Folgen förderlich sei oder nicht und der entsprechend dem Resultat gefaßte Entschluß werden uns nicht um ein Haar verständlicher durch ›psychologische‹ Erwägungen. Gerade auf solchen rationa-len Voraussetzungen aber baut die Soziologie (einschließlich der Nationalökonomie) die meisten ihrer ›Gesetze‹ auf« (Weber 1976: 9). Es ist bezeichnend, dass Weber die Gesetze der Soziologie mit denen der Nationalökonomie verquickte, denn offenbar war er an einer »soziologischen Erklärung von *Irrationalitäten* des Handelns« gar nicht interessiert (Weber 1976: 9). Tatsächlich gibt er keine Beispiele für Gesetze der Soziologie, die *nicht* auf »rationalen Voraussetzungen« basieren (Weber 1976: 9).

Dieser Differenz zwischen Rationalität und Irrationalität entspricht nun eine Dif-ferenz im Menschenbild. Für Weber kann bei jener soziologischen Erklärung von Ir-rationalitäten des Handelns »die *verstehende* Psychologie in der Tat unzweifelhaft ent-scheidend wichtige Dienste leisten« (Weber 1976: 9). Was immer er unter einer solchen Psychologie verstanden hat, ohne eine gewisse Kenntnis der »Regeln« des Verhaltens der »Einzelelemente« des »psychische[n] Leben[s]«, die durch das wissenschaftliche Bild generiert wird, dürfte sie nicht auskommen (Weber 1976: 6). Wenn dagegen bei der soziologischen Erklärung von Rationalitäten des Handelns psychologische Erwägungen keine Rolle spielen sollen, dann kommt der Mensch nur als »*one* being« in den Blick (Sel-lars 1963: 29). Für die im Kielwasser der Nationalökonomie auf Rationalität abonnierte verstehende Soziologie ist der Mensch eine Person im Sinne des manifesten Bildes.[25]

## Die soziale Welt erklären

Webers Versuch, seine verstehende Soziologie möglichst ohne Anleihen bei der Psycho-logie zu begründen, erweist sich bei näherem Hinsehen als misslungen. Für jene Analyse objektiv gegebener Situationen, auf die er diese Soziologie verpflichten wollte, benötigt man nämlich nicht nur »Erfahrungssätze« hinsichtlich der Eindeutigkeit der Beziehung von Mittel und Zweck (Weber 1976: 9). Weber selbst benutzte »nomologische[s] Wis-

---

24  Eine aktuelle Verteidigung des Naturalismus findet sich in Beckermann (2012), eine naturalisti-sche Ontologie des Normativen in Stemmer (2008).

25  Diese Person darf freilich nicht mit dem *homo oeconomicus* der klassischen Nationalökonomie ver-wechselt werden. Der *homo oeconomicus* ist durch eine isolierende Abstraktion entstanden, die das wissenschaftliche Bild schon voraussetzt. Daher erklärt sich auch Webers Kritik an der »psycho-logische[n] Isolierung eines spezifischen ›Triebes‹, des Erwerbstriebes, im Menschen«, die er in der auf »psychologische *Axiome*« gestützten »abstrakten Theorie« Carl Mengers vorzufinden meinte (Weber 1982: 188).

sen« im Sinne »bekannte[r] Regeln des Geschehens« (Weber 1982: 129) auch hinsichtlich der Rationalität des Handelnden: »Je ›freier‹, d. h. je mehr auf Grund ›eigener‹, durch ›äußeren‹ Zwang oder unwiderstehliche ›Affekte‹ nicht getrübter ›Erwägungen‹, der ›Entschluß‹ des Handelnden einsetzt, desto restloser ordnet sich die Motivation ceteris paribus den Kategorien ›Zweck‹ und ›Mittel‹ ein, desto vollkommener vermag also ihre rationale Analyse und gegebenenfalls ihre Einordnung in ein Schema rationalen Handelns zu gelingen« (Weber 1982: 132).

Es überrascht nicht, dass Weber hier den Begriff *ceteris paribus* benutzte. Dieser Begriff tauchte im 19. Jahrhundert in der Nationalökonomie auf, wo er mit dem Begriff Gesetz verknüpft wurde (Reutlinger et al. 2019: Kap. 2.1).[26] In der aktuellen Wissenschaftstheorie ist diese Regel ein Paradebeispiel für *ceteris paribus*-Gesetze: »*Ceteris paribus*, people's actions are goal-oriented, in the sense that if person *x* wants *A* and believes *B* to be an optimal means for achieving *A*, then *x* will attempt to do *B*« (Reutlinger et al. 2019: Kap. 3.1). *Ceteris paribus*-Gesetze gelten nur unter bestimmten Bedingungen, die mehr oder weniger explizit in der *ceteris paribus*-Klausel angegeben werden.[27] In unserem Fall müssen bestimmte Zwänge und Affekte ausgeschlossen werden, so dass wir explizierend formulieren können: *Wenn ihre Erwägungen nicht durch äußere Zwänge oder unwiderstehliche Affekte getrübt werden*, dann sind die Handlungen der Menschen zielorientiert in dem Sinne, dass wenn Person *x A* will und glaubt, dass *B* ein optimales Mittel ist, um *A* zu erreichen, dann wird *x* versuchen, *B* zu tun. Wie man sieht, geht es in dieser Regel um das Verhalten bestimmter »Einzelelemente« des »›psychische[n]‹ Leben[s]« (Weber 1972: 6), d. h. um Erwägungen, Affekte, Wünsche und Überzeugungen. Es ist also nur konsequent, dass sie als ein Gesetz der Psychologie betrachtet wird (Reutlinger et al. 2019: Kap. 3.1; Schurz 2002: 353).

Tatsächlich kommt auch die Formulierung nationalökonomischer bzw. soziologischer Gesetze wie das Greshamsche Gesetz nicht ohne dieses psychologische Gesetz aus. Weber hatte bereits als Ordinarius für Nationalökonomie und Finanzwissenschaft zwischen Mikro und Makro unterschieden und eine reduktionistische Position bezogen: »›Gesetz‹ nur = Zurückführung wirtsch[aftlicher] Vorgänge auf *normale* Folgen eines uns *verständlichen* u[nd] *normal* erscheinenden menschl[ichen] Verhaltens« (Weber 2009: 362).[28] Damit war er in Analogie zu den Naturwissenschaften verfahren, insbesondere zu Ludwig Boltzmanns Kinetischer Gastheorie, die er aus seiner Lektüre von Johannes von Kries' Studie *Die Principien der Wahrscheinlichkeitsrechnung* kannte (Boltzmann 1886; von Kries 1886: 192–216; Weber 1982: 269).[29]

---

26  Vgl. Cairnes (1875) und Marshall (1891). Weber kannte deren Werke (Weber 2009: 89–90) und machte häufigen Gebrauch vom *ceteris paribus*-Begriff (Weber 1976: 45, 109, 128, 165, 669; 1995: 205, 306; 2009: 214–215, 314, 349, 654).

27  In der Wissenschaftstheorie unterscheidet man seit Schurz (2002) zwischen komparativen und exklusiven Klauseln. Ein *ceteris paribus*-Gesetz ist komparativ, wenn Faktoren konstant bleiben. Es ist exklusiv, wenn störende Faktoren ausgeschlossen werden.

28  Weber benutzt die Begriffe »normal« und »typisch« synonym (Weber 1976: 15).

29  Zum Folgenden vgl. ausführlich Wagner (2020c).

Für Boltzmann wird die im Zweiten Hauptsatz der Thermodynamik formulierte makroskopische Regelmäßigkeit, dass in einem geschlossenen Behälter mit Gasmolekülen die Entropie wächst und ihren Maximalwert in einem Gleichgewichtszustand erreicht, vollständig festgelegt durch ihre Mikrokonstituenten und die Mikrogesetze, die deren Verhalten bestimmen. Die Mikrokonstituenten sind Moleküle, deren Orte und Geschwindigkeiten sich ständig ändern. Die Bewegungen der Moleküle werden durch die in der Hamiltonschen Mechanik formulierten Mikrogesetze bestimmt. Ebenso wie diese makroskopische Regelmäßigkeit auf das Verhalten von Molekülen reduziert wird, wird die im Greshamschen Gesetz formulierte makroskopische Regelmäßigkeit, dass in kapitalistischen Staaten angesichts bestimmter finanzpolitischer Maßnahmen das schlechte Geld das bessere verdrängt, auf das Verhalten von Individuen reduziert.[30] Die Mikrokonstituenten sind Handelnde, deren Motive und Absichten sich zwar nicht ganz so schnell ändern wie die Orte und Geschwindigkeiten der Moleküle, aber sie ändern sich oder zumindest nehmen sie an Intensität und Unmittelbarkeit zu oder ab. Die Handlungen der Individuen werden durch die in psychologischen Regeln formulierten Mikro-Gesetze bestimmt, wozu auch das Gesetz zählt, dass das Handeln der Menschen zielorientiert ist.

Weber selbst hat das Zusammenwirken normaler bzw. typischer Motive und Absichten und diesem Mikro-Gesetz bei der Hervorbringung makroskopischer Regelmäßigkeiten trefflich beschrieben: »Die Marktinteressenten orientieren […] ihr Verhalten, als ›Mittel‹, an eigenen *typischen* subjektiven wirtschaftlichen Interessen als ›Zweck‹ und an den ebenfalls typischen Erwartungen, die sie vom voraussichtlichen Verhalten der anderen hegen, als ›Bedingungen‹, jenen Zweck zu erreichen. Indem sie derart, je *strenger* zweckrational sie handeln, desto ähnlicher auf gegebene Situationen reagieren, entstehen Gleichartigkeiten, Regelmäßigkeiten und Kontinuitäten der Einstellung und des Handelns« (Weber 1976: 15).

Zweifellos besteht ein typisches Interesse der Marktteilnehmer in kapitalistischen Staaten darin, ihr Eigenkapital zu steigern. Angesichts bestimmter finanzpolitischer Maßnahmen können sie dieses Ziel durch das Horten unterbewerteter Münzen erreichen. Indem sie also zweckrational handeln, d. h. diese Münzen aus dem Zahlungsverkehr nehmen und mit schlechtem Geld bezahlen, entsteht die als Greshamsches Gesetz bekannte makroskopische Regelmäßigkeit, dass schlechtes Geld besseres Geld verdrängt: »Es lassen sich innerhalb des sozialen Handelns tatsächliche Regelmäßigkeiten beobachten, d. h. in einem typisch gleichartig *gemeinten Sinn* beim gleichen Handelnden sich wiederholende oder (eventuell auch: zugleich) bei zahlreichen Handelnden verbreitete Abläufe von Handeln. Mit diesen *Typen* des Ablaufs von Handeln befaßt

---

30  Diese Analogie ist allein schon dadurch gerechtfertigt, dass Boltzmann im Anschluss an James Clerk Maxwell seine Kinetische Gastheorie mit Hilfe derselben Analogie formulierte. Boltzmann war nämlich der Ansicht, dass »jedes Molekül selbständig seinen eigenen Weg geht, gewissermaßen als selbständig handelndes Individuum auftritt« (Boltzmann 1979: 34). Zum Einfluss der sozialen Physik Quetelets auf Maxwell und Boltzmann vgl. Porter (1994).

sich die Soziologie« (Weber 1976: 14).[31] Das kann sie allerdings nur, sofern sie Gesetze der Psychologie in ihrer Analyse berücksichtigt, also das wissenschaftliche Bild vom Menschen einbezieht.

## Fazit

Weber unterschied zwischen zwei Perspektiven auf den Menschen. Seines Erachtens kann man ihn entweder als einen verständlichen Träger sinnhaft orientierten Handelns oder als eine Konfiguration von physischen und psychischen Elementen betrachten. Diese Unterscheidung entspricht Sellars' Unterscheidung zwischen einem manifesten und einem wissenschaftlichen Bild vom Menschen. Weber kannte das Konzept des wissenschaftlichen Bildes vom Menschen aus Rickerts Philosophie. Dennoch hat er bei seiner Bestimmung des Handlungssubjekts nicht dieses in den Naturwissenschaften elaborierte Bild benutzt, sondern, sich gegen die Psychologie wendend, ein manifestes Bild präferiert. Dies führt zu einer rationalistischen Verkürzung der Soziologie auf Nationalökonomie und ist wissenschaftstheoretisch nicht haltbar, denn auch die Formulierung der Gesetze der Nationalökonomie kommt ohne das wissenschaftliche Bild nicht aus. Wer mit Webers Soziologie arbeiten möchte, tut also gut daran, bei der Psychologie und den Neurowissenschaften Rücksprache zu nehmen, um ein hinreichend komplexes Verständnis des Handlungssubjekts entwickeln zu können.[32]

### Literatur

Beckermann, Ansgar, 2012: Naturwissenschaften und manifestes Weltbild. Über den Naturalismus. In: *Deutsche Zeitschrift für Philosophie* 60, 5–26.

Berryman, Sylvia, 2016: Ancient Atomism. In: *Stanford Encyclopedia of Philosophy*. https://plato.stanford.edu/entries/atomism-ancient/ [10.11.2021]

Boltzmann, Ludwig, 1886: Der zweite Hauptsatz der mechanischen Wärmetheorie. Vortrag, gehalten in der feierlichen Sitzung der Kaiserlichen Akademie der Wissenschaften am 29. Mai 1886. In: Ludwig Boltzmann, *Populäre Schriften*. Braunschweig: Friedrich Vieweg und Sohn, 1979, 26–46.

---

31  Mit »*Typen* des Ablaufs von Handeln« sind *typische* Abläufe des Handelns gemeint. Es ist *typisch*, dass in kapitalistischen Staaten nach bestimmten finanzpolitischen Maßnahmen schlechtes Geld besseres Geld verdrängt, ebenso wie es *typisch* ist, dass in einem geschlossenen Behälter mit Gasmolekülen die Entropie wächst oder dass sich bei 1000 Würfen einer Münze annährungsweise eine Gleichverteilung von Kopf und Zahl einstellt. Dass schlechtes Geld und besseres Geld zusammen zirkulieren, dass die Entropie abnimmt oder dass 1000 mal Kopf geworfen wird, ist zwar möglich, kommt aber so gut wie nie vor. Solche typischen Phänomene, die mit sehr hoher Wahrscheinlichkeit eintreten, werden in der Wissenschaftstheorie unter der Bezeichnung »typicality« diskutiert (Wagner 2020c). Ein anderes Beispiel für einen solchen typischen Ablauf sozialen Handelns ist das Gesetz des komparativen Kostenvorteils (Wagner 2020d).

32  Hier ist besonders die Forschung zur Spiegelneuronen-Theorie zu nennen (Butterfill und Signigalia 2014; Iacoboni et al. 2005; Rizzolatti und Craighero 2004). Vgl. hinsichtlich Weber bereits Wagner (2012; 2020a: 275–278).

Butterfill, Stephen A. und Sinigaglia, Corrado, 2014: Intention and Motor Representation in Purposive Action. In: *Philosophy and Phenomenological Research* 88, 119–145.

Cairnes, John Elliot, 1875: *The Character and Logical Method of Political Economy*. London: Macmillan.

Carere, Claudio und Maestripieri, Dario (Hg.), 2013: *Animal Personalities. Behavior, Physiology, and Evolution*. Chicago: University of Chicago Press.

Chalmers, Alan, 2014: Atomism from the 17th to the 20th Century. In: *Stanford Encyclopedia of Philosophy*. https://plato.stanford.edu/entries/atomism-modern/ [10.11.2021]

Danto, Arthur C., 1984: *Die Verklärung des Gewöhnlichen. Eine Philosophie der Kunst*. Frankfurt am Main: Suhrkamp.

deVries, Willem, 2020: Wilfrid Sellars. In: *Stanford Encyclopedia of Philosophy*. https://plato.stanford.edu/entries/sellars/ [10.11.2021]

Droysen, Johann Gustav, 1863: Die Erhebung der Geschichte zum Rang einer Wissenschaft. In: *Historische Zeitschrift* 9, 1–22.

Esfeld, Michael, 2019: *Wissenschaft und Freiheit. Das naturwissenschaftliche Weltbild und der Status von Personen*. Berlin: Suhrkamp.

Falk, Raphael, 1995: The Manifest and the Scientific. In: Sabine Maasen, Everett Mendenson und Peter Weingart (Hg.), *Biology as Society, Society as Biology. Metaphors*. Dordrecht: Kluwer, 57–79.

Garfield, Jay L., 2012: Sellarsian Synopsis. Integrating the Images. In: *Humana.Mente. Journal of Philosophical Studies* 21, 103–121.

Gonzalez-Cabrera, Ivan, 2019: On Social Tolerance and the Evolution of Human Normative Guidance. In: *British Journal for the Philosophy of Science* 70, 523–549.

Hesse, Mary, 1966: *Models and Analogies in Science*. Notre Dame: University of Notre Dame Press.

Iacoboni, Marco, Molnar-Szakacs, Istvan, Gallese, Vittorio, Buccino, Giovanni, Mazziotta, John C. und Rizzolatti, Giacomo, 2005: Grasping the Intentions of Others with One's Own Mirror Neuron System. In: *PLoS Biology* 3, 0529–0535.

Laudan, Larry, 1981: Ernst Mach's Opposition to Atomism. In: Larry Laudan, *Science and Hypothesis. Essays on Scientific Methodology*. Dordrecht: Springer, 202–225.

MacLeod, Henry Dunning, 1858: *The Elements of Political Economy*. London: Longman, Brown, Green, Longmans, and Roberts.

Marshall, Alfred, 1891: *Principles of Economics*. Bd. 1. London: Macmillan.

Maudlin, Tim, 1997: Descrying the World in the Wave Function. In: *The Monist* 80, 3–23.

Moore, George Edward, 1903: *Principia Ethica*. Cambridge: Cambridge University Press.

Pacherie, Elisabeth, 2016: Conscious Intentions. The Social Creation Myth. In: Thomas Metzinger und Jennifer M. Windt (Hg.), *Open MIND. Philosophy and the Mind Sciences in the 21st Century*. Cambridge, Mass.: The MIT Press, 1165–1183.

Planck, Max, 1979 [1908]: Die Einheit des physikalischen Weltbildes. Vortrag, gehalten am 9. Dezember 1908 in der naturwissenschaftlichen Fakultät des Studentenkorps an der Universität Leiden. In: Max Planck, *Vorträge und Erinnerungen*. Darmstadt: Wissenschaftliche Buchgesellschaft, 28–51.

Porter, Theodore M., 1994: From Quetelet to Maxwell. Social Statistics and the Origins of Statistical Physics. In: I. Bernard Cohen (Hg.), *The Natural Sciences and the Social Sciences. Some Critical and Historical Perspectives*. Dordrecht: Kluwer, 345–362.

Reutlinger, Alexander, Schurz, Gerhard, Hüttemann, Andreas und Jaag, Siegfried, 2019: Ceteris paribus laws. In: *Stanford Encyclopedia of Philosophy*. https://plato.stanford.edu/entries/ceteris-paribus/ [10.11.2021]

Rickert, Heinrich, 1902: *Die Grenzen der naturwissenschaftlichen Begriffsbildung. Eine logische Einleitung in die historischen Wissenschaften*. Tübingen: J. C. B. Mohr (Paul Siebeck).

Rizzolatti, Giacomo und Craighero, Laila, 2004: The Mirror Neuron System. In: *Annual Review of Neuroscience* 27, 169–192.

Schurz, Gerhard, 2002: Ceteris paribus Laws. Classification and Deconstruction. In: *Erkenntnis* 57, 351–372.

Searle, John R., 1991: *Intentionalität. Eine Abhandlung zur Philosophie des Geistes*. Frankfurt am Main: Suhrkamp.

Sellars, Wilfrid, 1963: Philosophy and the Scientific Image of Man. In: Wilfrid Sellars, *Empiricism and the Philosophy of Mind*. London: Routledge & Kegan Paul, 1–40.

Sinigaglia, Corrado und Butterfill, Stephen A., 2016: Motor Representation in Goal Ascription. In: Martin H. Fischer und Yann Coello (Hg.), *Foundations of Embodied Cognition*. Bd. 2: *Conceptual and Interactive Embodiment*. Oxford: Routledge, 149–164.

Stemmer, Peter, 2008: *Normativität. Eine ontologische Untersuchung*. Berlin: de Gruyter.

Vico, Giovanni Battista, 1990 [1744]: *Prinzipien einer neuen Wissenschaft über die gemeinsame Natur der Völker*. 2 Bde. Übersetzt von Vittorio Hösle und Christoph Jermann, Hamburg: Felix Meiner.

von Kries, Johannes, 1886: *Die Principien der Wahrscheinlichkeitsrechnung. Eine logische Untersuchung*. Freiburg: J. C. B. Mohr (Paul Siebeck).

von Treitschke, Heinrich, 1897: *Politik. Vorlesungen, gehalten an der Universität zu Berlin*. Bd. 1. Leipzig: S. Hirzel.

Wagner, Gerhard, 2012: *Die Wissenschaftstheorie der Soziologie. Ein Grundriss*. München: Oldenbourg.

Wagner, Gerhard, 2018: Einleitung. In: Max Weber, *Zur Logik und Methodik der Sozialwissenschaften. Max Weber-Gesamtausgabe*. Bd. I/7. Hg. von Gerhard Wagner, Tübingen: J. C. B. Mohr (Paul Siebeck), 1–30.

Wagner, Gerhard, 2020a: The Emergence of Sociology Out of the Quest for Causality. The Case of Max Weber. In: Efraim Podoksik (Hg.), *Doing Humanities in Nineteenth-Century Germany*. Leiden: Brill, 264–279.

Wagner, Gerhard, 2020b: Was heißt ‚kausaler Regressus‘? Max Weber in der Schule von Padua. In: Andrea Albrecht, Franziska Bomski und Lutz Danneberg (Hg.), *Ordo inversus. Formen und Funktionen einer Denkfigur um 1800*. Berlin: de Gruyter, 313–334.

Wagner, Gerhard, 2020c: Typicality and Minutis Rectis Laws. From Physics to Sociology. In: *Journal for General Philosophy of Science* 51, 447–458.

Wagner, Gerhard, 2020d: Mutualism and the Law of Comparative Advantage. In: *Zeitschrift für Theoretische Soziologie* 9, 292–305.

Weber, Max, 1947: The Fundamental Concepts of Sociology. In: Max Weber, *The Theory of Social and Economic Organization*. Übersetzt von A. M. Henderson und Talcott Parsons. New York, London: The Free Press, Collier Macmillan, 87–157.

Weber, Max, 1949: »Objectivity« in Social Science and Social Policy. In: Max Weber, *Max Weber and the Methodology of the Social Sciences*. Übersetzt von Edward A. Shils und Harry A. Finch. Glencoe: The Free Press, 49–112.

Weber, Max, 1976: *Wirtschaft und Gesellschaft. Grundriss der verstehenden Soziologie*. 5. Aufl. Hg. von Johannes Winckelmann. Tübingen: J. C. B. Mohr (Paul Siebeck).

Weber, Max, 1978: Basic Sociological Terms. In: Max Weber, *Economy and Society. An Outline of Interpretative Sociology*. Bd. 1. Übersetzt von Guenther Roth und Claus Wittich. Berkeley: University of California Press, 3–62.

Weber, Max, 1982: *Gesammelte Aufsätze zur Wissenschaftslehre*. 5. Aufl. Hg. von Johannes Winckelmann. Tübingen: J. C. B. Mohr (Paul Siebeck).

Weber, Max, 1995: Zur Psychophysik der industriellen Arbeit. In: Max Weber, *Zur Psychophysik der industriellen Arbeit. Schriften und Reden 1908–1912. Max Weber-Gesamtausgabe*. Bd. I/11. Hg. von Wolfgang Schluchter. Tübingen: J. C. B. Mohr (Paul Siebeck), 162–380.

Weber, Max, 2004: Basic Sociological Concepts. In: Max Weber, *The Essential Weber. A Reader*. Hg. von Sam Whimster, Übersetzt von Keith Tribe. London: Routledge, 311–358.

Weber, Max, 2009: *Allgemeine (»theoretische«) Nationalökonomie. Vorlesungen 1894–1898. Max Weber-Gesamtausgabe*. Bd. III/1. Hg. von Wolfgang J. Mommsen. Tübingen: J. C. B. Mohr (Paul Siebeck).

# Soziales Handeln und psychophysische Kausalität

## Einleitung

Max Weber definierte Soziologie als »eine Wissenschaft, welche soziales Handeln deutend verstehen und dadurch in seinem Ablauf und seinen Wirkungen ursächlich erklären will« (Weber 1976: 1). Soziales Handeln konzipierte er als »menschliches Verhalten«, mit dem der Mensch einen »subjektiven *Sinn*« verbindet, der sich auf das »Verhalten *anderer*« Menschen bezieht (Weber 1976: 11, 1). Die ursächliche Erklärung sozialen Handelns erfordert demnach ein deutendes Verstehen seines subjektiven Sinns. Offenbar ist für Weber dieser Sinn, den er im Unterschied zum »objektiv richtigen« und »metaphysisch wahren« Sinn auch als »subjektiv *gemeinte*[*n*] Sinn« spezifizierte (Weber 1976: 1), in einer gewissen Weise die Ursache einer sozialen Handlung. Leider hat er diesen Zusammenhang nicht systematisch erläutert. Seine Theorie sozialen Handelns basiert auf einer Theorie psychophysischer Kausalität,[1] auf die er nur rudimentär und nicht sonderlich kohärent zu sprechen kam. Im Folgenden wird diese Theorie rekonstruiert und mit der Intentionalitätstheorie von John R. Searle konfrontiert, welche sich als Alternative empfiehlt.

## Max Webers Theorie psychophysischer Kausalität

Weber definierte Soziologie als eine Wissenschaft, welche soziales Handeln deutend verstehen und dadurch ursächlich erklären will (Weber 1976: 1). Entsprechend hat die Soziologie die Perspektive der dritten Person eines Beobachters einzunehmen und zwischen »*aktuelle*[*m*] Verstehen« und »*erklärende*[*m*] Verstehen« zu unterscheiden (Weber 1976: 3–4). Wenn ein Beobachter jemanden sieht, »der mit dem Gewehr anlegt«, dann hat er dessen Verhalten aktuell verstanden, wenn er die Körperbewegung als »Gewehranlegen« erkennt und den damit verbundenen »subjektiv gemeinten Sinn« zu schießen erfasst (Weber 1976: 4). Wenn er zudem den »*Sinnzusammenhang*« erfasst, in den dieses Verhalten seinem subjektiv gemeinten Sinn nach hineingehört, wenn er also in Erfahrung bringt, dass »zum Zweck der Hinrichtung oder der Bekämpfung von Feinden« angelegt wird, dann hat er es auch erklärend verstanden (Weber 1976: 4). Hinrichtung oder Bekämp-

---

1 In der Philosophie des Geistes spricht man von mentaler Kausalität im Sinne von »the mind's causal interaction with the world, and in particular, its influence on behavior« (Robb und Heil 2018: Kap. 1.1).

fung von Feinden sind »verständliche *Sinnzusammenhänge*, deren Verstehen wir als ein *Erklären* des tatsächlichen Ablaufs des Handelns ansehen« (Weber 1976: 4).

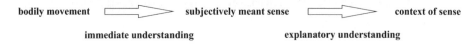

Dieses Erklären bedeutete für Weber kausales Erklären. Dafür spricht nicht nur seine Definition von Soziologie, sondern auch sein Hinweis, dass ein »Sinnzusammenhang« »dem Handelnden selbst oder dem Beobachtenden als sinnhafter ›Grund‹ eines Verhaltens« erscheinen kann (Weber 1976: 5). Die Unterscheidung zwischen aktuellem und erklärendem Verstehen weist allerdings auf eine differenziertere kausale Struktur hin. Zunächst erscheint dem Beobachter ja der im aktuellen Verstehen erfasste subjektiv gemeinte Sinn (zu schießen) als Grund des Verhaltens. Erst wenn dieses Verhalten in den Sinnzusammenhang eingebettet wird, in den es seinem subjektiv gemeinten Sinn nach hineingehört, erscheint dieser im erklärenden Verstehen erfasste Sinnzusammenhang (Feinde zu bekämpfen) als sein Grund. Damit stellt sich die Frage, wie sowohl der subjektiv gemeinte Sinn als auch dessen Sinnzusammenhang Grund eines Verhaltens sein können.

Da Weber von zwei Phasen des Verstehens ausging, liegt es nahe anzunehmen, dass er auch an zwei Phasen der Verursachung dachte und sich den Sinnzusammenhang nicht als unmittelbaren Grund der Körperbewegung, sondern des subjektiv gemeinten Sinns vorstellte und diesen Sinn wiederum als unmittelbaren Grund der Körperbewegung. Die kausale Struktur könnte man also wie folgt bestimmen: Der Sinnzusammenhang (Feinde zu bekämpfen) verursacht den subjektiv gemeinten Sinn (zu schießen), der die Körperbewegung (das Gewehranlegen) verursacht.

Nun sind die Begriffe »Sinnzusammenhang« und »subjektiv gemeinter Sinn« wenig geeignet, diese kausale Struktur zu erhellen. Denn darunter kann man sich schwerlich wirkende Faktoren vorstellen. Weber dürfte klar gewesen sein, dass solche Faktoren nur »psychische Elemente« sein können, die als Träger von Sinn in Frage kommen (Weber 1976: 6). Tatsächlich kannte er das Postulat »psychophysischer Kausalität« von Heinrich Rickert, an dessen Philosophie er sich in mancherlei Hinsicht orientiert hatte (Weber 1982: 4, 7). Rickert zufolge muss man nicht nur »einen nothwendigen Zusammenhang zwischen dem individuellen Willensentschluss und dem individuellen körperlichen Resultat annehmen, weil ohne ihn alles Handeln seinen Sinn verlieren würde, sondern dieser psychophysische Zusammenhang kann auch nur ein direkt causaler sein« (Rickert 1900: 87). Im Unterschied zum »psychophysischen Parallelismus«, für den es kausale Verknüpfungen nur zwischen Psychischem und Psychischem sowie zwischen Physischem und Physischem gibt, gibt es für Rickert zudem kausale Verknüpfungen zwischen diesen beiden Dimensionen. Das Psychische wirkt auf das Physische und umgekehrt (Rickert 1900; 1902: 552–557).

Tatsächlich finden sich in Webers Theorie Begriffe, die als Bezeichnung psychischer Elemente gedacht sind oder dafür in Frage kommen. Weber bezeichnete einen »Sinnzusammenhang«, der dem Handelnden selbst oder dem Beobachter als sinnhafter »Grund eines Verhaltens« erscheint, als »Motiv« (Weber 1976: 5). Zudem wies er darauf hin, dass man üblicherweise den »subjektiv gemeinten Sinn« mit »zweckhaft beabsichtigtem Handeln« assoziiere (Weber 1976: 4). Mit dem Begriff »Zweck« hatte er in früheren Publikationen sowohl das Ziel einer Handlung bezeichnet, um dessen »Erreichung« es dem Handelnden geht, als auch dessen »Vorstellung eines *Erfolges*, welche *Ursache* einer Handlung wird« (Weber 1982: 129, 183). Den Begriff »Absicht« hatte er ebenfalls benutzt, aber nicht definiert, was er auch in »Soziologische Grundbegriffe« unterließ (Weber 1976: 2, 20, 22; 1982: 129, 375–376, 525–526, 534). Es gibt Stellen, an denen er diesen Begriff als Synonym des doppeldeutigen Begriffs Zweck benutzte (Weber 1976: 22). Offenbar liegt es jedoch nahe, ihn als Synonym für gemeinten Sinn zu begreifen. Wenn Weber von »typischen Motiven und typisch gemeintem Sinn« spricht (Weber 1976: 9), dann lauten die Übersetzungen »typical motives and typical subjective intentions« (Weber 1947: 107–108; 1978: 18) bzw. »typical motives and typical intentions« (Weber 2004: 324).

Webers Gebrauch der Begriffe »Motiv«, »Zweck« und »Absicht« blieb letztlich uneinheitlich und nicht aufeinander abgestimmt. Am plausibelsten erscheint die folgende Zuordnung:

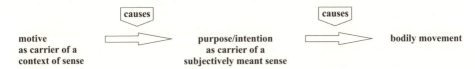

Ebenso wie für Rickert können Körperbewegungen für Weber nicht nur von physischen, sondern auch von psychischen Elementen verursacht werden. Und ebenso wie Rickert nahm er an, dass es auch zwischen »psychischen Elementen« kausale Verknüpfungen gibt, über die man »zweifellos wertvolle Erkenntnisse (Kausalregeln)« gewinnen kann (Weber 1976: 6). Die kausale Struktur, die ihm offenbar vorschwebte, entspricht einer Unterscheidung, die sich in der Philosophie des Geistes einbürgerte, nämlich die Unterscheidung zwischen einer »*vom-Mentalen-zum-Mentalen*-Verursachung« (psychisches Element verursacht psychisches Element) und einer »*vom-Mentalen-zum-Physikalischen*-Verursachung« (psychisches Element verursacht Körperbewegung) (Kim 1998: 139). Eine weitere Vorwegnahme einer Position in der Philosophie des Geistes (Kim 2005; 2009) ist schließlich in Webers Vermutung zu sehen, dass die »Hirnanatomie irgendeiner Zukunft« auch die physikalische Realisierung psychischer Elemente erkennen wird (Weber 1982: 57).[2]

---

2   TenHouten (2013) und Turner (2018) beziehen Webers Soziologie auf die Neurowissenschaften.

## John R. Searles Intentionalitätstheorie

In seinem 1983 publizierten Essay *Intentionality* referierte Searle weder auf Weber noch sonst auf die Soziologie. Seine Aussagen über Absicht und Handeln münden jedoch in eine Theorie psychophysischer Kausalität, die systematischer und kohärenter ist und damit als Alternative in Frage kommt (Searle 1991).

Für Searle ist eine »Absicht« der »psychische Modus« eines von der Neurophysiologie des Hirns verursachten und in ihr realisierten »Zustands« mit einem »intentionalen«, d. h. auf etwas in der Welt gerichteten »Gehalt«, dessen »Erfüllungsbedingung« in einer »Handlung« liegt (Searle 1991: 32–34, 109–111). Je nachdem, ob die Absicht »in der Handlung« oder »vor der Handlung« gebildet wird, liegt eine *Handlungsabsicht* oder eine *vorausgehende Absicht* vor (Searle 1991: 113–114). Eine Handlungsabsicht »verursacht« eine »physische Bewegung« (Searle 1991: 125, 205–206). Ihr sprachlicher Ausdruck lautet: »Ich tue H«, weshalb Searle sie auch als »Erlebnis des Handelns« bezeichnete (Searle 1991: 114, 125). Ein Beispiel ist: Ich fahre Auto (Searle 1991: 114–115). Wenn sich mein Körper entsprechend bewegt, also lenkt, schaltet, blinkt, etc., dann ist ihr intentionaler Gehalt erfüllt. Eine vorausgehende Absicht »verursacht« eine »ganze Handlung«, indem sie eine »Handlungsabsicht« verursacht, die dann eine »Körperbewegung« verursacht (Searle 1991: 125, 205–206). Ihr sprachlicher Ausdruck lautet: »Ich habe vor, H zu tun« (Searle 1991: 114). Ein Beispiel ist: Ich habe vor, ins Büro zu fahren (Searle 1991: 114–115). Wenn ich diese Absicht ausführe, also mein Auto nehme, es wie üblich bediene und in mein Büro gelange, dann ist ihr intentionaler Gehalt erfüllt. Diese Wirkung resultiert aus der »Transitivität« kausaler Beziehungen (Searle 1991: 125). Wenn die vorausgehende Absicht (ins Büro zu fahren) die Handlungsabsicht (Auto zu fahren) verursacht und die Handlungsabsicht die Körperbewegung (Lenken, Schalten, Blinken, etc.) verursacht, dann verursacht die vorausgehende Absicht die Körperbewegung. Grundsätzlich können beide Absichten mehr oder weniger »komplex« sein; in der Regel ist die Handlungsabsicht jedoch »immer viel bestimmter« als die vorausgehende Absicht (Searle 1991: 125, 130, 206–207). So könnte ich z. B. statt mit dem Auto mit dem Bus oder dem Fahrrad ins Büro fahren. Searle visualisiert diese kausale Struktur wie folgt (Searle 1991: 125):

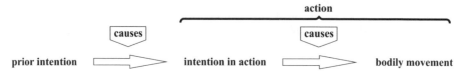

Wie man sieht, basiert diese kausale Struktur ebenfalls auf der Unterscheidung zwischen einer »*vom-Mentalen-zum-Mentalen*-Verursachung« und einer »*vom-Mentalen-zum-Physikalischen*-Verursachung« (Kim 1998: 139).

Für Searle haben Absichten als »geistige Phänomene eine biologische Basis: sie sind von den Hirnvorgängen verursacht und in der Hirnstruktur realisiert« (Searle 1991: 11, 328). Er erläutert diese spezifische Beziehung mit einer Analogie (Searle 1991: 335). In der Physik begreift man Eigenschaften des Wassers wie flüssig zu sein dadurch, dass man sie als durch das Verhalten von Molekülen verursacht und in der Ansammlung dieser Moleküle realisiert beschreibt (Searle 1991: 329). Ebenso kann man Searle zufolge Eigenschaften des Menschen wie Absichten zu haben dadurch begreifen, dass man sie als durch Neuronenentladungen verursacht und in neurophysiologischen Strukturen des Hirns realisiert beschreibt (Searle 1991: 328, 332–337). Wie in der Physik unterscheidet Searle also hinsichtlich ein und desselben Phänomens zwischen Beschreibungen einer Makroebene und Beschreibungen einer Mikroebene, wobei er betont, dass die Mikroebene die Makroebene vollständig festlegt (Searle 1991: 333–334).[3]

Dies gilt auch für die kausale Wirksamkeit von Absichten, wie Searle an Handlungsabsichten erläutert (Searle 1991: 334–335). Eine Handlungsabsicht, die durch Neuronenentladungen verursacht wird und in neurophysiologischen Strukturen des Hirns realisiert ist, verursacht eine Körperbewegung, die durch physiologische Veränderungen verursacht wird und in physiologischen Strukturen des Bewegungsapparats realisiert ist, weil auf der Mikroebene eben diese Neuronenentladungen eben diese physiologischen Veränderungen verursachen. Searle liefert auch dazu ein Schaubild (Searle 1991: 335):

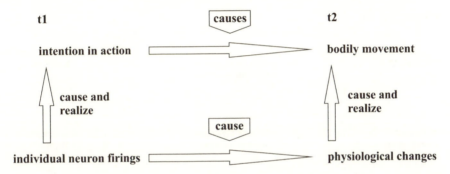

Searle hat diesen Sachverhalt leider nicht für vorausgehende Absichten beschrieben. Seine Vorstellung, dass vorausgehende Absichten Handlungsabsichten verursachen, lässt sich jedoch entsprechend konkretisieren. Eine vorausgehende Absicht, die durch Neuronenentladungen verursacht wird und in neurophysiologischen Strukturen des Hirns realisiert ist, verursacht eine Handlungsabsicht, die ebenfalls durch Neuronenentladungen verursacht wird und in neurophysiologischen Strukturen des Hirns realisiert ist, weil auf der Mikroebene die ersten Neuronenentladungen die zweiten Neuronenentladungen verursachen.

---

3 Das Muster hierfür ist Boltzmanns Reduktion makroskopischer Regelmäßigkeiten auf Mikrobestandteile und Mikrogesetze (Boltzmann 1886). Boltzmann konnte zeigen, dass die im Zweiten Hauptsatz der Thermodynamik formulierte makroskopische Regelmäßigkeit, dass in einem geschlossenen Behälter mit Gasmolekülen die Entropie wächst und ihren Maximalwert in einem Gleichgewichtszustand erreicht, vollständig festgelegt wird durch die Orte und Geschwindigkeiten der Moleküle, deren Bewegungen durch die in der Hamiltonschen Mechanik formulierten Mikrogesetze bestimmt wird.

Searle hat nicht daran gezweifelt, dass sich die Realisierungen von Absichten in der Physiologie des Hirns »lokalisieren« lassen (Searle 1991: 335–336). Auf dem Forschungsstand der 1980er Jahre hat er dafür sogar Vorschläge unterbreitet. Nicht zuletzt deshalb dürfte seine Philosophie des Geistes, die er selbst als »biologischen Naturalismus« charakterisiert hat (Searle 1991: 327), von der empirischen Forschung in der Psychologie und den Neurowissenschaften immer noch rezipiert werden (Ludwig et al. 2015; Morgan und Piccinini 2018; Mylopoulos und Pacherie 2017; 2019; Pacherie 2006; Sinigaglia und Butterfill 2016; Uithol et al. 2014).

Das gilt auch für Searles Unterscheidung zwischen Handlungsabsichten und vorausgehenden Absichten (Bara 2010; Bara et al. 2011; Becchio und Bertone 2006; Becchio et al. 2006; Becchio et al. 2012; Ciaramidaro et al. 2007; Rizzolatti und Fabbri Destro 2007). In diesen Studien differenziert man nicht nur vorausgehende Absichten in »private intentions« und »social intentions«, sondern berücksichtigt auch den Aspekt des Verstehens von Absichten. Beides ist für die Soziologie von fundamentaler Bedeutung. Für unsere Zwecke sind diese beiden Schaubilder in Bara et al. (2011: 2) besonders aufschussreich:

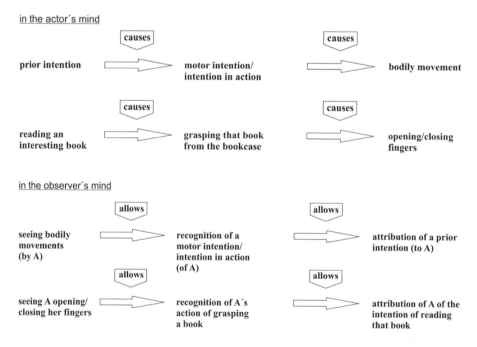

Diese Darstellung der Beobachterperspektive veranschaulicht nicht nur die Anschlussfähigkeit von Searles Theorie an die Forschung zum »mirror neuron system« und »mentalizing system«, in der es hauptsächlich um das Verstehen von Absichten geht (Butterfill und Signigaglia 2014; de Lange et al. 2008; Iacoboni et al. 2005; Rizzolatti und Fabbri Destro 2007; Rizzolatti und Signigaglia 2016; Simonetti 2014; Van Overwalle und Baetens 2009). Sie erinnert auch an Webers Unterscheidung zwischen aktuellem

Verstehen und erklärendem Verstehen, mit deren Hilfe er seine Theorie sozialen Handelns entwickelte.

## Theorievergleich

Vergleicht man nun die Theorien von Weber und Searle, zeigt sich, dass hinsichtlich psychophysischer Kausalität mit den drei Weberschen Begriffen »Motiv«, »Zweck« und »Absicht« nicht mehr ausgesagt wird als mit Searles differenziertem Begriff »Absicht«. Das komplexere Vokabular Webers hat nicht mehr Informationsgehalt als das Vokabular Searles. Darüber hinaus ist Searles Theorie kohärenter als Webers Theorie, in der wesentliche Punkte bestenfalls ansatzweise expliziert werden und die Zusammenhänge erst mühsam erschlossen werden müssen. Allerdings kann selbst die wohlmeinendste Rekonstruktion nicht alle Probleme lösen. Weber benutzte den Begriff »Motiv« synonym mit dem Begriff »Sinnzusammenhang« (Weber 1976: 5). Damit wird jedoch der Unterschied verwischt zwischen einem psychischen Element als dem Träger von Sinn einerseits und eben diesem Sinn andererseits. Der Begriff »Zweck« wiederum ist doppeldeutig. Er soll sowohl das objektive Ziel einer Handlung bezeichnen, um dessen »Erreichung« es dem Handelnden geht, als auch dessen subjektive »Vorstellung eines *Erfolges*, welche *Ursache* einer Handlung wird« (Weber 1982: 129, 183). Das führt zu Missverständnissen, die sich noch dadurch potenzieren, dass Weber den Begriff »Absicht« synonym mit dem Begriff Zweck benutzte (Weber 1976: 22). An seine Forderung, »*scharfe Begriffe*« zu bilden, hat er sich selbst offensichtlich nicht gehalten (Weber 1982: 146, 208–209, 212).

Wie ein Blick auf die Beispiele, die Weber zur Veranschaulichung psychophysischer Kausalität anführte (Weber 1976: 3–4), zeigt, lassen sich diese auch mit der Theorie Searles erklären. Die vorausgehende Absicht mit dem Gehalt, Feinde zu bekämpfen, bringt die Handlungsabsicht mit dem Gehalt, eine größere Schusswaffe zu benutzen, hervor, was zum Anlegen eines Gewehrs führt. Die vorausgehende Absicht mit dem Gehalt, Lohn zu erwerben, bringt die Handlungsabsicht mit dem Gehalt, Holz zu hacken, hervor, was zum Hantieren mit einem Beil führt. Die vorausgehende Absicht mit dem Gehalt, eine Kalkulation zu erläutern, bringt die Handlungsabsicht mit dem Gehalt, eine Rechnung aufzusagen, hervor, was zu gewissen Mundbewegungen führt.

Dieses Schema gilt nicht nur »bei rationalem und zweckhaft beabsichtigtem Handeln«, sondern auch »bei affektuellen Vorgängen« (Weber 1976: 4). Damit ist kein »hemmungsloses Reagieren auf einen außeralltäglichen Reiz« gemeint, was nur ein »streng affektuelle[s] Sichverhalten« wäre, sondern eine »bewußte Entladung der Gefühlslage« (Weber 1976: 12). So bringt die vorausgehende Absicht mit dem Gehalt, seiner »verletzte[n] Ehre« Ausdruck zu verschaffen, die Handlungsabsicht mit dem Gehalt, sich in »Zorn« zu ergehen, hervor, was sich in allerlei »irrationalen Bewegungen« manifestiert (Weber 1976: 3–4). Obwohl Weber kein Beispiel dafür lieferte, gilt dieses Schema auch für gewohnheitsmäßige Vorgänge. Damit ist kein »dumpfe[s], in der Richtung der einmal eingelebten Einstellung ablaufende[s] Reagieren auf gewohnte Reize« gemeint, was nur »streng traditionale[s] Verhalten« wäre, sondern ein Handeln, bei dem die »Bindung an das Gewohnte in verschiedenem Grade und Sinne bewußt aufrecht erhalten« wird (Weber 1976: 12). So bringt z. B. die vorausgehende Absicht mit dem Gehalt, wie jedes Jahr Weihnachten zu feiern, die Handlungsabsicht mit dem Gehalt, zur Kirche zu gehen, hervor, was zu einem Fußmarsch im Schnee führt.

Wie diese Beispiele zeigen, lässt sich Webers Theorie sozialen Handelns hinsichtlich psychophysischer Kausalität mit Searles Intentionalitätstheorie fundieren, die einfacher und kohärenter ist. Wer in der Soziologie weiterhin mit dieser Handlungstheorie arbeiten möchte, hat damit eine alternative theoretische Grundlage.

## Fazit

Mit dem Ergebnis dieser Studie kann Webers Verständnis von Soziologie auf der Basis einer Theorie psychophysischer Kausalität reformuliert werden, die dem aktuellen Forschungsstand entspricht. Im Unterschied zur Geschichte, die mit »*individuelle*[n], *kultur*wichtige[n]« sozialen Handlungen befasst ist, ist die Soziologie mit sozialen Handlungen befasst, die sich beim gleichen Handelnden »wiederholen« oder bei zahlreichen Handelnden »verbreitet« sind (Weber 1976: 9, 14). Die Soziologie sucht die »*generelle*[n] Regeln«, denen entsprechend sich solche »Abläufe von Handeln« vollziehen (Weber 1976: 9, 14). Diese Regeln sind »Gesetze« im Sinne »typische[r] *Chancen* eines bei Vorliegen gewisser Tatbestände zu *gewärtigenden* Ablaufes von sozialem Handeln, welche aus typischen Motiven und typisch gemeintem Sinn der Handelnden verständlich sind« (Weber 1976: 9). Übersetzt in Searles Vokabular sind solche Chancen aus typischen vorausgehenden Absichten und typischen Handlungsabsichten der Handelnden verständlich.

Tatsächlich lässt auch Webers Definition von Soziologie an Präzision zu wünschen übrig, denn die Geschichte ist ebenfalls eine Wissenschaft, »welche soziales Handeln deutend verstehen und dadurch in seinem Ablauf und seinen Wirkungen ursächlich erklären will« (Weber 1976: 1). Seine Definition sollte besser so formuliert werden: *Soziologie ist eine Wissenschaft, welche typische Chancen sozialen Handelns deutend verstehen und dadurch in ihrem Ablauf und ihren Wirkungen ursächlich erklären will.* Solchen Chance sind typisch, weil die vorausgehenden Absichten und Handlungsabsichten der Handelnden »typisch« sind, und zwar insofern, als sie die überwältigende Mehrheit aller möglichen vorausgehenden Absichten und Handlungsabsichten bilden (Weber 1976: 14; Wagner 2020). Die typischen Handlungsabsichten werden im »*aktuelle*[n] Verstehen« erfasst, was durch das »mirror neuron system« ermöglicht wird;[4] die typischen vorausgehenden Absichten werden im »erklärende[n] Verstehen« erfasst, was durch das »mentalizing system« ermöglicht wird (Van Overwalle und Baetens 2009; Weber 1976: 4–5). Weil Absichten als intentionale Zustände des Gehirns kausale Faktoren sind, lassen sich »dadurch« der Ablauf und die Wirkungen sozialen Handelns ursächlich erklären (Weber 1976: 1).

---

4    Das Leistungsvermögen des Spiegelneuronensystems besteht offenbar gerade im Verstehen solcher Handlungen, die »familiar and frequently executed« (Van Overwalle und Baetens 2009: 565) bzw. »stereotypic« (Liepelt et al. 2008: 784) sind.

# Literatur

Bara, Bruno G., 2010: *Cognitive Pragmatics. The Mental Processes of Communication*. Cambridge, Mass.: MIT Press.

Bara, Bruno G., Ciaramidaro, Angela, Walter, Henrik und Adenzato, Mauro, 2011: Intentional Minds. A Philosophical Analysis of Intention Tested Through fMRI Experiments Involving People With Schizophrenia, People with Autism, and Healthy Individuals. In: *Frontiers in Human Neuroscience* 5 (article 7), pp. 1–11. doi: 10.3389/fnhum.2011.00007

Becchio, Cristina und Bertone, Cesare, 2006: Prior Intentions. Evidence in Favour of a Motor Theory. In: *Journal of Cognitive Science* 6, 103–113.

Becchio, Cristina, Adenzato, Mauro und Bara, Bruno G., 2006: How the Brain Understands Intention: Different Neural Circuits Identify the Componential Features of Motor and Prior Intentions. In: *Consciousness and Cognition* 15, 64–74.

Becchio, Cristina, Manera, Valeria, Sartori, Luisa, Cavallo, Andrea und Castiello, Umberto, 2012: Grasping Intentions. From Thought Experiments to Empirical Evidence. In: *Frontiers in Human Neuroscience* 6 (article 117), 1–6. doi: 10.3389/fnhum.2012.00117

Boltzmann, Ludwig, 1886: Der zweite Hauptsatz der mechanischen Wärmetheorie. Vortrag, gehalten in der feierlichen Sitzung der Kaiserlichen Akademie der Wissenschaften am 29. Mai 1886. In: Ludwig Boltzmann, *Populäre Schriften*. Braunschweig: Friedrich Vieweg und Sohn 1979, 26–46.

Butterfill, Stephen A. und Sinigaglia, Corrado, 2014: Intention and Motor Representation in Purposive Action. In: *Philosophy and Phenomenological Research* 88 (1), 119–145.

Ciaramidaro, Angela, Adenzato, Mauro, Enrici, I., Erk, S., Pia, L., Bara, Bruno G. und Walter, Henrik, 2007: The Intentional Network. How the Brain Reads Varieties of Intentions. In: *Neuropsychologia* 45, 3105–3113.

de Lange, Floris P, Spronk, Marjolein, Willems, Roel M., Toni, Ivan und Bekkering, Harold, 2008: Complementary Systems for Understanding Action Intentions. In: *Current Biology* 18, 454–457.

Iacoboni, Marco, Molnar-Szakacs, Istvan, Gallese, Vittorio, Buccino, Giovanni, Mazziotta, John C. und Rizzolatti, Giacomo, 2005: Grasping the Intention of Others With One's Own Mirror Neuron System. In: *PLoS Biology* 3 (3, e79), 0529–0535.

Kim, Jaegwon, 1998: *Philosophie des Geistes*. Wien: Springer.

Kim, Jaegwon, 2005: *Physicalism, or Something Near Enough*. Princeton: Princeton University Press.

Kim, Jaegwon, 2009: Mental Causation. In: Brian P. McLaughlin, Ansgar Beckermann und Sven Walter (Hg.), *The Oxford Handbook of Philosophy of Mind*. Oxford: Oxford Univerity Press, 29–52.

Liepelt, Roman, von Cramon, D. Yves und Brass, Marcel, 2008: How Do We Infer Other's Goals From Non-Stereotypic Actions? The Outcome of Context-Sensitive Inferential Processing in Right Inferior Parietal and Posterior Temporal Cortex. In: *NeuroImage* 43, 784–792.

Ludwig, Vera U., Seitz, Jochen, Schönfeldt-Lecuona, Carlos, Höse, Annett, Abler, Birgit, Hole, Günter, Goebel, Rainer und Walter, Henrik, 2015: The Neural Correlates of Movement Intentions. A Pilot Study Comparing Hypnotic and Simulated Paralysis. In: *Consciousness and Cognition* 35, 158–170.

Morgan, Alex und Piccinini, Gualtiero, 2018: Towards a Cognitive Neuroscience of Intentionality. In: *Minds & Machines* 28, 119–139.

Mylopoulos, Myrto und Pacherie, Elisabeth, 2017: Intentions and Motor Representations. The Interface Challenge. In: *Review of Philosophy and Psychology* 8, 317–336.

Mylopoulos, Myrto und Pacherie, Elisabeth, 2019: Intentions. The Dynamic Hierarchical Model Revisited. In: *WIREs Cognitive Science* 10:e1481. https://doi.org/10.1002/wcs.1481

Pacherie, Elisabeth, 2006: Towards a Dynamic Theory of Intentions. In: S. Pockett, W. P. Banks und S. Gallagher (Hg.), *Does Consciousness Cause Behavior? An Investigation of the Nature of Volition*. Cambridge, Mass.: MIT Press, 145–167.

Rickert, Heinrich, 1900: Psychophysische Causalität und psychophysischer Parallelismus. In: Benno Erdmann et al. (Hg.), *Philosophische Abhandlungen. Christoph Sigwart zu seinem siebzigsten Geburtstage*. Tübingen: J. C. B. Mohr (Paul Siebeck), 59–87.

Rickert, Heinrich, 1902: *Die Grenzen der naturwissenschaftlichen Begriffsbildung. Eine logische Einleitung in die historischen Wissenschaften*. Tübingen: J. C. B. Mohr (Paul Siebeck).

Rizzolatti, Giacomo und Fabbri Destro, Maddalena, 2007: Understanding Actions and the Intentions of Others. The Basic Neural Mechanism. In: *European Review* 15 (2), 209–222.

Rizzolatti, Giacomo und Sinigaglia, Corrado, 2016: The Mirror Mechanism. A Basic Principle of Brain Function. In: *Nature Review Neuroscience* 17, 757–765.

Robb, David und Heil, John, 2018: Mental Causation. In: *Stanford Encyclopedia of Philosophy*. https://plato.stanford.edu/entries/mental-causation/ [10.11.2021]

Searle, John R., 1991: *Intentionalität. Eine Abhandlung zur Philosophie des Geistes*. Frankfurt am Main: Suhrkamp.

Simonetti, Nicola, 2014: Neurosciences and Philosophy of Mind. A Reductive Interpretation of the »Mirror Neurons System« (MNS). In: *Research in Psychology and Behavioral Sciences* 2 (2), 24–42.

Sinigaglia, Corrado und Butterfill, Stephen A., 2016: Motor Representation in Goal Ascription. In: Martin H. Fischer und Yann Coello (Hg.), *Foundations of Embodied Cognition*. Bd. 2: *Conceptual and Interactive Embodiment*. Oxford: Routledge, 149–164.

TenHouten, Warren D., 2013: A Neurosociological Model of Weberian, Instrumental Rationality. Its Cognitive, Conative, and Neurobiological Foundations. In: David D. Franks und Jonathan H. Turner (Hg.), *Handbook of Neurosociology*. Dordrecht: Springer, 207–230.

Turner, Stephen P., 2018: *Cognitive Science and the Social. A Primer*. New York: Routledge.

Uithol, Sebo, Burnston, Daniel C. und Haselager, Pim, 2014: Why We May Not Find Intentions in the Brain. In: *Neuropsychologia* 56, 129–139.

Van Overwalle, Frank und Baetens, Kris, 2009: Understanding Other's Actions and Goals by Mirror and Mentalizing Systems. A Meta-Analysis. In: *NeuroImage* 48, 564–584.

Wagner, Gerhard, 2020: Typicality and Minutis Rectis Laws. From Physics to Sociology. In: *Journal for General Philosophy of Science* 51, 447–458.

Weber, Max, 1947: The Fundamental Concepts of Sociology. In: Max Weber, *The Theory of Social and Economic Organization*. Übersetzt von A. M. Henderson und Talcott Parsons. New York, London: The Free Press, Collier Macmillan, 87–157.

Weber, Max, 1976: *Wirtschaft und Gesellschaft. Grundriss der verstehenden Soziologie*. 5. Aufl. Hg. von Johannes Winckelmann. Tübingen: J. C. B. Mohr (Paul Siebeck).

Weber, Max, 1978: Basic Sociological Terms. In: Max Weber, *Economy and Society. An Outline of Interpretative Sociology*. Bd. 1. Übersetzt von Guenther Roth und Claus Wittich. Berkeley: University of California Press, 3–62.

Weber, Max, 1982: *Gesammelte Aufsätze zur Wissenschaftslehre*. 5. Aufl. Hg. von Johannes Winckelmann. Tübingen: J. C. B. Mohr (Paul Siebeck).

Weber, Max, 2004: Basic Sociological Concepts. In: Max Weber, *The Essential Weber: A Reader*. Hg. von Sam Whimster. Übersetzt von Keith Tribe. London: Routledge, 311–358.

# Nachweise

Wagner, Gerhard und Härpfer, Claudius, 2014: On the Very Idea of an Ideal Type. In: *SocietàMutamentoPolitica* 5, 215–234. [Übersetzung ins Deutsche]

Wagner, Gerhard, 2014: Der lange Schatten des Syllogismus. Zur Einheit der Wissenschaftslehre Max Webers. In: *Sociologia Internationalis* 52, 219–249.

Wagner, Gerhard, 2015: Kleine Ursachen, große Wirkungen. Zum Einfluss Julius Robert Mayers auf Max Webers neukantianische Kausalitätstheorie. In: *Zyklos* 2, 15–29.

Wagner, Gerhard, 2019: Chance and Probability. In: Gerhard Wagner (Hg.), *The Range of Science. Studies on the Interdisciplinary Legacy of Johannes von Kries*. Wiesbaden: Harrassowitz, 137–143. [Übersetzung ins Deutsche und Überarbeitung]

Wagner, Gerhard, 2020: Was heißt „kausaler Regressus"? Max Weber in der Schule von Padua. In: Andrea Albrecht, Franziska Bomski und Lutz Danneberg (Hg.), *Ordo inversus. Formen und Funktionen einer Denkfigur um 1800*. Berlin: de Gruyter, 313–334.

Wagner, Gerhard, 2020: Typicality and Minutis Rectis Laws. From Physics to Sociology. In: *Journal for General Philosophy of Science* 51, 447–458. [Übersetzung ins Deutsche]

Wagner, Gerhard, 2021: Soziologie und das manifeste Bild des Menschen. In: Andrea Maurer (Hg.), *Max Weber – mit Leidenschaft und Augenmaß*. Frankfurt am Main: Campus, 43–62.

Wagner, Gerhard, 2021: Soziales Handeln und psychophysische Kausalität. [Originalbeitrag]

# Seitenkonkordanzen

WL      Weber, Max, 1982: *Gesammelte Aufsätze zur Wissenschaftslehre*. 5. Aufl. Hg. von Johannes Winckelmann. Tübingen: J. C. B. Mohr (Paul Siebeck).

MWG I/7      Weber, Max, 2018: *Zur Logik und Methodik der Sozialwissenschaften. Schriften 1900–1907. Max Weber Gesamtausgabe*. Bd. I/7. Hg. von Gerhard Wagner. Tübingen: J. C. B. Mohr (Paul Siebeck).

MWG I/12      Weber, Max, 2018: *Verstehende Soziologie und Werturteilsfreiheit. Schriften und Reden 1908–1917. Max Weber Gesamtausgabe*. Bd. I/12. Hg. von Johannes Weiß. Tübingen: J. C. B. Mohr (Paul Siebeck).

SG      Weber, Max, 1976: Soziologische Grundbegriffe. In: Max Weber, *Wirtschaft und Gesellschaft. Grundriss der verstehenden Soziologie*. 5. Aufl. Hg. von Johannes Winckelmann. Tübingen: J. C. B. Mohr (Paul Siebeck), 1–30.

MWG I/23      Weber, Max, 2013: Soziologische Grundbegriffe. In Max Weber, *Wirtschaft und Gesellschaft. Soziologie. Unvollendet. 1919–1920. Max Weber Gesamtausgabe*. Bd. I/23. Hg. von Knut Borchardt, Edith Hanke und Wolfgang Schluchter. Tübingen: J. C. B. Mohr (Paul Siebeck), 147–215.

## Roscher und Knies und die logischen Probleme der historischen Nationalökonomie (Erster Artikel)

| WL | MWG I/7 | WL | MWG I/7 |
| --- | --- | --- | --- |
| 1 | 41 | 12/13 | 58 |
| 1/2 | 42 | 13 | 59 |
| 2/3 | 43 | 13/14 | 60 |
| 3 | 44 | 14/15 | 61 |
| 3/4 | 45 | 15 | 62 |
| 4/5 | 46 | 15/16 | 63 |
| 5 | 47 | 16 | 64 |
| 6 | 48 | 16/17 | 65 |
| 6/7 | 49 | 17/18 | 66 |
| 7/8 | 50 | 18/19 | 67 |
| 8/9 | 51 | 19 | 68 |
| 9 | 52 | 19/20 | 69 |
| 9/10 | 53 | 20/21 | 70 |
| 10 | 54 | 21/22 | 71 |
| 10/11 | 55 | 22 | 72 |
| 11 | 56 | 22/23 | 73 |
| 11/12/13 | 57 | 23 | 74 |

| WL | MWG I/7 |
|----|---------|
| 23/24 | 75 |
| 24 | 76 |
| 24/25 | 77 |
| 25/26 | 78 |
| 26 | 79 |
| 26/27 | 80 |
| 27/28 | 81 |
| 28/29 | 82 |
| 29 | 83 |
| 29/30 | 84 |
| 30/31 | 85 |
| 31/32 | 86 |
| 32/33 | 87 |
| 33 | 88 |

| WL | MWG I/7 |
|----|---------|
| 33/34 | 89 |
| 34/35 | 90 |
| 35 | 91 |
| 35/36 | 92 |
| 36/37 | 93 |
| 37 | 94 |
| 37/38 | 95 |
| 38/39 | 96 |
| 39 | 97 |
| 39/40/41 | 98 |
| 40/41 | 99 |
| 41/42 | 100 |
| 42 | 101 |

## Roscher und Knies und die logischen Probleme der historischen Nationalökonomie (Zweiter Artikel)

| WL | MWG I/7 |
|----|---------|
| 42 | 243 |
| 42 | 244 |
| 42/43 | 245 |
| 43/44 | 246 |
| 44 | 247 |
| 44/45 | 248 |
| 45/46 | 249 |
| 46/47 | 250 |
| 47/48 | 251 |
| 48 | 252 |
| 48/49 | 253 |
| 49/50 | 254 |
| 50 | 255 |
| 50/51 | 256 |
| 51/52 | 257 |
| 52 | 258 |
| 52/53 | 259 |
| 53/54 | 260 |
| 54/55 | 261 |
| 55/56 | 262 |
| 56 | 263 |
| 56/57 | 264 |

| WL | MWG I/7 |
|----|---------|
| 57 | 265 |
| 57/58 | 266 |
| 58/59 | 267 |
| 59/60 | 268 |
| 60/61 | 269 |
| 61 | 270 |
| 61/62 | 271 |
| 62/63 | 272 |
| 63/64 | 273 |
| 64/65 | 274 |
| 65 | 275 |
| 65/66 | 276 |
| 66/67 | 277 |
| 67/68 | 278 |
| 68/69 | 279 |
| 69/70 | 280 |
| 70 | 281 |
| 70/71 | 282 |
| 71/72 | 283 |
| 72/73 | 284 |
| 73/74 | 285 |
| 74 | 286 |

| WL | MWG I/7 | | WL | MWG I/7 |
|---|---|---|---|---|
| 74/75/76 | 287 | | 91/92/93 | 308 |
| 75/76 | 288 | | 92/93 | 309 |
| 76/77 | 289 | | 93/94 | 310 |
| 77/78 | 290 | | 94/95 | 311 |
| 78 | 291 | | 95 | 312 |
| 79 | 292 | | 95/96 | 313 |
| 79/80 | 293 | | 96 | 314 |
| 80/81 | 294 | | 96/97 | 315 |
| 81/82 | 295 | | 97/98 | 316 |
| 82/83 | 296 | | 98 | 317 |
| 83/84 | 297 | | 98/99 | 318 |
| 84/85 | 298 | | 99/100 | 319 |
| 85 | 299 | | 100/101 | 320 |
| 85/86 | 300 | | 101 | 321 |
| 86/87 | 301 | | 101/102 | 322 |
| 87/88 | 302 | | 102/103 | 323 |
| 88 | 303 | | 103 | 324 |
| 88/89 | 304 | | 103/104 | 325 |
| 89/90 | 305 | | 104/105 | 326 |
| 90/91 | 306 | | 105 | 327 |
| 91/92 | 307 | | | |

## Roscher und Knies und die logischen Probleme
## der historischen Nationalökonomie (Dritter Artikel)

| WL | MWG I/7 | | WL | MWG I/7 |
|---|---|---|---|---|
| 105/106 | 328 | | 117/118 | 343 |
| 106/107 | 329 | | 118 | 344 |
| 107/108 | 330 | | 118/119 | 345 |
| 108 | 331 | | 119/120 | 346 |
| 108/109 | 332 | | 120/121 | 347 |
| 109/110 | 333 | | 121 | 348 |
| 110/111 | 334 | | 121/122 | 349 |
| 111 | 335 | | 122/123 | 350 |
| 111/112 | 336 | | 123/124 | 351 |
| 112/113 | 337 | | 124/125 | 352 |
| 113/114 | 338 | | 125 | 353 |
| 114/115 | 339 | | 125/126 | 354 |
| 114/115 | 340 | | 126/127 | 355 |
| 115/116 | 341 | | 127/128 | 356 |
| 116/117 | 342 | | 128/129 | 357 |

| WL | MWG I/7 |
|---|---|
| 129/130 | 358 |
| 130 | 359 |
| 130/131 | 360 |
| 131/132 | 361 |
| 132/133 | 362 |
| 133 | 363 |
| 133/134 | 364 |
| 134/135 | 365 |
| 135/136 | 366 |
| 136/137 | 367 |
| 137 | 368 |

| WL | MWG I/7 |
|---|---|
| 137/138 | 369 |
| 138/139 | 370 |
| 139 | 371 |
| 139/140 | 372 |
| 140/141 | 373 |
| 141/142 | 374 |
| 142/143 | 375 |
| 143 | 376 |
| 143/144 | 377 |
| 144/145 | 378 |
| 145 | 379 |

## Die »Objektivität« sozialwissenschaftlicher und sozialpolitischer Erkenntnis

| WL | MWG I/7 |
|---|---|
| 146/147 | 142 |
| 146/147 | 143 |
| 147/148 | 144 |
| 148 | 145 |
| 148/149 | 146 |
| 149/150 | 147 |
| 150/151 | 148 |
| 151 | 149 |
| 151/152 | 150 |
| 152/153 | 151 |
| 153/154 | 152 |
| 154 | 153 |
| 154/155 | 154 |
| 155/156 | 155 |
| 156/157 | 156 |
| 157/158 | 157 |
| 159/160 | 159 |
| 160 | 160 |
| 160/161 | 161 |
| 161/162 | 162 |
| 162/163 | 163 |
| 163/164 | 164 |
| 164/165 | 165 |
| 165 | 166 |

| WL | MWG I/7 |
|---|---|
| 165/166 | 167 |
| 166/167 | 168 |
| 167 | 169 |
| 167/168 | 170 |
| 168 | 171 |
| 168/169 | 172 |
| 169/170 | 173 |
| 170/171 | 174 |
| 171/172 | 176 |
| 172 | 177 |
| 172/173 | 178 |
| 173/174 | 179 |
| 174 | 180 |
| 174/175 | 181 |
| 175/176 | 182 |
| 176/177 | 183 |
| 177/178 | 184 |
| 178 | 185 |
| 178/179 | 186 |
| 179/180 | 187 |
| 180 | 188 |
| 180/181 | 189 |
| 181/182 | 190 |
| 182 | 191 |
| 182/183 | 192 |

| WL | MWG I/7 | WL | MWG I/7 |
| --- | --- | --- | --- |
| 183/184 | 193 | 198/199 | 214 |
| 184/185 | 194 | 199/200 | 215 |
| 185/186 | 195 | 200/201 | 216 |
| 186 | 196 | 201 | 217 |
| 186/187 | 197 | 201/202 | 218 |
| 187 | 198 | 202/203 | 219 |
| 187/188 | 199 | 203/204 | 220 |
| 188/189 | 200 | 204/205 | 221 |
| 189/190 | 201 | 205/206 | 222 |
| 190 | 202 | 206 | 223 |
| 190/191 | 203 | 206/207 | 224 |
| 191/192 | 204 | 207/208 | 225 |
| 192 | 205 | 208/209 | 226 |
| 192/193 | 206 | 209 | 227 |
| 193/194 | 207 | 209/210 | 228 |
| 194/195 | 208 | 210/211 | 229 |
| 195 | 209 | 211/212 | 230 |
| 195/196 | 210 | 212/213 | 231 |
| 196/197 | 211 | 213 | 232 |
| 197/198 | 212 | 213/214 | 233 |
| 198 | 213 | 214 | 234 |

## Kritische Studien auf dem Gebiet der kulturwissenschaftlichen Logik

| WL | MWG I/7 | WL | MWG I/7 |
| --- | --- | --- | --- |
| 215 | 384 | 226/227 | 399 |
| 215/216 | 385 | 227/228 | 400 |
| 216/217 | 386 | 228/229 | 401 |
| 217/218 | 387 | 229 | 402 |
| 218/219 | 388 | 229/230 | 403 |
| 219/220 | 389 | 230/231 | 404 |
| 220 | 390 | 231 | 405 |
| 220/221 | 391 | 231/232 | 406 |
| 221/222 | 392 | 232/233 | 407 |
| 222/223 | 393 | 233/234 | 408 |
| 223 | 394 | 234 | 409 |
| 223/224 | 395 | 234/235 | 410 |
| 224/225 | 396 | 235/236 | 411 |
| 225 | 397 | 236/237 | 412 |
| 225/226 | 398 | 237/238 | 413 |

| WL | MWG I/7 | WL | MWG I/7 |
|----|---------|----|---------|
| 238/239 | 414 | 266/267 | 448 |
| 239/240 | 415 | 267/268 | 449 |
| 240 | 416 | 268 | 450 |
| 241 | 417 | 268/269 | 451 |
| 241/242 | 418 | 269/270 | 452 |
| 242/243 | 419 | 270 | 453 |
| 243/244 | 420 | 270/271 | 454 |
| 244/245 | 421 | 271/272 | 455 |
| 245/246 | 422 | 272/273 | 456 |
| 246 | 423 | 273 | 457 |
| 246/247 | 424 | 273/274 | 458 |
| 247/248 | 425 | 274/275 | 459 |
| 248/249 | 426 | 275/276 | 460 |
| 249/250 | 427 | 276 | 461 |
| 250/251 | 428 | 276/277 | 462 |
| 251/252 | 429 | 277 | 463 |
| 252 | 430 | 277/278 | 464 |
| 252/253 | 431 | 278/279 | 465 |
| 253/254 | 432 | 279/280 | 466 |
| 254/255 | 433 | 280/281 | 467 |
| 255 | 434 | 281/282 | 468 |
| 255/256 | 435 | 282/283 | 469 |
| 256/257 | 436 | 283 | 470 |
| 257/258 | 437 | 283/284 | 471 |
| 258/259 | 438 | 284/285 | 472 |
| 259 | 439 | 285 | 473 |
| 259/260 | 440 | 285/286 | 474 |
| 260/261 | 441 | 286/287 | 475 |
| 261/262 | 442 | 287/288 | 476 |
| 262/263 | 443 | 288 | 477 |
| 263/264 | 444 | 288/289 | 478 |
| 264 | 445 | 289/290 | 479 |
| 264/265 | 446 | 290 | 480 |
| 265/266 | 447 | | |

## R. Stammlers »Ueberwindung« der materistischen Geschichtsauffassung

| WL | MWG I/7 | WL | MWG I/7 |
|----|---------|----|---------|
| 291 | 487 | 293/294 | 490 |
| 291/292 | 488 | 293/294 | 491 |
| 292/293 | 489 | 294/295 | 492 |

| WL | MWG I/7 |
|---|---|
| 295 | 493 |
| 295/296 | 494 |
| 296 | 495 |
| 296/297 | 496 |
| 297/298 | 497 |
| 298 | 498 |
| 298/299 | 499 |
| 299/300 | 500 |
| 300 | 501 |
| 300/301 | 502 |
| 301/302 | 503 |
| 302/303 | 504 |
| 303/304 | 505 |
| 304 | 506 |
| 304/305 | 507 |
| 305/306 | 508 |
| 306/307 | 509 |
| 307/308 | 510 |
| 308/309 | 511 |
| 309 | 512 |
| 309/310 | 513 |
| 310/311 | 514 |
| 311 | 515 |
| 311/312 | 516 |
| 312/313 | 517 |
| 313/314 | 518 |
| 314/315 | 519 |
| 315/316 | 520 |
| 316 | 521 |
| 316/317 | 522 |
| 317/318 | 523 |
| 318/319 | 524 |
| 319 | 525 |
| 319/320 | 526 |
| 320/321 | 527 |
| 321 | 528 |
| 321/322 | 529 |
| 322/323 | 530 |
| 323/324 | 531 |

| WL | MWG I/7 |
|---|---|
| 324 | 532 |
| 324/325 | 533 |
| 325/326 | 534 |
| 326/327 | 525 |
| 327/328 | 536 |
| 328/329 | 537 |
| 329/330 | 538 |
| 330 | 539 |
| 330/331 | 540 |
| 331/332 | 541 |
| 332/333 | 542 |
| 333/334 | 543 |
| 334/335 | 544 |
| 335/336 | 545 |
| 336 | 546 |
| 336/337 | 547 |
| 337/338 | 548 |
| 338/339 | 549 |
| 339/340 | 550 |
| 340/341 | 551 |
| 342/343 | 553 |
| 343/344 | 554 |
| 344 | 555 |
| 344/345 | 556 |
| 345/346 | 557 |
| 346/347 | 558 |
| 347/348 | 559 |
| 348/349 | 560 |
| 349/350 | 561 |
| 350/351 | 562 |
| 351/352 | 563 |
| 352/353 | 564 |
| 353/354 | 565 |
| 354/355 | 566 |
| 355/356 | 567 |
| 356/357 | 568 |
| 357/358 | 569 |
| 358 | 570 |
| 358/359 | 571 |

## Nachtrag zu dem Aufsatz über R. Stammler's »Ueberwindung« der materialistischen Geschichtsauffassung

| WL | MWG I/7 | WL | MWG I/7 |
|---|---|---|---|
| 360 | 577 | 371/372 | 598 |
| 360/361 | 578 | 372/373 | 599 |
| 361 | 579 | 372/373 | 600 |
| 361/362 | 580 | 373/374 | 601 |
| 362 | 581 | 374 | 602 |
| 362/363 | 582 | 374/375 | 603 |
| 363/364 | 583 | 375 | 604 |
| 364 | 584 | 375/376 | 605 |
| 364/365 | 585 | 376/377 | 606 |
| 365 | 586 | 377 | 607 |
| 365/366 | 587 | 377/378 | 608 |
| 366/367 | 588 | 378/379 | 609 |
| 367 | 589 | 379 | 610 |
| 367/368 | 590 | 379/380 | 611 |
| 368 | 591 | 380/381 | 612 |
| 368/369 | 592 | 381 | 613 |
| 369 | 593 | 381/382 | 614 |
| 369/370 | 594 | 382/383 | 615 |
| 370 | 595 | 383 | 616 |
| 370/371 | 596 | 383 | 617 |
| 371 | 597 | | |

## Die Grenznutzenlehre und das »psychophysische Grundgesetz«

| WL | MWG I/12 | WL | MWG I/12 |
|---|---|---|---|
| 384 | 115 | 392 | 125 |
| 384/385 | 116 | 392/393 | 126 |
| 385 | 117 | 393/394 | 127 |
| 385/386 | 118 | 394/395 | 128 |
| 386/387 | 119 | 395/396 | 129 |
| 387/388 | 120 | 396/397 | 130 |
| 388/389 | 121 | 397/398 | 131 |
| 389/390 | 122 | 398/399 | 132 |
| 390/391 | 123 | 399 | 133 |
| 391/392 | 124 | | |

## »Energetische« Kulturtheorien

| WL | MWG I/12 | WL | MWG I/12 |
|---|---|---|---|
| 400 | 148 | 414 | 166 |
| 400/401 | 149 | 414/415 | 167 |
| 401/402 | 150 | 415/416 | 168 |
| 402/403 | 151 | 416 | 169 |
| 402/403/404 | 152 | 416/417 | 170 |
| 403/404/405 | 153 | 417 | 171 |
| 404/405 | 154 | 417/418 | 172 |
| 405/406 | 155 | 418/419 | 173 |
| 406/407 | 156 | 419/420 | 174 |
| 407 | 157 | 420/421 | 175 |
| 407/408 | 158 | 421/422 | 176 |
| 408/409 | 159 | 422 | 177 |
| 409/410 | 160 | 422/423 | 178 |
| 410/411 | 161 | 423/424 | 179 |
| 411/412 | 162 | 424/425 | 180 |
| 412 | 163 | 425/426 | 181 |
| 412/413 | 164 | 426 | 182 |
| 413/414 | 165 | | |

## Ueber einige Kategorien der verstehenden Soziologie

| WL | MWG I/12 | WL | MWG I/12 |
|---|---|---|---|
| 427/428 | 389 | 442/443 | 408 |
| 427/428 | 390 | 443/444 | 409 |
| 427/428 | 391 | 444/445 | 410 |
| 428/429 | 392 | 445/446 | 411 |
| 429/430 | 393 | 446/447 | 412 |
| 430 | 394 | 447/448 | 413 |
| 430/431 | 395 | 448/449 | 414 |
| 431/432 | 396 | 449/450 | 415 |
| 432/433 | 397 | 450/451 | 416 |
| 434/435 | 398 | 451/452 | 417 |
| 435/436 | 400 | 452/453 | 418 |
| 436/437 | 401 | 453/454 | 419 |
| 437/438 | 402 | 454/455 | 420 |
| 438 | 403 | 455/456 | 421 |
| 438/439 | 404 | 456/457 | 422 |
| 439/440 | 405 | 457/458 | 423 |
| 440/441 | 406 | 458/459 | 424 |
| 441/442 | 407 | 459/460 | 425 |

| WL | MWG I/12 |
|----|----------|
| 460/461 | 426 |
| 461/462 | 427 |
| 462 | 428 |
| 462/463 | 429 |
| 463/464 | 430 |
| 464/465 | 431 |
| 465/466 | 432 |
| 466/467 | 433 |

| WL | MWG I/12 |
|----|----------|
| 467/468 | 434 |
| 468/469 | 435 |
| 469/470 | 436 |
| 470/471 | 437 |
| 471/472 | 438 |
| 472/473 | 439 |
| 473/474 | 440 |

## Der Sinn der »Wertfreiheit« der soziologischen und ökonomischen Wissenschaften

| WL | MWG I/12 |
|----|----------|
| 489 | 446 |
| 489/490 | 446 |
| 490 | 447 |
| 490/491 | 448 |
| 491/492 | 449 |
| 492/493 | 450 |
| 493 | 451 |
| 493/494 | 452 |
| 494/495 | 453 |
| 495/496 | 454 |
| 496 | 455 |
| 496/497 | 456 |
| 497/498 | 457 |
| 498/499 | 458 |
| 499 | 459 |
| 499/500 | 460 |
| 500/501 | 461 |
| 501 | 462 |
| 501/502 | 463 |
| 502/503 | 464 |
| 503/504 | 465 |
| 504 | 466 |
| 504/505 | 467 |
| 505/506 | 468 |
| 506/507 | 469 |
| 507/508 | 470 |
| 508/509 | 471 |

| WL | MWG I/12 |
|----|----------|
| 509/510 | 472 |
| 510 | 473 |
| 510/511 | 474 |
| 511/512 | 475 |
| 512 | 476 |
| 512/513 | 477 |
| 513/514 | 478 |
| 514/515 | 479 |
| 515 | 480 |
| 515/516 | 481 |
| 516/517 | 482 |
| 517/518 | 483 |
| 518/519 | 484 |
| 519 | 485 |
| 519/520 | 486 |
| 520/521 | 487 |
| 521/522 | 488 |
| 522/523 | 489 |
| 523/524 | 490 |
| 524/525 | 491 |
| 525/526 | 492 |
| 526/527 | 493 |
| 527 | 494 |
| 527/528 | 495 |
| 528/529 | 496 |
| 529/530 | 497 |
| 530 | 498 |

| WL | MWG I/12 |
|---|---|
| 530/531 | 499 |
| 531/532 | 500 |
| 532/533 | 501 |
| 533 | 502 |
| 533/534 | 503 |
| 534/535 | 504 |
| 535/536 | 505 |

| WL | MWG I/12 |
|---|---|
| 536 | 506 |
| 536 | 507 |
| 536/537 | 508 |
| 537/538 | 509 |
| 538/539 | 510 |
| 539/540 | 511 |
| 540 | 512 |

## Soziologische Grundbegriffe

| SG | MWG I/23 |
|---|---|
| 1 | 147/148/149 |
| 2 | 149/150/151/152 |
| 3 | 152/153/154/155 |
| 4 | 155/156/157 |
| 5 | 157/158/159 |
| 6 | 159/160/161 |
| 7 | 161/162/163 |
| 8 | 163/164/165/166/167 |
| 9 | 167/168/169/170 |
| 10 | 170/171/172 |
| 11 | 172/173/174 |
| 12 | 174/175/176 |
| 13 | 176/177/178 |
| 14 | 178/179/180 |
| 15 | 180/181/182 |

| SG | MWG I/23 |
|---|---|
| 16 | 182/183/184 |
| 17 | 184/185/186 |
| 18 | 186/187/188/189 |
| 19 | 189/190/191 |
| 20 | 191/192/193 |
| 21 | 193/194/195 |
| 22 | 195/196/197 |
| 23 | 197/198/199 |
| 24 | 199/200/201/202 |
| 25 | 202/203/204 |
| 26 | 204/205/206 |
| 27 | 206/207/208/209 |
| 28 | 209/210/211 |
| 29 | 211/212 |
| 30 | 213/214/215 |

# Register

## Personenregister

## Sachregister

# Kultur- und sozialwissenschaftliche Studien / Studies in Cultural and Social Sciences

Herausgegeben von / Edited by Stefan Breuer, Eckhart Otto und Hubert Treiber

---

19: Gerhard Wagner (Ed.)

## The Range of Science

Studies on the Interdisciplinary Legacy of Johannes von Kries

2019. 164 pages, 3 ill., pb
170x240 mm
ISBN 978-3-447-11258-1
⊙E-Book: ISBN 978-3-447-19887-5    each € 48,– (D)

Johannes von Kries (1853–1928) left a fascinating work: As a physiologist, he had a lasting influence on research into colour perception. As a philosopher, he formulated a theory of probability which was received not only in philosophy (Hans Reichenbach, Ludwig Wittgenstein), but also in physics (Ludwig Boltzmann, Max Planck), jurisprudence (Gustav Radbruch), sociology (Alfred Schütz, Max Weber), economics (John Maynard Keynes), and belles-lettres (Robert Musil). This anthology reconstructs some central lines of reception. It contexts Kries' work in the history of ideas and examines its topicality.

20: Hubert Treiber

## Max Weber unter Anhängern des Altphilologen Hermann Usener

Religionswissenschaft auf philologischer Basis im Heidelberger Gelehrtenkränzchen „Eranos" 1904–1909

2021. VIII, 260 Seiten,
31 Abb., 1 Tabelle, br
170x240 mm
ISBN 978-3-447-11571-1
⊙E-Book: ISBN 978-3-447-39100-9    je € 58,– (D)

Hubert Treibers Monographie befasst sich mit dem Heidelberger religionswissenschaftlichen Gelehrtenkränzchen „Eranos", dem Gelehrte verschiedener Disziplinen angehörten, um Vorträge zu Fragen der Religion(en) zu halten und zu diskutieren. Mitglieder waren u.a. die Theologen A. Deissmann und E. Troeltsch, der Altphilologe und Schwiegersohn H. Useners, A. Dieterich, der Kulturwissenschaftler E. Gothein, der Jurist G. Jellinek, der Philosoph W. Windelband und der Kulturwissenschaftler Max Weber, der in diesem Kreis über den 2. Teil der *Protestantischen Ethik* referierte.

Die Eranos-Mitglieder werden portraitiert, es wird auf kollegiale respektive freundschaftliche Beziehungen untereinander eingegangen, einige Vorträge werden ausführlich dargestellt wie diskutiert und auch dahingehend befragt, inwieweit sie Einfluss auf Webers religionssoziologische Schriften ausübten. Ein gesondertes Kapitel befasst sich mit der Frage nach „Takt" in der wissenschaftlichen Tätigkeit, ein zentraler Streitpunkt zwischen Hermann Usener und Max Weber. Ein vollständiger Abdruck des Eranos-Protokollbuchs inklusive Transkription sowie mehrere Übersichten zur Usener-Schule wie z.B. Lehrstuhlbesetzungen durch Usener-Schüler vervollständigen die Darstellung des „Eranos".

VERLAG   PUBLISHERS

HARRASSOWITZ

# Kultur- und sozialwissenschaftliche Studien / Studies in Cultural and Social Sciences

Herausgegeben von / Edited by Stefan Breuer, Eckhart Otto und Hubert Treiber

---

21: Edith Hanke

## Max Webers Sprache

Neue Einblicke in das Gesamtwerk

*2022. Ca. VI, 200 Seiten,*
*2 Abb., 4 Tabellen, br*
*170x240 mm*
*ISBN 978-3-447-11775-3*
*In Vorbereitung*                    *ca. € 49,– (D)*

Max Weber (1864–1920) ist weltweit bekannt als Soziologe, Nationalökonom, Kulturwissenschaftler, Historiker und Methodologe. Für viele Fachdisziplinen ist Weber ein Kategorienpräger, aber auch die Alltags- und Mediensprache greift auf seinen Begriffsfundus zurück. Weber war ein Meister der präzisen Sprache, der Schachtelsätze, Gedankenstriche und Anführungszeichen, ein Beherrscher der Schriftsprache, ein charismatischer Redner und ein bildungsbürgerlicher Briefeschreiber. Seine Sprache ist daher nicht nur Arbeitsinstrument, sondern auch Kommunikationswerkzeug, Ausdruck von politischen Überzeugungen und tiefverankerten Werthaltungen. Edith Hankes Untersuchung der Sprache Max Webers eröffnet einen neuen Zugang zu den unterschiedlichen Facetten seines Werks und seiner Persönlichkeit: reflektiert-distanziert, brutal, männlich, aber auch humorvoll, spöttisch und sensibel.

Die Studie basiert auf der nunmehr abgeschlossenen Max Weber-Gesamtausgabe, die alle Werkteile mit philologischer Sorgfalt aufgearbeitet hat. Als langjährige Mitarbeiterin an diesem Editionsprojekt gibt die Autorin anhand der verschiedenen Textgattungen Einblicke in die Sprach- und Gedankenwelt Max Webers bis hin zur internationalen Übersetzungsarbeit. Das Buch versteht sich als Einladung, Max Weber neu zu lesen – auch aus Freude an seinem großen Sprachreichtum.

---

22: Stefan Breuer

## Max Weber in seiner Zeit

Politik, Ökonomie und Religion 1890–1920

*2022. X, 448 Seiten, gb*
*170x240 mm*
*ISBN 978-3-447-11764-7*
*In Vorbereitung*                    *ca. € 89,– (D)*

Max Weber (1864–1920) zählt zu den Gründervätern der Soziologie, doch greift sein Werk weit über die Grenzen dieses Faches hinaus in Disziplinen wie Nationalökonomie und Politikwissenschaft, Rechts- und Religionsgeschichte. Stefan Breuer untersucht im ersten Teil des Buches zunächst die für Webers Frühwerk prägenden Einflüsse von Hermann Baumgarten, Theodor Mommsen und Rodbertus und befasst sich anschließend mit seinen agrarpolitischen Interventionen der 1890er Jahre, seinem Engagement in der Evangelisch-sozialen Bewegung und im Alldeutschen Verband. Der zweite Teil kreist um seine Analyse des zeitgenössischen Kapitalismus und dessen Verhältnis zu Neomerkantilismus und Imperialismus, erörtert seine Stellung zu den verschiedenen Erscheinungsformen des Sozialismus und des modernen Parteiwesens und unternimmt anschließend den Versuch einer Positionsbestimmung seiner politischen Theorie im Rahmen des Liberalismus. Im dritten Teil behandelt der Autor Webers Beiträge zu einer Entwicklungsgeschichte der Religion innerhalb und außerhalb des Okzidents, teils unter historischen und systematischen Gesichtspunkten, teils im Wege eines Vergleichs mit den Konzeptionen Oswald Spenglers, Erwin Rohdes und Ernst Troeltschs.

VERLAG PUBLISHERS
HARRASSOWITZ